智汇钱塘

沈金华 等／编著

——杭州决策咨询报告

浙江大学出版社
ZHEJIANG UNIVERSITY PRESS

图书在版编目(CIP) 数据

智汇钱塘：杭州决策咨询报告 / 沈金华等编著.
—杭州：浙江大学出版社，2016.8
ISBN 978-7-308-16119-0

Ⅰ.①智… Ⅱ.①沈… Ⅲ.①区域经济发展—研
究报告—杭州市②社会发展—研究报告—杭州市
Ⅳ.①F127.551

中国版本图书馆 CIP 数据核字（2016）第 187773 号

智汇钱塘——杭州决策咨询报告

沈金华 等编著

策划编辑	樊晓燕
责任编辑	陈静毅
责任校对	杨利军
封面设计	春天书装
出版发行	浙江大学出版社
	（杭州市天目山路 148 号　邮政编码 310007）
	（网址：http://www.zjupress.com）
排　　版	杭州中大图文设计有限公司
印　　刷	杭州日报报业集团盛元印务有限公司
开　　本	710mm×1000mm　1/16
印　　张	19
字　　数	394 千
版 印 次	2016 年 8 月第 1 版　2016 年 8 月第 1 次印刷
书　　号	ISBN 978-7-308-16119-0
定　　价	58.00 元

序　言

子曰："智者乐水。"杭州依水而建，因水而名，携"江、河、湖、海、溪"之自然禀赋，造就了一方人文荟萃之福地。自良渚文化升起了中华城市文明的第一缕曙光，五千年来，生活在这片土地上的人们不断探索、前进。至南宋定都，成就了中华文化史上最灿烂的一页，彼时的杭州也成为马可·波罗笔下"最富丽华贵的天城"。传承和发扬前贤留给我们的这份宝贵遗产，是今天的我们与生俱来的光荣使命。四维上下虽茫茫不可思量，然此城此民不可辜负一旦。

时光流转，进入 21 世纪后，杭州连续多年获得了全国"最具幸福感城市""宜居城市"等多项殊荣，但同时也面临着交通拥堵、大气污染、垃圾围城等"城市病"之痛。这座千年古城如何可持续发展、创新发展、融合发展，如何科学决策、民主决策，已成为杭州市委、市政府工作中的重要课题。"理者，物之固然，事之所以然也。"党的十八大以来，习近平总书记特别强调"中国特色新型智库建设"，要求各级领导干部深刻领会、遵循"经济规律的科学发展、自然规律的可持续发展、社会规律的包容性发展"三大规律，要求治国理政必须善于集中各方面智慧，凝聚最广泛力量，完善决策程序，发挥智库和专业研究机构的力量，不断提高社会治理能力、城市规划建设和管理水平。在这一历史背景下，杭州市决策咨询委员会被杭州市委、市政府委以"全市经济社会发展的参谋部和智囊团"的重任，成为听取专家意见、吸纳民意的桥梁，是综合性、战略性和政策性的决策咨询服务平台。这里汇集了在杭高校、科研院所中活跃的各领域专家、学者。他们生活在杭州、工作在杭州，和每位市民一起，与这座城融为一个生命共同体。如何把握城市建设发展的规律，如何让改革和经济发展的成果让全体市民共享，如何让杭州更美、让我们的生活更好，是大家共同的责任与思考。

本书收录了杭州市决策咨询委员会 2014 年和 2015 年征集到的决策建议 41 篇。作为杭州市决策咨询委员会主任,我衷心地感谢专家们的辛勤劳动与无私奉献。这里的每一篇建言都凝结了大家的心血与智慧。一个个思想火花、一条条建议对策,汇聚到杭州市委、市政府的决策当中,转化为一项项具体的政策措施,改变着城市的面貌,改善着市民的生活,见证着历史的变迁。

2016 年,G20 峰会将在杭州举办。对杭州而言,这既是荣耀,更是机遇。我们要把握好这一千载难逢的机遇,让杭州这座历史文化名城,再次以创新、活力、开放、包容的精神风貌,展示于世界舞台。我们迫切地希望专家们能多多建言、积极献策。古人言:"积沙成塔,集腋成裘。"愿思想的涓涓细流,汇聚成钱塘江的汤汤大潮,助力杭州勇往直前! 本书题名为《智汇钱塘》,正为此意。

杭州市委常委、秘书长,
杭州市决策咨询委员会主任
许勤华
2016 年 1 月

目　录 contents

第三部分 "三美杭州"

第四部分 城市"4+1"治理

第五部分 "5＋5"体系

第六部分 咨询论证

第一部分　一号工程

2014 年 7 月 16 日,杭州市委十一届七次全会把大力发展信息经济、推进智慧应用作为"一号工程",举全市之力加快推进。

新常态下杭州产业升级、城市发展与制度安排融合发展的战略思考

杭州市决策咨询委员会经济组

新常态下杭州如何转型发展,如何实现"保位争先",继续走在全国重要城市前列的战略目标? 杭州市决策咨询委员会经济组全组专家就杭州转型发展的基础、潜力和方向、路径进行了系统分析,提出今后十年杭州城市发展需聚焦到经济形态升级、城市功能育强与制度改革创新"三大维度"和"十个重点"上来,以形成杭州竞合发展的新优势。

我国经济发展的环境、动力、结构和体制正面临巨大变化,总体而言已进入一个新常态。对于杭州来说,不仅较全国更早地呈现出这种带有重大转折意义的变化,更需率先调整分析问题的视角与应对挑战的思路,率先加强对转型发展思路、目标、任务的创新与体制机制的改革,加快形成和进入新常态下的新模式、新轨道。

一、新常态下杭州转型发展面临的形势

近年来杭州经济保持平稳较快增长,"一基地四中心"打造、"十大产业"培育、创新型城市和杭州都市经济圈建设、社会事业发展、生态环境保护等,均取得了较为显著的成效。城市商务环境列全国前五位左右,城市综合实力列全国前十五位左右。但近年来杭州发展势头有所减弱、后劲有所不足,距全国重要城市前列的目标尚有一定距离,转型发展能力亟待增强。

目前杭州发展面临挑战较多,不同挑战所反映的问题不同,但综合判断,基本都为前进中的挑战、转型发展中的问题,从而对杭州发展前景应保持谨慎的乐观。同时,需认真正视、分析面临的挑战,结合发展环境的改变与发展趋势的研判,透过现象看到挑战的本质,明晰科学、合理的应对之道。

近年来杭州经济运行情况分析已表明,工业特别是制造业的经济贡献度、就业贡献度、地税贡献度已呈下降趋势。随着杭州主城区制造业进一步向郊区县市、杭州都市圈县市乃至省外、国外转移,可预期制造业对杭州,特别是主城

区城市竞争力提升的贡献度将越来越小。这也与国内外大城市经济结构的变动升级路径是基本一致的。

但这并不意味着制造业发展不重要,而是要结合"腾笼换鸟""四换三名"等工程的深化推进,结合滨江、大江东、萧山、下沙等高新技术产业基地的协调建设,优先侧重发展高新技术产业,特别是新一代信息技术、物联网、生物产业、新能源汽车等支柱型产业,积极培育一批千亿级领军企业、1~3个万亿级产业集群。

同时,必须承认经济发展、城市建设都有巨大惯性,存有很强的路径选择依赖性,转型难度相当大。但面对巨大的城市间竞争压力,面对不更好发展就有可能被边缘化的危险,面对需承担起带动浙江经济转型升级的使命,杭州已到了发展路径不得不做出重大改变的时候了。近十年来杭州服务业增加值占GDP、服务业地税收入占全市财政收入比重呈直线上升态势,特别是前者比重已达52.9%,超过国内大中城市平均水平,有着明显的比较优势。跨境电子商务、新一代信息经济、互联网金融等发展尚处于起飞阶段,未来拓展空间极其广阔;随着服务业间未来互动、融合发展的加强,以及新服务业态的不断涌现,服务业作为经济可持续增长主源泉,发展潜力亦十分巨大。这意味着杭州服务经济时代正加快来临。

二、新常态下杭州转型发展的思路

总体而言,应看到杭州经济发展已进入经济增长速度从两位数高速增长向个位数平稳增长转变,经济发展方式从规模扩张型为主向质量效益型为主转变,经济发展动力从投资驱动型为主向创新驱动型为主转变的新常态。这对杭州转型发展提出了一系列新挑战,制约可持续发展的各类矛盾日趋突出,需深刻认识新常态、主动适应新常态、积极引领新常态,努力做到顺势应时、奋发有为。

一是顺应世界经济恢复性增长与中国经济中高速增长态势,杭州需顺势推进经济从数量扩展为主向质量提升为主转变。杭州不必与处于不同发展阶段的成都、武汉乃至南京、青岛、无锡等城市攀比GDP增速和投资增速。相反,杭州更需抓住国际经济回暖和国内经济发展的非均衡特征,更加重视经济增长效率的提升和对商务成本、行政管理成本的适度控制,更加重视创新驱动力的增强、对高新技术产业和智慧经济发展促进作用的充分彰显,不断提升杭州都市经济发展的质量与效益。

二是全球新一轮科技革命与产业变革正处于由孕育阶段向突破阶段转变的关键期,杭州需全力抓住智慧经济发展的战略机遇。杭州在大数据、云计算等新一代信息技术,以及新能源汽车、生物产业等方面有一定优势,其技术研发推广应用在全国已处于领先地位,需结合杭州市一号工程——智慧经济及其六大中心建设,积极培育智慧经济为杭州城市经济转型升级的主路径与增长极。

三是全球和中国开放格局的贸易、投资自由化态势面临重大转折,杭州需聚力加强开放合作新载体谋划和国际级产业集群培育。杭州需更加关注投资与贸易新规则的谈判与及早熟悉、适应,更加主动推进与上海在政策、产业、要素、功能、交通等多领域、多层面的有机对接,城市功能疏解对接及功能优势共建,更加积极争取国家自主创新示范区、跨境电子商务综合创新实验区、杭州综合保税区、空港经济实验区等国家级开放合作平台的规划建设,更高水平、更快速度地聚力建设好具有全国乃至亚太地区较强影响力的"一基地四中心"和总部经济之都。

三、新常态下杭州转型发展的对策

老办法解决不了新问题,新常态下杭州转型发展需聚焦到产业升级、城市发展、制度安排三大维度上来。三者需整体设计、协同推进,形成合力、取得实效。其中,顺利推进产业升级是转型发展的基础,高水平育强城市功能是转型发展的依托,主动、灵活、持续地优化制度安排是转型发展的保障。三者呈鼎立之势,缺一不可。围绕上述三个方面,经济组专家提出以下十个重点。

(一)产业升级:培育壮大服务经济

新常态下杭州经济发展需更加着力于产业升级,重点是在加快新一代网络信息技术、生物技术与医药、新能源汽车等高新技术产业发展的同时,更加注重电子商务与跨境电子商务、金融服务与互联网金融创新、休闲旅游与健康服务、文化创意与工业设计等新兴服务业,积极形成以智慧城市为载体和依托的智慧经济,加快实现杭州经济形态从制造经济向服务经济的大转变、大跨越。

重点一:培育服务经济,提升制造经济

服务经济与制造经济可互促发展。服务经济虽是经济发展到一定阶段的产物,但随着经济与贸易发展环境、信息与物流技术、居民和经济组织消费结构等变化,其完全可与制造经济并重、互促发展,而不是人为划分先后、厚此薄彼选择,这已成为现代经济发展的应有之道。实际上,美国、日本、德国、法国、英国等发达国家虽早已进入服务经济阶段,但其制造经济一直很发达。中国也是近年来才实现制造业规模超过美国,但若考虑到美国制造企业多已通过品牌和资本纽带实现了中低端制造全球外包,通过产业协同体系建构实现了高端制造非核心部分全球外包,其制造经济优势无疑依然显著。

与此相对应,新常态下杭州制造经济升级需科学借鉴德国工业创新模式,加快信息化与工业化深度融合,应用网络智能技术创新提升杭州制造业水平,

用服务经济形态所要求的知识产权充分保护、简政放权充分实施等来保障制造经济的智慧化升级。制造经济的发展重点也需集中到以下领域：大力发展网络设备和智能产品、做大做强物联网产业、加快发展智能控制系统、着力发展应用电子产业。

重点二：协同培育壮大服务经济

服务经济不仅是一种相对种植经济、制造经济而言的新经济形态，更在于它要求建构一种以人力资本为基本要素，以科技、创意、服务为基本组成，以信用及其所需体制机制、文化价值健全为基本保障的新经济发展模式。同时还要求优先重视公平高效的市场治理机制建设、充分有效的产权保护、开放活跃的思想市场维护，及其所需的理念创新、制度重塑，来形成一套有别于制造经济时代的新的政府管理理念与运行制度。就此而言，杭州发展以服务经济为主的社会经济形态，有其现实必要性和紧迫性，而且，对于建构其形成、发展所需的体制机制创新、文化氛围培育与政府治理现代化尚有较大的差距。

就服务经济发展重点而言，杭州需结合"一基地四中心"建设，聚力发展金融服务、电子商务、文化创意、旅游休闲四大行业，衍生带动专业服务、物流服务、商贸服务等行业发展。

就服务经济发展载体而言，杭州需结合其城市规划和都市圈规划，聚力创新中央商务区（CBD）、总部经济区（HEZ）、旅游商业区（RBD）及特色功能小镇的规划建设与运营管理，将其作为服务经济发展新载体。

重点三：将智慧经济打造成杭州服务经济的大蓝海

日前，杭州市委、市政府已决策要把智慧经济作为推动杭州经济社会转型发展的重要着力点和突破口，明确到2020年杭州要率先成为特色鲜明、应用领先的信息经济强市和智慧经济创新城市。

为了更好地发展智慧经济，杭州还需明确智慧经济是建立在开放、多元、规范、安全的数据来源与思想市场基础上的，是借助互联网智能化与物联网广泛应用有机融合实现的，是一种可使人类社会在动态化、便捷化中就能实现科学、精准决策的经济形态。本质上，智慧经济是服务经济在互联网智能化时代的新体现，是服务经济的大蓝海。

为此，杭州智慧经济发展不仅需积极推进互联网的智能化发展和物联网的广泛应用，推进产业智慧化与智慧产业化及所需的人才引进、技术创新和平台建设，同等乃至更重要的，是需同步加快智慧经济发展所需的体制机制创新，加快推进政府职能转变及国际化营商环境、文化氛围建设。

（二）城市发展：增强现代城市功能优势

随着用地成本、劳务成本、商务成本等难以逆转的增加，若仍主要依靠传统成本优势,杭州城市发展道路可能越走越窄。在新时期,杭州亟待在科学维护好成本优势的同时,理性地把城市发展主依托从成本优势转向功能优势,借助智慧城市和杭州都市圈的建设与发展,聚力做强人才与人居功能优势、商业与商务功能优势、行政与政务功能优势,以保障杭州在新一轮国内外城市竞合发展中占据有利位置、保有可持续推进动力。

重点四:科学维护杭州发展成本优势

成本优势主要是指通过低劳动力成本、低用地成本、低用水用电成本、低出行成本或低税费成本等形成的传统比较优势,该优势可能随着要素成本的改变而弱化乃至消失。同时应看到,成本优势可积极通过政府对资源配置方式的优化与制度创新、政府治理现代化的改革等,带来部分领域成本的降低,以及商务成本、人居成本等的合理控制,从而实现城市发展能力和活力的较好维护。

比较而言,杭州用工成本、税费成本分别因市场化程度较高、全国统一化而难以控制,其他成本,包括用地成本、用水用电成本、环保成本、居住成本、出行成本、行政管理成本等,均可通过方式优化或改革创新,实现一定程度的控制乃至降低,从而形成新的一定的成本优势,以更好地吸引、集聚中高端人才、科技等要素和优秀企业、项目和团队入驻杭州,也更有利于其在杭州创业、创新发展。同时,杭州需进一步科学评价不同时期可形成的成本优势大小及存在领域情况,相对同类城市做出比较,以利准确、动态调整城市转型发展所需策略方案与路径选择。

重点五:加强城市发展功能优势关注与培育

功能优势是相对成本优势而言的,它主要不是依靠降低要素成本形成的,也不是为短期目标而实行的非持续性的竞争安排,而更多是诸多优势的功能化集成,是制度优势的转化,或者说软环境优势的体现。目前,国内先进城市,如上海、深圳,随着其成本优势的弱化,已高度重视功能优势的培育。

新常态下的杭州转型发展需加快树立如下认识:一是城市竞争力＝成本优势＋功能优势,综合优势越大,其城市转型发展的能力和活力越强,转型的质量和效率越高;二是杭州城市发展的成本优势尚有一定的挖掘空间,需积极推进相应改革创新,但同时需立即开始重视功能优势的有意识、有力度、有耐心的关注与培育;三是随着全国乃至国际经济转型升级压力的加大,功能优势培育将加快成为城市转型发展能力增强的主要依托,且分量相对成本优势将越来越大;四是杭州城市发展功能优势培育需以有利于服务经济发展与形态培育为主要目的和方向,以治理体系和能力现代化为重要支撑和动力,需作为新时期杭州改革创新的重点内容和内在要求。

重点六:聚力形成三大城市功能优势

一是人才与人居功能优势,包括多元的人才储备与高效灵活利用的环境、便捷友好的国内外高端人员交流与服务提供、舒适温馨的人居环境与休闲环境、国际一流的高端教育与医疗服务提供、优质友善的创业与成长环境等。总体来看,杭州的国际化人才集聚与国际化人居环境建设还相对滞后,新时期亟须加强高级人才社区、国际社区的规划建设。加快国际一流的学校、国际医院引入,不仅是欧美的,也可包括东南亚、南亚、中东等海上丝绸之路沿线地区的。同时,国际一流的医院、学校、社区、俱乐部等都可结合郊区特色功能小镇的规划来考虑,不宜集中在主城区内。

二是商业与商务功能优势,包括国际化的电子商务与互联网金融服务、国际化的展示与贸易服务、发达的现代商务业与服务提供、发达多元的现代金融服务、便捷高效的物流配送与通关服务、活跃的科技创新与时尚服务等。近期杭州要重点围绕智慧城市的建设与智慧经济的培育,有的放矢地做强相关商业与商务功能优势。特别需高度关注法律服务、税务服务、会计服务、仲裁服务、培训服务、科技服务、知识产权服务等现代商务业的加快发展,及其功能优势的培育形成,要进一步优先引进国内一流、国际化的商务服务机构与团队,结合争取开展科技、法务、培训、仲裁等国际化接轨的试点。

三是行政与政务功能优势,包括简便宽松的商事登记与管理、高效中立的现代仲裁体制与服务提供、清正廉洁的政务环境与司法环境、公开透明的知识产权保护与信用建设等。杭州要特别围绕全国行政审批事项最少、流程最优、效率最高城市目标加快杭州版的"四张清单一张网"打造及其高效实施、不断完善,积极形成高效灵活、规范宽松、透明廉洁、诚信可靠的政务环境,使其成为新常态下推进实现转型发展最可靠的功能优势。杭州要培育形成功能优势的途径较多,且不同优势培育所需的路径存在一定差异。对杭州来说,当前构筑功能优势的战略途径可集中在智慧城市、生态城市和都市圈建设上。

(三)制度安排:构建引领新常态的治理体系

随着杭州经济发展逐渐从制造经济时代进入服务经济时代,城市发展优势需积极从成本优势为主阶段进入功能优势为主阶段,新常态下杭州转型发展需更加依赖合理的制度设计安排,特别是要以制度作为激励创新的外部活力,作为改造传统模式的内在动力,作为提升城市能级的主要推力。

当然,合理制度设计安排要求和带来的创新活力类型很多,包括创新驱动发展的动力机制形成、社会公平正义的表达与伸张、宽容进取文化的培育与成熟等。对杭州这种需力争处于全国重要城市前列的新兴大都市区而言,新常态背景下最重要的制度安排,就是要以政府自身改革为核心和突破口,优化上下层及和周边城市协调发展的体制机制,形成适应服务经济和社会健康发展的制度安排,加快构建形成现代化的治理体系。

重点七：制度安排要主动适应旧常态向新常态的逻辑变化

制度安排是支撑杭州健康持续发展的关键因素。新时期以来杭州发展的制度安排大致可以划分为两个阶段。

第一阶段是着眼自身、自我完善，与硬实力建设相协调的十年（2005—2015年）。这一阶段实质性的制度安排更多是过渡性的，在公共产品和服务、社会管理上更加强调政府主导型的管理，在土地等关键要素的配置上，虽采取了开放的市场化手段，但政府主导意味更加突出。无论是产业还是城市发展，数量型规模扩张意味强烈。在产业发展的制度安排上，工业经济占主导地位，关键要素都向工业经济和房地产经济倾斜；在城市发展的制度安排上，以发展房地产为杠杆，以内部交通网络和布局调整为主要内容。制度完善也更多的是问题触发，由市场倒逼和发展建设驱动产生，政府系统基于长远持续发展全面主动供给制度的角色不明显，制度安排的内容偏重服务于当下经济发展，服务于自身主导的城市建设。

第二阶段是放眼世界、环顾周边，与软实力竞争同步的十年（2016—2025年）。2008年国际金融危机对全球经济社会发展产生了深远影响。杭州作为区域性中心城市，在制度安排上必须更加适应国际化的规则，更加适应市场决定性作用的导向，更加适应城市化健康发展需求，更加适应多元化群体利益协调的包容性发展需求，更加适应信息时代的发展步伐。政府要更多地主动承担好制度供给者角色，构建形成一整套有利于城市精明增长、柔性增长，涵盖经济、政治、文化、社会和生态文明建设等各领域的体制机制、法律法规安排，以切实推动转型发展。

显然，下阶段如何适应新常态，做出制度安排的调整，决定了杭州未来发展的前途和命运。

重点八：新常态下构建现代化治理体系要注重四大转变

杭州实现向新常态转型发展的制度安排之关键，在于主动构建适应新时期发展要求的现代化治理体系。所谓现代化，就是与当代变化趋势和发展规律相匹配，并不断进行动态的调整和优化。所谓治理，就是多元化主体平等参与完成的，而非单项维度的管理，是参与主体之间双向或多边的紧密互动。所谓体系，表明它是目标导向性的顶层设计，是系统性的，而非问题随机导向性的总体安排。总之，构建现代化治理体系的核心是现代化，关键特征是从管理向治理转变，实现标志治理体系形成现代化的治理能力。

新时期杭州城市现代化治理体系的总体思路是，主动调整、积极有为，适应时代变化，以全面深化改革为动力，以法治建设为核心，以政府自身改革为突破口，以优化权力结构为关键，进一步加快放权、分权和限权，理顺权力定位和关系,推动权力结构体制、政府行政体制、经济管理体制和空间统筹体制的实质性转型,全面推进杭州治理体系和治理能力的现代化。

按照这一思路,在现代化治理体系上,杭州需主动适应新常态下的变化,加快三个方面的实质性转型:权力结构体制上要加快由单一治理主体,向多元化治理主体转变;行政管理体制上要加快从全能型政府、管制型政府,向有限有效政府、公共服务型政府转变;经济管理体制上要加快从半市场、半规制的人治型体制,向市场决定下的法治型体制转变。

重点九:抓住关键性突破构筑四大领域现代化治理能力

一是确保政府履行更多更好基本公共服务和保障能力。加快以政府改革为中心,建立以有限责任政府、民生优先政府、创新服务政府为特征的行政管理体制,提高政府服务管理和创新能力。对应此,需加快三方面改革:减人增效,加快大部制改革;降支提能,确保履行公共服务的必要财力;改善环境,提供更高效的基础设施和更好的配套环境。

二是集聚高端产业和保障关键资源要素的市场化配置能力。加快从经济建设型政府向公共服务型政府转变,并不是不要发挥政府在经济发展中的重要作用。作为一个中心城市,更需统筹好区域内产业和空间配置的战略导向。对应此,需加强三方面作为:一是要进一步改革政府规划体制,建立统一衔接、功能互补、综合协调的空间规划体系;二是要进一步超前谋划好创新发展的平台设施支撑;三是要进一步建立完善人才流入、土地高效利用和重要资源市场化保障机制。

三是更加多元化、自治型的城市社会治理创新能力。新阶段的行政体制改革,应当把形成政府、企业和社会组织共同治理的新格局作为基本要求。要加快以政府自身建设与社会改革为重点,建立自上而下和自下而上共同推动的机制,推进协商民主广泛多层次制度化发展,提高都市圈有机合作、城市有序建设、社会自我管理服务能力。

四是适应变化,提供制度性公共服务的能力。未来时期是城市制度安排的重构期,社会对制度创新的需求增长与政府的制度供给不足的矛盾相当突出。作为制度供给的主要责任者,政府必须加快制度供给的步伐,以管理革新为突破口,建立动态调整的自适应机制,提高破解发展难题和前进中问题的能力,不断根据动态需要提供制度性公共服务。

重点十:创新健全杭州都市经济圈体制机制

率先探索推进杭州都市经济圈体制机制创新,对杭州功能优势培育、服务经济发展有着重要意义。一是在空间统筹体制上,要加快从行政区划主导型体制机制,向跨区域分工协作的体制机制转变;二是大力深化杭州都市经济圈治理体制改革;三是深化行政和要素领域的制度创新;四是积极科学建设杭州都市圈轨道交通网。

附:课题组成员

课题负责人	刘　亭	浙江省政府咨询委员会学术委员会副主任,研究员
课题组成员	朱李鸣	浙江省发展规划研究院副总经济师、研究员
	杨建军	浙江大学建筑工程学院区域与城市规划系主任、教授
	宋明顺	中国计量大学副校长、教授
	陆立军	浙江省委党校教授
	虞晓芬	浙江工业大学副校长、教授
	陈建军	浙江大学区域与城市发展研究中心执行主任、教授
	陈畴镛	杭州电子科技大学原党委副书记、教授
	钟晓敏	浙江财经大学校长、教授
	郭占恒	浙江省委政策研究室原副主任、研究员
	黄祖辉	浙江大学中国农村发展研究院院长、教授
	葛立成	浙江省社会科学院副院长、研究员
	史晋川	浙江省政府咨询委员会副主任,浙江大学经济学院教授
	张仁寿	浙江工商大学原校长、教授
	张学东	杭州师范大学经济与管理学院执行院长、教授
	郑勇军	浙江省政协经济委员会副主任,浙江工商大学MBA学院院长、教授

国内外政府推动信息经济、智慧经济发展的经验及对杭州的启示

浙江省政协副秘书长、研究室主任,研究员　盛世豪

为了在未来的世界竞争中占据有利地位,抢占制高点,发达国家和地区的政府都把发展信息经济、智慧经济放在突出位置。杭州市委、市政府审时度势,制定《关于加快发展信息经济的若干意见》,对信息经济、智慧经济发展做出全局性、战略性部署。发展信息经济、智慧经济,加强自身的探索与实践很重要,汲取国内外政府的先进经验同样重要。本文通过对国内外政府推动信息经济、智慧经济相关政策举措的研究梳理,概括出包括注重大中小企业协同发展、做好人才内育外引工作、构建各类创新知识互动网络、扩大国际国内市场规模、提升基础设施服务效能、合理用好政府有形之手等六个方面做法,在此基础上结合杭州实际提出若干建议,以期为"六大中心"建设提供借鉴。

一、国内外政府推动信息经济、智慧经济发展的经验概括

1. 注重大中小企业协同发展

企业是智慧经济的主体,大企业的实力、中小企业的活力共同决定了智慧经济的竞争力。发达国家和地区对企业的支持政策视规模大小有所区分,对大企业主要从环境供给、规则优待、利益保护、并购重组等方面给予支持。比如,韩国 2000—2009 年给予三星电子税收减免共计 98000 亿韩元,折合约 87 亿美元,这笔资金足够建 4 个半导体工厂。对中小企业主要采取金融扶持政策来应对该部分群体议价能力低、风险敞口大等困扰。如日本的"中小企业金融公库""国民金融公库""商工组合中央金库"等为中小企业发放直接贷款,且贷款多为长期、低息贷款,贷款利率一般要比同期市场利率低 2～3 个百分点。以色列对入驻孵化器的孵化项目提供 85% 的低息贷款。

2. 做好人才内育外引工作

人才是发展智慧经济的先决条件,对于任何国家、地区来说,人才都是一种稀缺资源。深化人才体制机制改革,择天下英才而用,成为发达国家和地区的

一致选择。英国不断加大教育培训投入,1997—2008 年对高等教育及技能培训的投入增加了 53%,2012 年又出台了《新机遇、新挑战:创建世界一流技能体制》白皮书,旨在着力提升青年群体的技能水平和就业竞争力。美国通过放宽移民限制、增加签证名额等政策,大力吸引外国优秀人才留美工作,硅谷就一直致力于打破园区地理、民族乃至文化束缚,寻求硅谷以外乃至美国以外的人才来促进自身发展。

3. 构建各类创新知识互动网络

知识的创造是在显性知识与隐性知识的交互作用中扩展的,是一个动态的过程。为了充分挖掘显性知识与隐性知识的价值,发达国家和地区积极构建正式与非正式知识相融合的互动网络。欧洲商业与创新中心联盟(EBN)将众多分散的孵化器连接成网,刺激新的创新型企业的出现与发展。北京中关村通过分领域系列对接、双走近促进活动、牵线搭桥当红娘、创新成果发布会、产学研宣贯活动、实验室交流活动等形式,促进产学研携手科技创新。新加坡纬壹科技城通过建设社区、协会、非正式交流平台等,丰富内部网络,引导其发展成为知识社区,还主动引导人们座谈或组织非正式的交流活动,如建立经理人俱乐部、组建公共协会等,减少创新成果的流失。

4. 扩大国际国内市场规模

市场是智慧经济的发展拉力,市场范围的大小直接决定了企业发展空间的大小,因此,利用好国内、国外两个市场成为各地发展智慧经济的重要举措。欧盟在 2008 年年底制订的"欧洲经济复苏计划"(EERP)中提出,向各经济体注入购买力和信息,以刺激市场需求。英国政府拟每年支出 1500 亿英镑,通过政府采购促进企业创新。美国 2010 年年初提出 5 年内将美国出口翻一番的目标,并成立总统出口委员会,设立跨机构贸易执法中心。这些举措都是通过市场推动智慧经济发展。

5. 提升基础设施服务效能

基础设施是智慧经济的重要环境,发达国家和地区注重把握当前基础设施网络化、智能化的趋势,不断完善通信、交通、能源等网络,着力提升基础设施服务效能。日本信息化战略从 e-Japan 到 u-Japan,再到 i-Japan,其中完善数字基础设施建设的任务一直未变。新加坡投入巨资建设一流的科技平台基础设施,购买世界一流科研设备,吸引国际资本、人才落户。欧盟在"Horizon 2020"科研和创新计划中提出,将支持具备无限计算和数据处理能力的网格和云基础设施、以实现百亿亿次计算为目标开发超级计算设施的生态系统、开发软件和服务基础设施、创建科学数据基础设施等。

6. 合理用好政府有形之手

各地都把加强发展战略、规划、政策、标准等的制定和实施,加强市场活动监管,加强各类公共服务提供作为政府的重要职责。如新加坡纬壹科技城根据用地规模和产值规模预测,科学制定不同类型用地、不同功能组团的容积率,并将其纳入规划体系,在建设中严格予以落实。德国政府围绕由行业协会或商会在征求成员企业意见基础上提出的技术需求,来设计资助的科研项目。美国出台高新制造业鼓励发展计划,呼吁企业、大学及政府之间加强合作,共同帮助美国重夺全球尖端科技制造业(包括生物技术、机器人及纳米技术)的领先地位。

二、国内外政府推动信息经济、智慧经济发展的借鉴与启示

目前杭州在信息经济、智慧经济发展方面已拥有一定的产业基础、人才资源和基础设施条件,但与发达国家和地区相比较,还存在不少差距。建议下一步,在深入贯彻落实《关于加快发展信息经济的若干意见》中,积极借鉴发达国家和地区的经验做法,进一步为信息经济、智慧经济发展创造良好的发展环境。相关建议如下。

1.针对不同层次企业,研究制定差别性政策举措

不同层次企业互促共进、协调发展是激发信息经济、智慧经济发展活力,提升竞争力的关键所在。要进一步研究制定差异化的政策措施:对龙头企业和核心企业,应在土地指标、财税扶持、项目推进、人才建设、融资服务等方面采取"一企一策",鼓励它们牵头构建以本地产业链为纽带的技术创新联盟,增加核心企业的根植性;对中小企业,要着力建设中小企业公共服务平台,通过网站、统一呼叫热线、微信、移动终端以及线下服务大厅等多种服务方式,为广大中小微企业提供"找得着、用得起、有保障"的公共服务。

2.集聚高端创新要素,大力引进海内外高层次人才创新创业

进一步简化程序、放宽政策,缩短外籍人才来杭工作所需的邀请函、签证、就业证、居留许可证等办证流程,努力引进一批海外科学家、创新团队和职业经理人,形成"领军人才+创新团队"的高层次人才创新队伍。进一步加大未来科技城和孵化器等创新创业平台建设力度,鼓励企业和科研院所参与,共同设立一批专业性中试公共服务平台,降低单个项目的中试成本,为高水平领军人才、青年人才特别是35岁以下青年人才提供更加良好的创新创业环境。探索实施分层次的人才安居工程,加大高水平医疗卫生服务、中小学校等设施建设力度,努力为高层次人才在杭州创新创业提供更加完善的公共服务。

3.加快信息(学术)交流平台和载体建设,促进内外知识和信息的互联互通

积极打造一批国际性论坛、全球性会议等高层次信息和学术交流平台,积极主办、承办事关信息经济发展的全球性、全国性展会与会议,定期邀请商界名流、学术精英莅临杭州组织讲座与会议,力争成为高层次信息流的集散地、全球

知识流的重要节点。加强与国内外先进地区信息的互联互通,学习它们的先进经验,及时掌握前沿科技与发展动向。加强杭州科技信息网科技信息资源免费服务平台和大型科学实验仪器设施共享平台建设。鼓励高校、科研院所、企业提供内部科技文献、大型仪器设备、尖端软件技术平台等科技资源,向社会提供共享服务。

4.扩大本地创新产品的政府采购规模,加大政府支持创新力度

要通过政府采购、定制研发、服务外包等多种方式,加大政府对本地企业创新产品的支持力度,重点推进智慧交通、智慧医疗、智慧安防、智慧政务等智慧城市建设项目。通过设立奖励或直接资助等方式,吸引广大科技人员和中小企业参与信息产品或智慧服务软件的开发、公共数据(如水、电、油、气、交通及停车位)的开发利用,既推进智慧城市建设,又促进创新创业,推动信息经济、智慧经济发展。

5.加大信息等基础设施建设投入力度,增加通信、交通、物流节点

进一步加大信息基础设施建设投入力度,大幅提升带宽水平和移动终端接入便利程度。积极推进公共数据库建设和开放水平,加快推进网络、应用、数据和服务等互联互通,构建智慧杭州网络空间。以信息通信、智慧交通、现代物流等基础设施水平的提升,来减少企业运输费用,降低社会物流成本,提高经济运行效率。

6.打造高层次智库,吸纳国内外各类专家参与支持政府决策

聘请一批国际著名企业家、重要国际机构代表担任杭州城市发展咨询顾问,每年定期召开咨询会,听取各类专家关于经济社会发展的意见建议,拓展发展视野,提升国际化水平。积极吸纳专家、学者、企业代表等多方参与规划编制与政策制定,提高规划的前瞻性与科学性、政策的针对性与有效性。探索按非营利性组织模式发展研发机构,组建由科学家、企业家、政府官员等参加的创新发展理事会,研究制定杭州的信息经济、智慧经济发展规划和重点方向,并提出相应政策建议。

杭州加快发展信息经济的重大意义和战略举措

浙江省委政策研究室原副主任、研究员　郭占恒

杭州作为自古繁华的"人间天堂"和环境优美、经济活跃、文化繁荣、宜业宜居的现代文明城市,近年来也遇到了成长的烦恼和发展中的问题,面临着发展空间狭小、自然资源短缺、经济转型艰难、社会矛盾凸显、环境压力加大、综合成本上升、竞争优势弱化,以及发展思路纠结与焦虑等的挑战。如何以一种新的思维方式和发展模式,破解杭州发展面临的问题和挑战,抢占未来发展的制高点,其中一个重要战略选择就是,加快发展信息经济和智慧经济,加快建设智慧城市,加快信息化与工业化深度融合,加快国民经济和社会治理信息化进程,不断增创综合竞争力和可持续发展能力,探索走出一条以信息经济和智慧经济推动经济社会转型与创新发展的新路子。

信息经济及相应学科研究起源于 20 世纪 40 年代,发展于 20 世纪 50—60年代,到 20 世纪 70 年代基本发展成熟,并产生了宏观信息经济学和微观信息经济学及相应的代表人物和著作。从总体上说,信息经济是以现代信息技术等高科技为物质基础,信息产业起主导作用,基于信息知识、技术、智力的一种新型经济。信息经济的发展不仅不否定农业经济、工业经济、服务经济的存在,反而会促进这三种经济通过信息化后大为提升,并导致不可触摸的信息型经济取代可以触摸的物质型经济而在整个经济中居于主导地位。

尤其是进入 21 世纪以来,信息技术和信息经济发展迅猛,并产生了实质性的突变。当前,以大数据、云计算、物联网、移动互联网为代表的新一代信息技术的广泛应用,使原来的信息经济更具智能化、智慧化的特点,对经济社会发展具有广延性、渗透性、催化性和增值性的特征,带来了生产方式、生活方式、消费方式以及商业模式和社会治理模式的深刻变革。以发展信息产业、推进信息化应用、扩大信息消费、深化信息化和工业化深度融合为主要内容的信息经济,正成为全球抢占未来发展制高点的战略选择。正如习近平总书记所深刻指出的:"没有信息化就没有现代化。"

加快发展信息经济,是浙江在已具备良好的发展条件和先发优势的基础

上,进一步抓住新一轮科技革命和产业变革机遇,深入实施创新驱动发展战略的必然要求,也是加快转变经济发展方式,建立现代产业体系,促进经济社会转型升级的重要途径。为此,2014年5月,浙江省政府制定出台了《关于加快发展信息经济的指导意见》,提出了今后一个时期加快发展信息经济的目标任务和战略举措。

杭州作为全省的龙头,经济比较发达,基础设施比较完善,社会治理比较领先,高校众多,人才云集,创新环境宽松,电子商务发达,新一代信息技术在经济发展和社会治理中应用广泛,具有加快发展信息经济和智慧经济的良好基础和先发优势。杭州市把加快发展信息经济和智慧经济作为抢占未来发展的制高点,作为推动经济社会转型与创新发展的着力点和突破口,作为落实国家对杭州"一基地四中心"战略定位的重要抓手,作为改善城乡居民生活条件、提高生活品质的出发点和落脚点,作为建设美丽中国先行区和走绿色、低碳、高端、可持续发展之路的有效途径,无疑具有十分重要的意义。同时,杭州加快发展信息经济和智慧经济,也是贯彻落实浙江省政府《关于加快发展信息经济的指导意见》,发挥杭州的龙头领跑和示范作用,推进高起点上新发展的具体部署和实际行动。

杭州加快发展信息经济和智慧经济,是一项立足当前而又着眼未来的战略布局,也是一项艰巨的系统工程和长期的历史任务,既需要相关的规划、改革、立法、政策来推动,更需要在实践中大胆探索和勇于创新,尤其要抓准若干关键环节取得突破性进展。

一、统筹信息经济与智慧城市"一体化"发展

信息经济是智慧城市发展的基础,智慧城市是信息经济发展的依托,两者不能偏离,不可偏废。信息经济尤其是相关产业在杭州已有相当完整的规模,包括以浙大网新、恒生电子为代表的全国领先的旗舰型信息软件企业,以华三通信、华为、银江股份为代表的信息设备制造的龙头企业,以海康威视、大华股份、大立科技为代表的智能安保设备制造的一流企业,以阿里巴巴、网盛生意宝、网易为代表的电子商务特大型公司,以阿里云、华数为代表的大数据信息处理公司等一大批信息经济企业。下一步要充分发挥这些企业的龙头带动作用,进一步把信息经济做大做强。

智慧城市是广泛应用信息技术、网络、数据及信息经济成果,通过构建智慧交通、智慧电网、智慧商务、智慧医疗、智慧教育、智慧娱乐、智慧社区、智慧养老、智慧市政、智慧环保、智慧应急管理、智慧安保、智慧城管、智慧公共服务等,构建信息化、网络化、智能化的社会管理服务体系,这不仅能大大提升社会管理

服务水平和市民生活品质,还有利于完善信息经济发展的基础,有利于提升城市综合竞争力。

二、促进信息化与工业化"两化深度融合"

信息化与工业化是实现现代化的历史任务。两化有联系也有区别,但两化深度融合,不仅是一种趋势,而且能够产生"1+1＞2"的化学裂变效应。推动新一代信息知识和智能技术广泛应用于工业化,有利于信息化与工业化在更大的范围、更细的行业、更广的领域、更高的层次、更深的应用、更多的智能方面实现彼此交融,有利于催生出新的业态和新的产业,如工业电子产业、工业软件产业、工业信息化服务业等;也有利于运用信息技术管理企业,创新商业模式等;还有利于推进智慧型文化娱乐业,加快智慧型文化产业发展等。

推进"两化深度融合",关键是运用信息技术改造提升传统产业,把互联网、云计算、大数据等元素植入传统产业,使传统产业插上智慧的翅膀,使传统产业发生根本性的蝶变。这主要包括在农业、制造业、服务业领域率先构筑智慧技术应用体系,推动研发设计智能化、生产过程智能化、营销方式智能化和企业管理智能化等,完成智慧农业、智慧制造业、智慧服务业以及智慧电子商务、智慧物流、智慧金融等的改造提升。如鼓励传统制造业"机器换人",支持有条件的企业建设"机联网""厂联网",提高企业网络化、自动化、智能化制造水平,进而实现绿色、低碳、智慧化发展。

三、加快信息设施、信息产业和信息应用"三位一体"发展

发展信息经济是一篇老文章,而老文章的新创作,就在于紧盯新一代信息技术发展,广泛应用大数据、云计算、物联网和移动互联网等,建设具有智能化、智慧化的基础设施,发展具有智能化、智慧化的产业结构,构建具有智能化、智慧化的社会管理服务系统。这"三位一体"建设,需要发挥政府的主导作用和市场的决定性作用,需要政府、企业、家庭三大主体共同努力。

加快智能化、智慧化的设施建设是"三位一体"的基础,必须先行规划、先行建设。杭州应按照浙江省的统一规划部署,抓好三个重点建设:一是提升"三网融合"工程,统筹新一代移动通信网、下一代互联网建设,构建全程全网、互联互通、可管可控的下一代广播电视网络。实现宽带无线网络深度全覆盖,公共服务场所等重点区域无线局域网广泛覆盖。二是加快云计算服务平台建设,增加杭州互联网数据中心与国家骨干网的互联带宽,扩大内容分发容量和覆盖范围,提高数据计算、存储、智能处理和安全管控能力,推动传统数据中心优化升级成弹性可扩展、高效节能、分布式的云数据中心。三是以构建政务大数据平

台为重点,整合全市人口、法人单位、城市空间地理信息、社会经济统计指标四大基础数据库和政务信息交换平台的资源,建立全市跨部门综合数据库,提升政府公共服务平台信息化、智慧化水平。

四、以建成"六大中心"为目标推进六大重点领域的发展

杭州加快发展信息经济提出建设六大"国字号"中心的发展目标,即到 2020 年,力争建成国际电子商务中心,基本建成全国云计算和大数据产业中心、全国物联网产业中心、全国互联网金融创新中心、全国智慧物流中心、全国数字内容产业中心,信息化发展指数、信息化与工业化融合指数位居全国前列,率先成为特色鲜明、全国领先的信息经济强市和智慧经济创新城市。

这"六大中心"目标,是杭州具有先发优势、比较优势的重点领域,是杭州发展信息经济和智慧经济、抢占制高点的主攻方向,也是杭州敢为人先、为全国提供示范的责任担当,更是贯彻落实浙江省委、省政府重大决策,发挥龙头领跑示范带动作用的重要部署。比如,杭州是中国电子商务之都、国家电子商务示范城市、国家跨境贸易电子商务服务试点城市,拥有全球最大的 C2C 网络交易平台、全国最大的 B2C 网络交易平台、全国最大的民营网络支付平台,拥有全国三分之一以上的综合性电子商务网站和专业网站,正在创建网上自由贸易试验区,完全有条件建设成为国际电子商务中心和全国互联网金融创新中心。"六大中心"建设好了,就彰显了杭州信息经济和智慧经济的鲜明特色,必将为打造杭州经济"升级版"提供有力支撑。

围绕"一基地四中心"建设加快发展杭州智慧经济的思路与对策

杭州电子科技大学原党委副书记、教授　陈畴镛

　　大力发展智慧经济是杭州抓住新一轮科技革命和产业变革机遇,深入实施创新驱动发展战略的必然要求,也是杭州率先实现经济发展方式转变的战略途径。"一基地四中心"是国务院对杭州城市的定位,体现了杭州经济社会发展的时代特征与独特优势。围绕"一基地四中心"建设,加快发展具有杭州特色的智慧经济,对于打造杭州经济"升级版",实现高起点上的新发展具有重大意义。

一、智慧经济的内涵与特征

　　智慧经济没有一个明确的定义,我们理解:当前的智慧经济是强调更加智慧的人起主导作用,以智慧城市建设为应用需求,以新一代信息技术产业为核心,以基于互联网的智慧产业化和产业智慧化为主要内容的经济形态。智慧经济具有以下几个特征:一是生产力特征。从人和自然关系角度来看,不仅依靠能源、资本、土地、技术等生产要素,而更依靠人力资本,智慧型劳动者成为经济发展的主体。二是生产关系特征。也就是人际关系特征,更多体现了信息社会的特征,经济社会发展多元化,由集中式、单一型的发展模式成为分布式、多元化的发展模式。三是发展方式或生产方式特征。智慧经济既有生产力特征,又有生产关系特征,强调创新、创意、创业的作用,突出信息、能源和资源可持续利用,体现促进生态文明、社会和谐的要求。

二、智慧经济对"一基地四中心"建设的促进作用

1.智慧制造是推进高技术产业基地建设的倍增器

　　杭州工业以传统行业、消费品和终端竞争性领域为主,产品附加值不高,同质竞争激烈。2013年,十大重点发展产业中,属于工业的先进装备制造等四大产业同比增长8.0%,与全部规模以上工业持平,没有形成强有力的带动作用;战略性新兴产业同比仅增长7.1%,增速在浙江省排名第9位;高新技术产业尽

管在稳步增长,但与浙江省其他城市相比依然落后,其增加值占工业增加值的比重为31.1%,增速在浙江省排名第7位。另外,相对于软件和信息服务业,杭州电子信息制造业是短板,本地化的产品和服务还远远达不到支撑智慧城市建设和"两化"深度融合的需求。由此可见,杭州推进高技术产业基地建设任务艰巨,工业转型升级亟待寻找到突破口。德国提出和实施工业创新4.0计划,对抵御欧债危机发挥了重要作用。借鉴德国工业创新模式,做大做强智慧制造产业,加快信息化与工业化深度融合,应用智能技术创新提升杭州制造业水平,为智慧杭州和全国智慧城市建设提供装备支撑和集成服务,是杭州推进高技术产业基地建设的努力方向和着力点、倍增器。

2.智慧商务是国际电子商务中心建设的助推器

电子商务是杭州优势产业培育的"最亮增长点",网站数量、B2B、B2C、C2C、第三方支付均居全国第一。一方面,近几年杭州电子商务产业发展迅猛,年均增速超过50%,成为引导十大产业的"增长点",后发优势和对其他产业的带动作用十分明显。但另一方面,企业应用电子商务比例还不高,电子商务对企业市场竞争力提升的带动作用还不够显著。加快发展智慧商务,以电子商务带动企业市场创新和商业模式创新,以智能化、网络化增强产业链商务协同能力,是打造杭州电子商务产业升级版、加快国际电子商务中心建设的突破口和助推器。

3.智慧文创是推进全国文化创意中心建设的新载体

文化创意产业是杭州十大产业发展的"排头兵",2013年文化创意产业增加值占杭州GDP比重达到16.3%,增幅为18.0%。杭州文化创意产业虽具备一定的基础,有强劲的发展势头,但仍然存在不少困难与问题,如文化创意产品与服务的技术含量与附加值不高,缺乏国内外有重大影响力的大型龙头企业,各文创产业园区特色定位与城市资源特点联系不密切、不鲜明等。充分利用智慧杭州建设契机,把握智慧城市应用需求,大力发展基于互联网、移动通信等新媒体的数字内容产业,丰富拓展文创产业链,着力提升文化创意产业附加值和竞争力,是推进全国文化创意中心建设的新机会、新载体。

4.智慧旅游是推进国际重要的旅游休闲中心建设的新途径

旅游休闲产业是杭州优势产业培育的"突破点"之一,近年来已初步形成旅游观光、休闲保健、文化体验、商务会展"四位一体"产业发展模式。2013年,旅游休闲产业增加值增长11.3%,占全市GDP比重达到6.5%。但杭州旅游休闲产业还存在产品个性不够鲜明、文化资源与旅游休闲项目缺乏有效结合、品牌国际知名度不够高、国内高端市场与国外市场开拓力度不强等问题。随着大众休闲时代的来临,休闲经济将在整个经济中处在越来越重要的地位。从智慧城市建设、广大市民和游客对智慧旅游休闲生活品质的需求出发,建立包括智慧健康、智慧交通、智慧环保、智慧城管等对旅游休闲有重要影响的大智慧旅游概念,以智能化、网络化提升杭州旅游休闲国际影响力,是杭州推进国际重要的旅游休闲中心建设的新途径、新亮点。

5.智慧金融是推进区域性金融服务中心建设的驱动力

近年来,杭州金融业综合实力显著增强,总量和金融综合竞争力在长三角区域范围内仅次于上海,金融机构密集程度居全国副省级城市前列,是全国大中城市中金融机构种类最为齐全的城市之一。特别是互联网金融快速发展,扩大了杭州金融创新的辐射影响。但也存在直接融资比重不高、本土金融实力较弱、金融业对外开放度不高、民间资金转化为投资资本的路径不畅等问题。加快信息技术在金融领域的应用,支持互联网企业与金融机构加强合作,加快推进以互联网的金融产品、技术、平台和服务创新为主要内容的智慧金融,是推进区域性金融服务中心建设的重要驱动力。

三、围绕"一基地四中心"建设加快发展智慧经济的方向与重点

通过三至五年的努力,智慧经济在杭州经济中的主导地位得以确立,经济规模总量超过1万亿元,建成特色明显、全国领先的电子商务、物联网、云计算、大数据、智慧安防、智慧金融、智慧健康、数字内容产业中心,信息化和工业化深度融合成效显著,成为全国智慧城市建设的先行区、智慧经济发展的示范区。

1.围绕高技术产业基地建设加快发展智慧制造

发展目标与方向:信息产业成为杭州重要的支柱产业,装备制造、纺织服装、生物医药和食品饮料等行业智能化水平显著提高,国家新型工业化产业示范基地(先进装备制造业)、国家高技术服务产业基地建设水平和国家软件名城竞争力全面提升。成为全国物联网产业中心,物联网产业规模和应用水平全国领先,并在数字安防等领域形成全球产业中心。成为全国云计算产业中心,建成国内领先的云计算服务平台。成为全国大数据产业中心,建成国内商用大数据营运中心。

发展重点:一是大力发展网络设备和智能产品;二是做大做强物联网产业;三是加快发展智能控制系统;四是着力发展应用电子产业;五是提升发展软件和信息服务业;六是积极发展高技术服务业。

2.围绕国际电子商务中心建设加快发展智慧商务

发展目标与方向:电子商务产业规模和竞争力保持全国领先,国际市场辐射力和商业模式创新不断增强,由商品交易向涵盖智能采购、智能销售、数据分析、金融服务、物流配送等的全流程服务发展,成为在全球具有重要影响力的国际电子商务中心。智慧物流体系基本形成,智慧物流全国领先。

发展重点:一是加快电子商务应用和模式创新;二是促进电子商务驱动的制造业生态变革;三是拓宽移动电子商务应用领域;四是积极发展跨境电子商务;五是大力发展智慧物流。

3.围绕全国文化创意中心建设加快发展智慧文创

发展目标与方向:基于互联网、移动通信等新媒体的智慧家庭、动漫、数字娱乐、数字影视、工业设计等新兴产业快速发展,文创产业的渗透力、拓展力与竞争力显著增强。成为全国数字内容产业中心,打造全国一流的数字媒体基地、数字家庭应用示范基地、新媒体版权内容库和新媒体内容加工制作云平台,实现数字内容、技术、产品、服务和运营全产业链一体化发展。工业设计成为杭州强化创意创新创业的有效途径、制造业价值链提升的重要载体。

发展重点:一是大力发展数字内容产业;二是加快发展智慧家庭产业;三是积极发展工业设计。

4.围绕国际重要的旅游休闲中心建设加快发展智慧旅游

发展目标与方向:智能化、网络化技术促进旅游休闲资源实现跨部门、跨行业、跨区域整合、共享交换和协同应用,游客与旅游目的地服务要素的相互感知和综合运用持续增强,着力形成包括智慧健康、智慧交通、智慧环保、智慧城管等对旅游休闲有重要影响的杭州大智慧旅游产业,杭州旅游休闲品牌影响力和城市国际化水平显著提升。

发展重点:一是应用智慧技术挖掘杭州旅游休闲文化内涵;二是大力发展智慧旅游休闲基础设施;三是积极发展智慧健康、智慧交通、智慧环保、智慧城管等产品与服务。

5.围绕区域性金融服务中心建设加快发展智慧金融

发展目标与方向:信息技术在金融领域广泛应用,基于互联网的金融产品、技术、服务和平台持续创新、规范发展,社会信用体系不断完善,探索建立网络银行、金融数据交易中心及跨境电商支付和结算业务,大数据技术在互联网金融的监管与服务中得到有效应用,第三方支付等互联网金融服务全球领先,打造全国互联网金融创新中心。

发展重点:一是着力打造互联网金融中心;二是大力发展金融后台服务;三是加快建设金融数据交易中心。

四、围绕"一基地四中心"建设加快发展智慧经济的对策建议

(一)强化创新,着力增强智慧经济发展动力

1.强化智慧经济管理体制机制创新

根据智慧经济的内涵及其与"一基地四中心"建设的关系,建议适时将杭州

市推进十大产业发展领导小组调整为杭州市推进智慧经济发展领导小组,统筹协调解决全市智慧经济发展有关重大问题。十大产业办公室同时更名为智慧经济办公室(或合署办公)。进一步明确各地、各部门工作职责,形成牵头部门抓总落实、相关部门分工协作,共同推进智慧经济发展的工作格局。

2.强化智慧经济商业模式创新

国内外和杭州的经验都表明,打造智慧城市规划、设计、技术、设备、服务、管理、营运为一体的系统供应商,实现总包服务,为智慧城市建设提供整体解决方案,是做大做强智慧产业链最为成功的商业模式。以智慧应用为导向,积极推动运营商、服务提供商、设备提供商、内容供应商的深化合作,实现研发、设计、制造等产业链各环节资源与城市信息资源和技术服务间的纵向联合、横向整合。

3.强化智慧经济关键技术创新

部署一批智慧经济技术研发重大专项,制定技术发展路线图,加快智慧应用和产业发展重大核心关键技术的研制开发。特别要在传感器网络、云计算、数据整合与挖掘等优先领域取得重大突破。大力鼓励杭州企业、高等院校、科研机构和相关部门积极参与智慧城市国际国内标准研制活动,抢占标准制高点,确立杭州在智慧城市相关应用和智慧经济发展中的先发优势地位。

4.加快智慧经济市场创新

促进互联网经济从"消费服务型"向"生产服务型"延伸,加快推进互联网与实体经济的渗透融合,开拓数据挖掘、网络安全等新的发展领域,带动传统产业发展,增强实体经济发展后劲。通过智慧城市应用试点示范工程启动本地市场,与浙江其他城市,周边的上海、江苏各市共同探索统一智慧应用相关标准,着力开拓浙江和全国应用市场。

(二)整合资源,有效激发智慧经济发展活力

1.提高引资质量和水平

完善"招大、引强、选优"政策机制,优化智慧经济招商引资结构,重点引进对智慧产业发展具有重大带动作用的大项目和先进技术、先进管理经验、高层次人才,增强经济发展活力。提高招商引资效率,把世界IT 100强企业、中国电子信息100强企业和电子信息领域的"央企"作为重点,有针对性地开展项目合作。积极探索产业链联合招商的模式,鼓励外商和市外资金投资发展智慧经济关联配套能力强的产业集群项目。

2.发挥龙头企业引领带动作用

扶持龙头企业发展壮大,通过业务拓展与资本兼并重组,形成一批实力雄厚、品牌价值高的智慧经济大企业集团,并带动、集聚一批业务关联企业,培育一批智慧经济"小巨人"。建立智慧经济技术创新战略联盟,发挥产业链上下游企业、科研院所、应用部门,以及网络运营商的集成作用,提升智慧城市项目系统集成能力和对智慧经济的带动作用。

3.推进政府向社会力量购买智慧应用服务

在云计算、物联网、大数据服务项目和公共信息平台建设中,完善政府向社会力量购买服务机制,设立购买云服务的专项经费。改变单纯由政府投资智慧城市建设项目的格局。制定政府购买智慧城市建设服务指导性目录,及时、充分地向社会公布购买的服务项目、内容以及对承接主体的要求和绩效评价标准等信息,倡导同等条件下优先采购杭州名优软件产品和服务。

(三)打造平台,积极构筑智慧经济发展高地

1.做大做强滨江智慧经济先行区

支持滨江区发挥先发优势,以打造中国互联网经济示范区、浙江省物联网产业核心区和杭州白马湖生态创意城为重点,率先建设融技术研发、设计、生产、制造、产业化应用于一体的智慧产业创新示范区,率先建设智慧城市应用示范区,成为引领杭州乃至全国智慧经济发展的重要增长极和先行区。

2.加快智慧经济总部集团衍生发展

目前杭州基本形成了钱江新城、武林区块、庆春区块、黄龙区块、高新区块等几大总部集聚区。要在现有基础上,因势利导,突出特色,做大做强智慧总部经济。一是发挥思科中国、浙商总部等总部集团对智慧产业的带动作用,延伸和拓宽智慧产业链;二是留住总部与引进总部相结合,既强化本地智慧经济企业"留根工程",又实施各类外埠智慧经济企业"引根工程"。

3.优化智慧经济产业布局

高新区(滨江)、城西科创和大江东两大省级产业集聚区、国家级与省级开发区及主城区都要把发展智慧经济作为重要任务,明确主攻方向和目标,打造智慧产业集聚区,构建起智慧产业链集聚、创业企业孵化、应用人才培训等的重要基地。强化市、区(县、市)两级联动,打破行政区划限制,探索产业平台合作共建模式,拓展延伸区县协作的范围和内涵,引导主城区智慧产业链向三区四县(市)延伸和拓展。

(四)优化服务,努力营造智慧经济发展环境

1.推进互联网基础设施共建共享

进一步贯彻实施国家宽带普及提速工程,提高互联网资源利用率,提升城市网络环境和人文景观环境,加快网络升级演进,推动应用普及深化,强化产业协同并进,不断增强宽带支撑智慧经济发展的关键作用。加强和优化城市有线无线网络建设,确保城市建设中光缆管线、宽带接入网络等与城市基础设施同

步规划、同步建设,强化网络安全。

2.加强土地要素保障

鼓励各地优化智慧经济发展空间规划,优先保障智慧经济重点项目的土地需求。以土地产出效益为核心,对引进项目和企业土地利用状况、综合绩效进行全面评价,根据评价结果分别实施分期分阶段供地、先租后让、弹性年限、差别化地价和履约保证金等制度。

3.加大财税金融支持

全面落实国家和浙江省鼓励信息经济发展的有关政策,积极争取国家和浙江省在产业基地(园区)建设、项目布局、资金安排等方面的政策支持,落实中央财政资助项目明确需地方配套的政策。杭州市有关专项资金和财政科技经费重点向发展智慧经济倾斜。发挥杭州科技与金融结合的优势,建立和完善金融服务体系。拓宽直接融资渠道,支持符合条件的企业发行债券和上市。

4.提高人才支撑能力

加强智慧经济高层次人才和团队引进,重点引进国际行业优秀领军人才。大力培养智慧技术研发人才、应用人才和营运人才,重点培养高水平复合型人才。支持各类高层次人才创业,降低创业时期的生活和经营成本。加强对外开放,合作培养智慧经济技术、服务、管理的国际化人才队伍。

5.探索智慧经济统计监测和评价机制

研究建立杭州智慧经济统计调查制度,强化统计、监测、分析和预警工作。定期由第三方机构对杭州市和各区(县、市)智慧经济发展情况进行综合评价。智慧经济办公室定期对智慧经济发展和重点项目进展情况进行检查,形成推进工作的长效机制。

关于"重振杭州集成电路产业促进智慧经济发展"的对策建议

杭州市决策咨询委员会办公室课题组

集成电路产业是信息经济和智慧经济的核心。20世纪90年代杭州集成电路产业曾一度领先,但近几年由于政策原因暂失优势。2015年6月,国务院印发了《国家集成电路产业发展推进纲要》。在杭州推进智慧经济"一号工程"进程中,如何挖掘集成电路产业潜力,促进经济转型升级,是当前一项必解之题和基础性工程。杭州市决策咨询委员会办公室联合杭州市经信委对集成电路产业进行调研,并邀请杭州电子科技大学教授王高峰、浙江大学教授金心宇等专家对杭州集成电路产业的现状进行深层次剖析,提出了八条意见建议。现将相关建言整理报上,供领导决策参考。

作为信息经济的基础性、先导性产业,集成电路产业事关国家安全和产业实力,为全球十大重点产业之一,其技术水平和产业规模是衡量一个国家、地区综合实力的重要标志。随着《国家集成电路产业发展推进纲要》的实施,该产业将迎来一个重大战略发展期。在全国集成电路产业大发展背景中,杭州应找准自身定位,挖掘潜力,重振产业优势。

一、国内集成电路产业发展现状及各地竞争态势

集成电路产业涉及研究开发、设计、芯片制造、封装测试等环节,需要高技术、高投入支撑。由于起步晚,我国芯片产业核心技术受制于人,关键设备、原材料等长期依赖进口。

(一)集成电路产业振兴在国家层面被日益重视

工信部统计数据显示,2013年我国集成电路进口额高达2313亿美元,同比增长20.5%。集成电路进口额超过石油,长期居各类进口产品之首。高昂的芯片专利费用让中国制造企业沦为国际厂商的打工者。新世纪以来,集成电路产业被提到了空前重要的位置。《国民经济和社会发展第十一个五年规划纲要》《国家中长期科学和技术发展规划纲要(2006—2020年)》《信息产业"十一五"发

展规划纲要》等都把集成电路作为核心产业列入重点支持范畴。此后,国家又陆续制定出台了《鼓励软件产业和集成电路产业发展的若干政策》《进一步鼓励软件产业和集成电路产业发展的若干政策》。2014年6月,《国家集成电路产业发展推进纲要》正式发布。该《纲要》明确提出:"到2030年,集成电路产业链主要环节达到国际先进水平,一批企业进入国际第一梯队,实现跨越发展";"重点支持集成电路制造领域,兼顾设计、封装测试、装备、材料环节";"设立国家集成电路产业投资基金,助推产业发展"。

(二)国内集成电路产业三大优势区域已基本形成

目前我国集成电路产业主要集中在长三角、环渤海、珠三角三个区域。以上海、江苏为代表的长三角地区是国内最主要的制造基地,已初步形成集芯片研究开发、设计、制造、封测及相关支撑业在内的完整产业链;包括北京、天津、河北、辽宁和山东等省市在内的环渤海区域是国内重要研发、设计和制造基地,基本形成从设计、制造、封测到设备、材料等产业链;珠三角地区是国内电子整机生产基地和主要集成电路市场,依托发达的制造业,其产业比重逐步上升。就省份而言,江苏、上海、北京三地在过去十年发展最为迅猛。随着大量外资和本地高强度、持续投资的进入,三地已成为国内发展高端信息技术产业的领头羊和世界集成电路产业的重要基地。

1.集成电路制造企业情况

根据统计,截至2012年年底,全国共有38条集成电路生产线:12英寸生产线6条,其中上海2条,北京、大连、武汉和无锡各1条;8英寸生产线14条,上海7条,占了一半;6英寸生产线18条,江苏居首,占了4条。就总体生产能力来说,上海集成电路产业已经形成了"2加7"的格局,即2条12英寸生产线、7条8英寸生产线,在全国处于领先地位,其次是江苏。

2.集成电路设计企业情况

从设计领域来看,2013年,我国集成电路设计企业总产值为142亿美元,产能需求为109亿美元,而芯片制造企业代工制造业服务于国内设计企业的产能约为19.15亿美元。自1986年北京成立了第一家设计公司之后,各类集成电路设计企业大量涌现。目前,深圳市拥有150多家设计企业,上海市拥有130多家设计企业,无锡市拥有100余家设计企业。

3.集成电路产业链发展情况

目前我国集成电路产业链日渐完善。上海已形成包括开发、设计、芯片制造、封测及服务业在内的完整产业链。与杭州距离较近的无锡则拥有160余家具有国际先进水平的晶圆制造、封测等企业,涉及集成电路设计、晶圆制造、封测、系统应用、配套材料与装备制造等全产业链领域。

(三)各地发展态势

《国家集成电路产业发展推进纲要》正式发布以来,各地纷纷响应,把集成电路产业作为新兴战略产业加以重点扶持培育。北京、上海、天津、四川、安徽、山东、甘肃,以及武汉、沈阳等地相继出台了集成电路地方扶持意见,设立了"集成电路产业发展投资基金"和扶持资金。

1.落实投资基金

北京:明确300亿元集成电路产业发展基金,首期80亿元中有60亿元投向制造和装备。

上海:考虑依托当地母基金,成立针对集成电路产业投资并购的扶持基金。

天津:出台《天津市滨海新区加快发展集成电路设计产业的意见》及《天津市滨海新区集成电路产业集群化发展战略规划(2014—2020)》,通过财政每年设立2亿元专项资金。

四川:出台《四川省集成电路产业发展实施意见》,设立四川集成电路产业投资基金,将采用市场化运作,重点对四川省集成电路行业中的骨干企业、重大项目和创新实体进行投资,推动企业提升产能和实行兼并重组、规范企业治理。

2.明确发展目标

安徽:出台《安徽省人民政府办公厅关于加快集成电路产业发展的意见》,明确了集成电路产业未来两个阶段性发展目标:到2017年产业总产值突破300亿元,到2020年力争在此基础上翻一番,显示面板、家电、汽车电子等领域的芯片本土化率达20%左右,形成以合肥为中心的集成电路产业集聚区。

山东:出台《山东省人民政府关于贯彻国发〔2014〕4号文件加快集成电路产业发展的意见》,明确到2015年集成电路产业销售收入达到200亿元,建成2个国内有影响力的集成电路产业化基地。

甘肃:出台《甘肃省贯彻落实〈国家集成电路产业发展推进纲要〉的实施意见》,明确到2015年,完善集成电路产业链,并向上下游产业拓展,实现主营业务收入55亿元;到2020年,集成电路产业主营业务收入力争达到150亿元。

3.出台扶持政策

安徽、山东、甘肃三地均要求在统筹财政支持资金渠道、落实税收优惠的基础上,建立完善的投融资机制。武汉、沈阳等地也正在筹划促进芯片国产化的产业扶持政策。

二、杭州集成电路产业发展的基础、潜力和面临的问题

作为国家集成电路设计产业化基地和国家自主创新示范区,近年来杭州集成电路产业取得了一定发展。目前杭州集成电路产业共有从业人员近万人。

调查统计显示,2013年全市集成电路产业实现主营业务收入52亿元,同比增长23.08%;实现利润9.61亿元,同比增长117.91%;上市企业2家,约占全市上市企业数的2%。杭州集成电路产业形成了一定的特色和优势,集聚了全省约75%以上的集成电路设计公司。2002年,杭州曾被列为国家七大集成电路设计产业化基地。目前,杭州在部分领域(嵌入式处理器、数字音视频、视频监控、电源管理、LED驱动等)形成了技术和产品特色和优势,集成电路设计整体技术和产品水平处于国内一流地位。但是,近几年由于杭州对集成电路产业发展方向存在争议,对产业在"发展设计还是发展运用"问题上认识不统一,政策连续性不够,支持力度不足,除《国家集成电路设计杭州产业化基地扶持资金资助管理办法》外,近年来杭州未出台其他实质性扶持政策、措施。2006年,杭州拥有两条6英寸生产线,这一生产能力当时在全国居于前列。但是近十年,杭州未成功引进一家集成电路制造企业。目前,集成电路制造企业不仅数量相对较少,规模较小,而且均为6英寸以下特色工艺线,在工艺水平方面整体上落后上海、江苏同行1~2代。随着集成电路制造业在产能上的需求放缓,杭州集成电路产业链各环节发展不均衡,其核心地位逐渐弱化。据了解,国家新设立的集成电路产业发展基金首期1200亿元主要投向拥有12英寸集成电路生产线的企业,杭州并没有从这一重大利好中直接受益。在国家规划布局内,杭州入选的重点集成电路设计企业仅士兰微电子股份有限公司和威睿电通(杭州)有限公司2家。根据"扶强扶优"的原则,在"标兵渐远"的形势下,杭州集成电路产业获得国家层面支持的可能性减少,不利因素增多,在未来竞争中处于不利位置。由于我国集成电路产业整体落后于国际水平,杭州与国内其他地区一样存在"缺少国产芯,核心技术受制于人"的共性问题。

此外,以下个性化问题十分突出。

问题一:"产能外滞"现象严重

受土地、能耗、环评等因素制约,除"士兰微"外,杭州本地企业极少配套集成电路生产线,一大批中小设计企业在本地无法释放产能。目前,杭州集成电路设计企业每月出货近亿颗芯片,主要依靠上海、江苏、台湾等地完成制作环节,10倍芯片的收入贡献给了外地。"产能外滞"现象导致了本地集成电路产业设计、制造、封测以及专用设备、材料等产业链的上下游协同性和整合度不够。

问题二:投入机制尚不健全

由于产业的特殊性,集成电路产业研发投入巨大。动辄千万元以上的资金投入让中小企业望而却步。与此同时,集成电路设计企业可抵押资产少,贷款、融资难度大。2005年杭州曾设立了集成电路扶持专项资金1500万元,职能放在高新区集成电路设计产业化基地办公室,2011年职能转入市经信委,专项资金随即中断。2011年前已经立项的项目剩余40％资金也没有验收下达。融资难和扶持少,投入高、风险大,这一现状直接导致集成电路企业无力也无心投资自主创新。一些小企业习惯于技术"翻版",沉浸于低端产品所带来的利润,在升级转型方面脚步迟缓,产品同质化严重。

问题三:核心专业人才紧缺

虽然有一定的产业人才集聚基础和浙江大学、杭州电子科技大学等高校的教育培训资源,但是与江苏、上海、北京等地相比,杭州在培养集成电路高层次人才方面的教育资源仍然不足。其中,集成电路设计、集成电路生产工艺、现场质量管理、金融与国际资本运作等方面的高级人才最为紧缺。更严重的是,随着周边地区集成电路产业发展的加快,现有专业人才流失严重。

三、振兴杭州集成电路产业发展的对策建议

2015—2020年是我国集成电路产业发展的"攻坚期",也是杭州重振集成电路产业的"黄金期"。杭州应抓住机会,完善政策、加强投入、突出重点、精准发力,逐步构建"市场引导、企业主体、政策支撑、合理规划、资源整合、环境优化、体制创新、人才为本、应用支持、资本融合、重点突破、群体发展"的产业路径。

建议一:充分认识集成电路产业重要性,形成发展共识

互联网正成为中国经济转型升级的"新引擎"。据麦肯锡全球研究院分析,2013年中国互联网经济占GDP比重(iGDP指数)达到4.4％,已处于全球领先国家的水平。杭州不仅要在信息产业应用上领先,更要在产业核心技术上占领制高点。专家认为,在推进智慧经济的"一号工程"中,亟须对集成电路产业的重要性进行再认识。除了发挥杭州自身在集成电路"设计"与"应用"两个方面的优势,还应主动对接浙江省,把集成电路产业上升到全省信息经济发展的战略高度,争取列为全省"十三五"发展重点产业。应整合全省力量,结合浙江产业优势,加强杭州都市圈的合作攻关,吸引民营资本参与,迅速提升行业整体实力。

建议二:推动市场融合,构建产业发展联盟

结合《国家中长期科学和技术发展规划纲要(2006—2020)》,协同推进集成电路产业运作机制体制的创新和集成电路企业运营的商业模式创新,聚焦制约产业发展的核心技术,确定杭州在芯片与软件设计、制造、封装、测试领域上的技术攻关清单。组织杭州市发改委、科委、经信委等有关部门,联合浙江大学、杭州电子科技大学、浙江工商大学等院校研究机构以及中天微、中科微、国芯等行业龙头企业成立产业发展联盟。联盟应以市场需求为先导,坚持"以研发带应用,以应用促研发"的原则,将科研与生产相结合,走"技术吸收引进再创新"

的道路,共同开展共性关键技术研发,从数字多媒体、安防监控、信息安全、网络通信、工业控制等领域加速市场产业化进程。

建议三:培育重点环节,优化产业发展业态

从杭州现有产业重点(嵌入式处理器、数字电视和数字音视频、消费类电子、信息安全、电能计量、监控等)入手,联动市财政局、市经信委、国家集成电路设计杭州产业化基地等有关部门和单位,结合市场需求进行运作,着重培育一批具有一定工艺特色、生产管理与技术领先的"专、精、特、新"中小型设计企业。通过政策扶持、项目安排、环境营造、设施配套等措施,加强"芯片"与"整机"互动,以"芯片"设计创新提升"整机"系统竞争力,使产业链各个环节都拥有一两家具有代表性的企业,优化产业发展业态。

建议四:谋划顶层设计,统筹全产业链布局

引导有市场优势的企业参与整机产品设计,满足整机产品的功能化差异需求,设计芯片的性能和功能。芯片设计聚焦移动智能和网络通信的核心技术和产品,重点规划云计算、物联网、大数据的关键芯片和软件的发展路径,逐步突破智能电网、智能交通、金融电子等行业应用核心集成电路与软件。加快中高级芯片制造生产线建设,完善可持续发展路径。同时,支持发展特色集成电路工艺设计与产品研发、制造。逐步统筹"IP—高端芯片设计—制造—封测—关键装备材料"的全产业生态链。

建议五:明晰发展方向,推动产业共性发展

借鉴苏州、上海、南京等地鼓励软件产业与集成电路产业发展的做法,重点培育杭州集成电路设计、制造、检测、销售、技术、系统集成及服务外包等领域及企业,制定出台"杭州鼓励软件产业和集成电路产业发展的若干实施意见",明晰2015—2020年杭州集成电路产业规划。应明确提出将杭州移动智能终端、网络通信、云计算、物联网、大数据等重点领域的集成电路设计标准、整机制造能力提升到全国前列,营造适合杭州集成电路设计、制造及整机企业共性发展的政策格局。

建议六:注重人才培养,增强产业发展后劲

建议由"国家集成电路设计杭州产业化基地建设协调小组"牵头,结合公共技术服务平台和人才培训服务平台,培养引进一批国际化、高层次、复合型人才。借鉴中科微研究生实习基地和浙江大学国际师资培训中心的运作模式,由地方性财政出资,选择杭州市高校和企业进行"非营利"合作,吸引部分留学生团队入驻,加强与电子类、计算机类、信息类专业院校合作,鼓励社会合作办学,实行产学研相结合。全面培养杭州高层次、稀缺性、专业性、就职性四个职级的集成电路专业人才。

建议七:用好国家扶持政策,全面落实税费优惠

国务院《鼓励软件产业和集成电路产业发展的若干政策》(国发〔2000〕18号)和《进一步鼓励软件产业和集成电路产业发展的若干政策》(国发〔2011〕4号)明确:"落实集成电路产业所得税、增值税、营业税等税收政策。对引进符合条件的集成电路重大生产技术、装备和产品关键零部件以及原材料实施进口(关税和增值税)免税政策。"结合杭州集成电路产业上、中、下游链端的芯片设计、软件制造企业的需求,制定以"集成电路、软件、整机系统为主",以"封测、专用材料和设备企业为辅"的税收优惠细则。

建议八:发挥基地优势,"孵小""扶强""引外"

结合《国家集成电路设计杭州产业化基地扶持资金资助管理办法》和国家产业化投资基金,出台有效的市场促进政策。尽快恢复集成电路产业基地财政资助专项基金(3000万元/年);根据财力逐年增加集成电路产业发展扶持资金;对符合产业发展要求的项目加大投入,予以立项支持。鼓励社会有效资本投入,重点吸引大企业、金融机构及社会资金,投资行业骨干、重大项目和创新实体。充分发挥国家集成电路设计杭州产业化基地的"孵小""扶强""引外"作用,为杭州本土企业提供低成本的技术资源、支撑和服务。

附:课题组成员

执 笔 人	沈金华	李 艳 俞春江
课题参与专家	张 明	杭州国芯科技股份有限公司副总经理,浙江大学信息与电子工程学院教授
	周 兵	威睿电通杭州公司总经理
	孟建熠	杭州中天微系统有限公司副总经理、总工程师
	殷 明	杭州中科微电子有限公司总经理
	葛君明	浙江大学嵌入式系统工程中心主任助理、高级工程师
	王伟明	浙江工商大学信息与电子工程学院原院长、教授
	王高峰	杭州电子科技大学电子信息学院射频电路与系统教育部重点实验室教授
	王效灵	浙江工商大学信息与电子工程学院教授级高工
	严晓浪	浙江大学信息工程学院院长、教授
	尚群立	浙江工业大学信息工程学院教授
	金心宇	浙江大学信息与电子工程学系、电子电路与信息系统研究所教授
	姚茂群	杭州师范大学国际服务工程学院教授,中国电子学会会员
	程知群	杭州电子科技大学电子信息学院射频电路与系统教育部重点实验室教授

关于推进杭州"文创产业国际化"的路径与思考

杭州市决策咨询委员会文化组

文创产业国际化对促进城市结构优化升级,强化国际竞争力,提升传统产业品牌和国际知名度皆具有重要推动作用。联合国《2010 年创意经济报告》指出:文创产业作为全球贸易的新引擎,对音乐、动漫、电影、手工艺品、多媒体以及广告等创意产品和服务的需求持续增长,已日渐成为世界最具活力的经济产业之一。当前,杭州文创产业正处于"创新驱动、转型发展"的阶段,面对中国推动"一带一路"的战略,在"讲好中国故事,提升中国文化软实力"的背景下,如何充分发挥杭州历史文化丰富的独特优势,在国际化方面迈出实质性步伐,努力推动城市国际化战略,将是杭州文创产业发展所面临的一个重大战略问题。为此,杭州市决策咨询委员会文化组全体委员对此进行了系统研究。

一、杭州文创产业国际化发展的现状与不足

(一)杭州文创产业国际化发展的现状

随着《文化产业振兴规划》《浙江省文化产业发展规划(2010—2015)》《杭州市国民经济和社会发展第十二个五年规划纲要》以及《中共杭州市委、杭州市政府关于打造全国文化创业产业中心的若干意见》等文件的相继出台,杭州充分利用自身优势,不断推进并深化了其文创产业及国际化发展进程。2014 年,杭州文创产业保持持续快速发展,实现增加值 1607.27 亿元,占全市 GDP 比重达17.47%,逐步成为促进经济转型升级和发展方式转变的重要力量。中国国际动漫节、中国(杭州)文博会、中国(杭州)电视剧节目推介会、中国影视艺术创新峰会等一批国内国际会展活动的陆续举办及落户,进一步扩大了文创会展业的经济效益和国际影响力;启动"'创意杭州'广告大赛优秀获奖选手赴国外培训""优秀工业设计师赴国外进修方案""杭州影视业国际化青年人才培养计划"等重点人才建设项目,进一步加深了人才国际化培养程度;举办两岸企业家峰会文创产业合作、两岸文创产业交流对接会、海峡两岸文创产业高校研究联盟论坛等活动,参与联合国教科文组织的创意城市网络年会,参展第十七届香港国

际影视展、第四届台湾文博会等活动,进一步加大了城市对外交流力度。

(二)杭州文创产业国际化发展的不足

尽管杭州文创一直走在全国前列,但较北京、上海等国内一线城市而言,其在规划布局、战略制定、产业结构、技术创新、人才需求等方面仍具有一定的差距。同时,与伦敦、纽约等国外城市的发展实践相比,还存在一些因素制约,特别是文创国际化方面尤显不足。现将具体问题分析如下。

1. 缺少国际化的明确定位和布局规划

杭州在拓展国际知名度和提升城市国际化形象等方面着力甚少,政府和有关部门未将杭州作为国际文创产业城市来规划,缺乏长期、持续和深层的远景战略布局。主要存在城市经济转型升级不够快,服务业发展水平偏低,城市国际化的基础设施配套严重不足,战略性新兴产业发展有待进一步培育,自主创新能力不强以及城乡区域发展不协调等一系列问题,与城市发展定位和经济转型要求存在差距。

2. 缺乏文创产业国际化的整体战略

对自身国际化发展条件与现状认识不清,还未制定文创产业国际化发展的整体战略,过多聚焦于解决区域文创产业资源分配和创意产业园区统筹规划等问题。整体上缺乏杭州文创产业国际化发展路径设计、目标制定和方案实施。

3. 缺乏国际化的海空交通与集散能力

由于地理区位、交通环境和政策因素的影响,与北京、上海、广州、深圳相比,杭州在第三产业所占比重较低,对文化生产、消费扩张以及产业结构的合理布局产生了制约。此外,因缺乏空港洲际航线,城市交通建设的国际化进程受阻,不利于杭州临空产业结构调整转型升级和吸引跨国公司总部及地区总部入驻,也不利于国际高端论坛、赛事的举办,影响了国际文创产业城市规划的进程。

4. 缺乏具备国际竞争力的龙头企业

从已有的文创产业国际化品牌来看,无论是国际动漫节,还是"全球创意城市网络",其国际知名度与既有规划相去甚远。杭州除了阿里巴巴网络技术有限公司之外,仍缺乏具备国际竞争力的领头企业。反观横店影视城,其地理、文化、交通的区位优势并不明显,却成为全球规模最大的影视拍摄基地之一,中国第一个"国家级影视产业实验区"。此外,杭州拥有自主知识产权的企业在规模、效益方面都与发达国家或地区存在差距。时代华纳和迪士尼公司年销售额早已突破200亿美元。与之相比,杭州收入超过百亿元的跨行业、跨区域、具有国际影响力的知名文化企业则凤毛麟角。

5. 内部结构发展不平衡和融合不足

杭州文创产业与三产融合的程度较低,难以作为支撑三产转型的重要推手。文创产业八大行业之间缺少互动,产业内部核心层发展与外围层发展之间存在较大差距,其结构未达到最优化配置。园区的集群化和差异化不明显,同类企业扎堆集中较多,产业关联性较弱,业态散乱无序,缺乏品牌形象和竞争优势。

6. 缺乏国际化的文创产业新型人才

文创产业以文化资源为基础,以创意等智力因素为核心,利用高科技手段实现文化与其他产业融合,创造高附加值产品和服务。因此,面对国际化发展的战略,杭州需要投入更多的文创人才培养资本。虽然杭州文创产业发展面较广,但高校、院所对人才的培养主要集中在影视、动漫等方面,产业机构和布局不匹配,产业链条中相对应的人才培养模式缺失,具备基础专业知识和语言优势的复合型人才缺失,多数院校甚至还未具备较专业、较全面的培养能力,专业不精的现象普遍存在。

7. 产业技术创新未能与文创相融合

文创产业缺少创意就只能被称为文化产业,需要借助科技创新来实现。杭州文创产业还需依赖国外科技创新,分行业科创能力较弱,无法形成文创和科创"两创融合"的态势,降低了产业竞争力。

二、各国及地区文创产业国际化发展的战略经验

纵观德国、美国、日本、韩国、中国台湾等国家和地区的文创产业国际化发展的历程,可见其主要经验如下。

1. 德国:国际会展、大奖唱响文创品牌

法兰克福书展每年吸引世界百余个国家和地区的业内人士参展,为全球出版商、代理商和图书馆人员提供了洽谈版权贸易、出版业务和展书订书平台的良机。德国通过设立基金、举办大奖和大型节庆类活动提升其文创品牌的知名度和国际竞争力,"iF 设计大奖""红点设计大奖""德国电影大奖"等奖项的设立促进了产业发展。

2. 美国:以知识产权战略拓展海外市场

通过知识产权保护战略营造适宜文创产业发展的大环境,保护产品在国际市场上的稳步发展。20 世纪 70 年代后,采取一系列法律措施强化知识产权保护。为使其文化产业获得国际保护机制,又力促世贸组织将知识产权保护纳入国际贸易体系。1996 年开始,版权产品赶超汽车、农业与航天业等其他传统产业,成为最大宗的出口产品。

3. 日本:"酷日本"战略带动文化"软实力"输出

2011 年,日本经济产业省针对中国、印度、东南亚、美国及巴西等不同国家

和地区,制定"酷日本"(Cool Japan)出口战略的10个重点项目,在世界各地设立临时展销窗口,促进动漫、流行音乐、电玩游戏、家电产品、时装和美食出口。2013年正式推进"酷日本"战略,将该战略定位为经济增长的主动力,新设相关阁僚并增加了运作预算。日本通过展现软实力提升对外形象,重拾骄傲和自信。

4.韩国:"跨界整合"推动文化产品大量出口

"跨界整合"模式以《大长今》等电视剧为标志,有计划、有系统地推动韩国文创产业的进程。在"文化振兴院"的主导下,影视产业除创造产业价值之外,还发挥了龙头作用,为观光、医疗美容、餐饮、服装、时尚、消费性电商等产业国际化奠定了基础。近年来,韩国已成为文化出口新兴国家,《天堂》游戏年收入约9000万美元,利润率高达35%,其网络游戏占中国市场56%以上,影视、唱片等文创产品在中国文化商品市场中至少占10%的份额。

5.中国台湾:融合集聚与抱团发展战略

融合集聚与抱团发展是我国台湾文创产业的重要经验。台湾着力建设华山、台中、嘉义、台南、花莲等五大文创园区以形成产业集聚效应,增加产品附加值,提升产品竞争力。重视传统文化传承,在挖掘地方创意和特色产业的同时与之有机结合,进而使消费者聚焦。

三、杭州文创产业国际化发展的具体对策

当前,杭州文创产业国际化的动力牵引趋势日益明显。作为"一带一路"战略腹地的重要支撑点和我国跨境电商综合试验区的落户地,杭州应适应经济新常态,策应国家战略,抢抓重大机遇,在更宽领域、更高层次参与国际分工合作,挖掘和传承中国传统工艺文化资源,实现"古今传承、内外开放、海陆统筹、东西互济、中外共赢",传播中国文化、讲好"中国故事、杭州故事"战略,从而更好地发挥独特的产业、文化及城市功能等社会优势,大力推进文创国际化战略。为此,提出以下八条具体对策。

1.制定《杭州文化创意产业国际化发展战略规划》

根据《杭州市城市总体规划(2001—2020年)》,打造具有国际水准和国际竞争力的文创产业品牌。确立以"电商、动漫影视、设计服务"为核心的三大文创先导性产业,明确杭州促进文创产业国际化发展的整体思路,借鉴国外成功经验,尽快出台《杭州文创产业国际化发展战略规划》。一是提高国际化资源整合的原创能力、管理能力,扩大相关产业链延伸,提高产品附加值;二是营造法制环境,引导文创出口企业建立知识产权管理应用体系,保障文创产品的国际市场收益;三是引进和培养一批具有国际视野的创造者、策划者、设计者,提高城

市的"创意产能";四是加快国际合作渠道建设,支持文创企业与国外公司共同开发新产品、新项目,扩大文化制成品出口;五是建立和完善以专业化、市场化、商业化为导向的海外市场专业服务体系,发展非制成品形态的服务贸易;六是开展对外跨国投资,鼓励文创企业直接在境外投资设立分公司或者分支机构,进行在地化经营。

2. 扩大电商"跨境、跨界、跨业"整合

全球电商巨头阿里巴巴将充分利用上海自贸区建设和"金砖五国"开发银行落户的有利条件,"接轨大上海,融入长三角",增强杭州文创产业参与国际竞争与合作的能力,造就更高水平的融合发展。借力杭州跨境电商综试区,与国际著名文创企业结成战略联盟,发展"文创+电商"双轮驱动的新业态,实现"创意港"和"电商港"的融合运作,加速形成实体经济和网络经济融合、线上和线下融合、线上营销线下成交或线下体验线上购买的营销模式。形成网上块状经济带和产业集群,建立"互联互通、共享共治"的网络自贸区;构建杭州国际互联网产业园区,通过产业信息化和信息产业化,推动"文化+科技"融合发展,将生产演变成服务,把工业劳动演变成信息劳动,以数据流通取代产品流通,促进信息经济的快速发展;打造亚洲乃至世界最大的物流配送网络中心站和"海上丝绸之路"的桥头堡,主要依托沿长江经济带建设基础设施互联互通网络体系——黄金水道、高效铁路体系、便捷公路体系、发达航空体系实现。

3. 创建"杭州设计产业协同创新国际联盟"

坚持"全方位、深层次、宽领域"的融合发展格局,突出"创新应用"与"理论研究"并行,依托"环象山"(美院)、"环紫金"(浙大)、"环屏峰"(工大)、"环下沙"(理工)等在杭高校的学科特色和研发设计优势,联合制造业企业、智慧产业企业、国内外著名设计机构和设计院校、互联网和移动互联网企业、工业设计创新服务平台、设计协会或创意组织和风险投资公司等,牵头组建非法人实体组织"杭州设计产业协同创新国际联盟"。"联盟"将"提升传统产业价值、构建智慧产业生态、创新研究和人才培养、推进经济转型升级"作为主要目标,以产业链整合"三平台一基地"——创新服务平台(用户体验研究中心、互联网大数据和云计算研究中心、产业链整合协调中心)、新兴智慧产业的孵化培育平台(智慧健康产业引导中心和智慧物流产业服务中心)、原始创新研究的支撑平台(传统产业原创研究中心和智慧产业原创研究中心)、创新人才的培养基地。

4. 优化和调整动漫影视产业结构

积极培育一批具有本土文化特色、自主知识产权和被国际文化市场认可的城市品牌,使文创产品和服务成为国际文化消费的必需品。建好国际影视产业发展战略研究的新型智库。以中国（浙江）影视产业国际合作实验区、浙江大学国际影视发展研究院、西溪国际影视题材资源库、浙江省电视剧审查中心和"两岸四地文化研究与交流中心"为平台，加强全球影视产业发展趋势的前瞻性研究，重点开展影视业态调研、政策分析、课题研究、咨询服务等工作，优化动漫产业结构。重点发展手机动漫和网络动漫，促进与发达国家和地区的交流合作，提高动漫影视产业的国际化水平，承接国际特色动画外包业务，组建"跨媒介、跨行业、跨国别"的影视航母集团。以华谊兄弟、华策影视、浙江影视集团等大型骨干企业为核心，通过影视产业转制重组和资本积聚，组建规模大、实力强、主业突出、核心竞争力超群的跨媒介、跨行业、跨国别的旗舰影视产业集团公司，形成集影视创意、剧本创作、拍摄制作、发行放映、全球营销、衍生品开发和生产"一条龙"的完整产业链，支持影视产业纳入"一带一路"战略布局。转化杭州的区位、资源、环境和历史文化优势，讲好"中国故事、杭州故事"，彰显"杭州制造"的历史魅力，加大力度开拓沿线国家和地区市场，增强世界各国对新丝绸之路的文化认同。

5. 设立"全球文创产业杭州高峰论坛"

邀请世界各国政要和全球行业协会、品牌商家、知名设计机构、高端投资者、著名学者专家以及海内外有影响力的主流媒体共襄盛会，全程参与。突出"文化创意、绿色经济、两型社会、文明互视和社会责任"的核心主题，举办"全球文化创意产业杭州高峰论坛"。由杭州市委、市政府承办，国家文化部、新闻出版广电总局、商务部、信息产业部、国家互联网信息办和浙江省委、省政府联合主办。

6. 构建文创产业园区与网络"空间换地"模式

以市场需求为导向，形成以骨干企业为主体、集聚区为依托的集聚扩散型发展格局，走一条"文化＋科技＋品牌＋特色"的产业集聚新路，打造产业发展生态链。整合"三纵两横"的"十大文化创意产业园"。按照"一区多园"的空间布局，形成国家自主创新示范区核心区，为产业链构建提供平台，为产业集群发展提供空间，突破文创产业链在资源配置中的大一统局限。利用赛博空间的关系网络整合资源，进一步提升文创产业项目的网络集聚优势，摆脱园区现实空间拥挤的掣肘，探索"腾笼换鸟""空间换地"的新模式。

7. 健全知识产权保护和服务体系

围绕文创产业的投入、生产、营销、消费四个关键环节，提升文创保障的覆盖面和水平。建立知识产权保护和服务体系。构建完善的知识产权价值评估体系，为文创企业提供"公正、公平、专业"的服务。高效的知识产权保护体系包括建立健全行政执法、著作权集体管理组织、权利人组织维权、社会知识产权保护组织网络和现代知识产权保护技术等体系;综合的服务体系包括建立知识产权的登记、交易、咨询、代理、信息、认证、调查等综合服务系统;探索知识产权法院建设。充分发挥知识产权司法保护的主导性作用,提升保护知识产权交易和服务贸易的整体水平;加快知识产权(文创)数据库建设。加大数据挖掘软件对文创信息的分析,为企业信息的利用率提供有力工具和手段;建立知识产权内容银行。作为提供存储、展示、搜索、分析、评估、衍生、竞价、交易、管理、投融资等全功能服务的平台,实现内容安全与高效管理,推动内容产业升级。

8. 实施"高水平引进来、大规模走出去"的多元化策略

集聚一批具有国际视野和科创能力的领军人才,打造一批创新科技与文化、创业、环境高度融合的文创企业。针对制度创新、产业创新、产学研体系创新、资本投资、资源需求等方面给予有力的政策、资金支撑。加强各大省、市级院校、龙头企业与机构协会之间的合作培养。完善"产学研"一体化的人才培养机制,培养市场需求的高素质、高质量专业人才;构建各类涉外性机构和国际交流中介机构,引进国际化高素质人才,培养"走出去"的高素质、专业技术过硬的新型管理类复合型人才;加大对艺术大师、设计巨擘、创意奇才、研发专家、管理精英等一批国内国际高素质、紧缺型人才的引进力度。借鉴 2009 年香港"设计智优计划"的运作经验,注重领军人物和领军团队的同步培养;提升聘请外籍教师的比例和引进海归人员的占比,把其作为院校国际化考核标准;重点扶持一批具有自主知识产权、自主创新能力、国际市场开拓能力和产品竞争力,具有完整的产业链和市场运作方式以及国际直销网络的中小文化与科技融合企业、集团及项目。通过政府资金引导、银行贷款筹资、民间资本投资、上市融资等多种途径,为进出口和境外投资项目提供社会多元化的投融资模式和服务;完善中小企业及项目"走出去、引进来"扶持资金建设,给予相应的税收减免政策优惠,对境外参展、论坛和博览会举办、宣传推广、培训研讨和投标项目给予资助;选派各类文创人才赴海外访问交流、学习进修、参观考察,开展高水平的国际合作研究、共同研发、联合生产等。根据《关于加快文化创业产业人才队伍建设的实施意见》(市委办发〔2011〕109 号)的文件精神,定期选派市级及以上文化和科技融合企业的高管和专技人才赴境外学习交流。扩大国际人文交流与合作的规模,支持兼并、收购战略性新兴产业领域的海外研发机构,鼓励在国外单独或联合设立研发机构(中方控股)。掌握并拥有对并购企业转型升级和海外发展有作用的核心技术和重大发明专利;拓宽陆上、海上、空中、数字四大通道,全方位融入"一带一路"战略。弘扬传统文化品牌,积极搭建丝绸、茶叶、伞、扇、剪等具有丝绸之路特色产品的国际展示平台。

附 : 课题组成员

课题负责人　梅新林　浙江工业大学党委书记、教授

课题组成员　王旭烽　浙江省作协副主席,浙江农林大学文化学院院长、教授

　　　　　　肖瑞峰　浙江工业大学原党委副书记、教授

　　　　　　汪俊昌　绍兴文理学院党委书记、研究员

　　　　　　陈　星　杭州师范大学弘一丰子恺研究中心主任、教授

　　　　　　陈立旭　浙江省委党校教育长、教授

　　　　　　杭　间　中国美术学院副院长、教授

　　　　　　项仲平　浙江传媒学院院长、教授

　　　　　　费君清　杭州电子科技大学原党委书记、教授

　　　　　　徐　岱　浙江大学人文学部主任、教授

　　　　　　黄　健　浙江大学人文学院教授

　　　　　　楼含松　浙江大学人文学院党委书记、教授

关于加快推进杭州市大学生自主创业的政策建议

浙江大学教育学院院长、教授　徐小洲

杭州市创业人才储备不足，大学生创业成功率有待提高，其根本原因在于高校创业教育覆盖面小、有效性低，大学生创业融资渠道单一、不畅，校企合作体制机制不完善，创业环境亟待优化。杭州市需深入推进高校创业教育，培养高层次创业型人才；在扩大政府扶持力度的基础上引入市场机制，拓展大学生创业融资渠道；完善校企创业合作机制，提高大学生创业成功率；多部门协同，改善大学生创业生态。

鼓励和引导大学生自主创业对于积累优质劳动力资源优势，促进产业结构转型，实现杭州市创新发展、科学发展和率先发展具有重要的战略意义。下面对杭州现阶段大学生自主创业进行深入分析，提出相应的对策建议。

一、加快推进杭州市大学生自主创业的战略意义

习近平主席在致 2013 年全球创业周中国站活动组委会的信中指出："青年是国家和民族的希望，创新是社会进步的灵魂，创业是推动经济社会发展、改善民生的重要途径。青年学生富有想象力和创造力，是创新创业的有生力量。"目前，杭州市经济发展已经进入转型升级的关键期。鼓励入杭大学生自主创业，变大学生就业压力为抢占优质人力资源机遇，促进经济社会发展、产业结构转型，从而实现杭州市创新发展、科学发展和率先发展具有重要的战略意义。

(一)大学生自主创业是实现杭州市优质劳动力集聚的快车道

随着浙江省实施高校扩招政策，毕业生数不断刷新历史纪录。据统计，1999—2012 年，浙江省普通高校数量从 36 所增加到 105 所，高等教育毛入学率从 11.45% 上升到 49.5%，高校在校生人数从 15.9 万人增长到 98.7 万人，毕业生人数也从 3.2 万人增长到 26.3 万人。杭州市作为浙江省大部分高校的聚集地，汇集了大量的高校毕业生。同时，杭州是全国大学生创业的天堂硅谷。然而，由于经济增长对就业拉动效应的减弱，高校人才培养与社会需求不匹配，就业难问题日益凸显，大学生面临着巨大的就业压力。面对严峻的大学生就业形

势,中央及地方各级政府出台了一系列应对措施,积极引导和鼓励大学生创业。党的十八大报告明确提出:"引导劳动者转变就业观念,鼓励多渠道多形式就业,促进创业带动就业。"

杭州市政府自 2008 年以来已经出台了 30 多个支持和鼓励大学生创业的政策。2014 年,杭州市政府开始实施新一轮《杭州市大学生创业三年行动计划(2014—2016)》,从创业教育和培训、创业项目资助和扶持、创业平台建设和创业服务等方面明确了政府在大学生创业工作中的目标、任务和举措。这是杭州市政府自 2008 年以来制定并成功实施两轮大学生创业三年行动计划的基础上出台的新举措与方案,指出要力争新成立大学生创业企业 3000 家以上,资助大学生创业项目 600 个左右,组织创业实训、见习训练大学生 15 万人以上,力争新建大学生创业园 10 家等。这些政策在一定程度上改善了大学生创业氛围,极大地促进了杭州市大学生创业的积极性。

(二)大学生自主创业是推动杭州市产业结构转型的重要途径

杭州市于 2012 年公布了《杭州市十大产业发展总体规划(2011—2015)》,将文化创意、旅游休闲、金融服务、电子商务、信息软件、先进装备制造、物联网、生物医药、节能环保、新能源确定为杭州市的十大产业。掌握前沿知识、拥有丰富想象力和创新力的大学毕业生是推进十大新兴产业发展的主力军。例如,2014 年杭州市大学生新创办的 1004 家企业中,文创企业 277 家,占 27.6%;电子商务企业 260 家,占 25.9%;信息软件 202 家,占 20.1%。越来越多的大学生参与创业,能够显著推动杭州市产业结构转型。

二、杭州市大学生自主创业的现状与问题

近年来,杭州市实践出了一条具有杭州特色的"以创业带动就业,以实训促进就业"的新路,通过为大学毕业生提供创业资助、创业实训、创业平台和创业服务,营造良好的创业氛围。截至 2013 年年底,全市共注册成立大学生创业企业(以下简称大创企业)7500 多家,创业大学生 1.6 万余人,带动就业 3 万余人;大创企业年销售额 100 万元以上的有 199 家,1000 万元以上的有 46 家,亿元以上的有 9 家。但是,由于杭州市大学生创业的历史较短,仍旧存在以下问题。

(一)创业人才储备不足,创业成功率有待提高

1.高层次的创业人才仍旧稀缺

尽管杭州市已经有 7500 多家大创企业,但是相比于历年来的大学毕业生总数,参与创业的大学生仍旧是凤毛麟角。目前,杭州市的创业教育和培训主

要针对刚毕业或者毕业后已经开始创业的大学生,高校创业教育仍处于起步阶段,目前仅有极少数学生有机会接受系统的创业教育。尽管教育部2012年8月出台的《普通本科学校创业教育教学基本要求(试行)》规定各高校把"创业基础"纳入必修课教学体系,不少于32个学时、2个学分,但是由于杭州市高校创业教育历史较短,创业课程尚不完善,创业教育师资极为缺乏,这一政策在实际实施过程中遇到很多阻力。创业教育的覆盖面小导致大学生整体的创业素养较差,难以形成整合的创业型文化与活跃的创业氛围。在这种背景下,大学毕业生参加由政府提供的各类创业教育和培训,有点临时抱佛脚的味道。根据麦可思关于大学生自主创业状况的报告,本科毕业生三年后自主创业人群认为创业最重要的五项基本工作能力依次是有效的口头沟通、积极学习、谈判技能、协调安排和时间管理;高职高专毕业生三年后自主创业人群认为创业最重要的五项基本工作能力依次是有效的口头沟通、积极学习、谈判技能、学习方法和理解他人。这些创业能力难以通过短期的培训获得。

2.大学生创业成功率有待提高

尽管根据"杭州市大学生创业企业发展指数"的披露,杭州市大学生创业企业存活率近三成,远远高于全国的平均水平;但是根据杭州市工商局经开分局发布的杭州市经济开发区现在册大学生创办企业生存现状报告,在863家大学生创办企业中,3年来累计有121家企业处于非正常营业状态,占比约14%;注销的大学生企业近6%,生存时间最短的不到半年,多数企业生存状况令人担忧。究其根源,除了我国当前创业环境有待进一步完善、大学生融资渠道过于单一等原因之外,大学生自身缺乏创业经验与创业能力是造成创业成功率不高的重要原因。由于鲜有高校与创业者建立起长效的合作机制,学生培养与实践脱节,学生对市场知之甚少。这种重知识轻能力、重课堂讲授轻实践体验的教育方法,导致大学生普遍缺乏创业经验。据统计,有90%左右的大学生没有参加过创业实践活动的经历,90%以上创业计划大赛的参赛作品都很难进入实际操作阶段。高校创业教育的有效性亟须提升。

(二)大学生创业融资难,投融资渠道需进一步拓宽

大学生创业融资渠道单一、不畅是掣肘大学生创业的瓶颈。当前杭州市大学生创业融资渠道主要包括四种:银行政策性贷款、政府创业专项基金资助、创业风险投资资金、自筹资金(家庭资助、民间借贷)。由于风险投资基金对市场成熟度要求较高,家庭资金受制于家庭背景,银行政策性贷款与政府创业专项基金应该成为涉及面最广的、最主要的大学生创业融资渠道。但是,从目前杭州市大学生创业的实际来看,家庭资金是其创业资金的最主要来源。调查表明,大学生创业初期的资金仅3%左右来源于风险投资和创业基金等渠道,绝大部分来源于亲朋支持。

要打破大学生创业"拼家庭经济实力"的局面,亟须改善创业的融资渠道与政策。在四种融资渠道中,银行政策性贷款和创业风投资金与金融专业有关,有创业意愿的大学生中除了金融等相关专业外,大都对金融融资及信贷的政策并不了解,也没有把这些渠道作为获得创业资金的主要渠道,错失了很多创业机会。目前,政府设立的大学生创业基金政策仍然处于起步阶段。在为数不多的政策当中,存在一些急需改进的地方,如创业资金来源集中导致的资助面过窄、创业基金投入缺乏可循环发展性、创业基金管理专业水平较低等。

大学生创业融资难的原因主要体现在以下几个方面。

1. 大学生创业融资意识和能力薄弱

由于大学生创业教育的缺失,大学生普遍缺乏"找钱"的意识与能力。大学生创业行动之前必须思考的两个问题是"做什么"和"钱从哪里来"。"做什么"是创意问题,大学生往往根据自己的专业特长与经验摸索自己的创意。涉及"钱从哪里来"时,首先想到的是家庭是否有资金资助,对于其他途径的融资渠道普遍有"望尘莫及"感。对于风险投资基金的运行方式,很多大学生了解甚少。大学生自身融资意识和能力的缺乏成为大学生创业融资渠道拓展的难点之一。

2. 政府创业基金获得资助的比例低

目前政府公共财政拨款成立大学生创业资助基金数量仍然较少,资助面不广,效率也有待提高。自 2008 年杭州在全国率先全面启动大学生创业三年行动计划,至今已经注册了 6948 家大学生创业企业,但是仅有 1766 家获得资助,仅占所有大创企业数的约四分之一。尽管政府对于大创企业的支持力度不断增加,但是申请资格严格控制、申请程序相当烦琐,导致资金下拨滞后,影响大学毕业生申请的积极性。

3. 银行政策性创业资金贷款存在隐性障碍

当前,许多国有银行、商业银行及政府工商部门都对大学生创业资金贷款给予各种政策倾斜,如可分期缴纳注册资金、税收减免、免费创业培训等。但是,大部分银行并不是无条件提供创业资金,很多银行的大学生创业贷款申请材料中均要求提供"大学生创业贷款申请者个人或家庭收入及财产状况等还款能力证明文件"及"大学生创业贷款申请者担保材料",抵押或者担保仍然是大学生获得创业贷款必不可少的条件。实际上,刚毕业的大学生很难形成足够的金融信誉获得信用贷款。这些限制性条件对于家庭经济条件差的学生来说是获得银行创业贷款的隐性障碍。

(三)校企合作体制机制不完善,合作双方意愿不均衡

1. 外在推动多,主动合作少

高校和企业分属不同的社会系统,组织原则、结构、目标都差异悬殊,两者之间尚未建立良好的信息沟通渠道。许多校企合作主要由外在力量(如政府、基金会、社会个体等)推动,真正的高校和企业主动、互补、互惠性合作的拓展空间还很大。

2. 高校意愿大,企业兴趣小

创业教育的复杂性与创业活动的市场性决定高校必须寻求与企业的合作,因而高校追求校企合作的意愿强烈。然而,鉴于目前我国大学生创业发展现状,企业与高校开展创业教育合作,可预期的利润小、见效慢,难以引起企业内在兴趣。

3. 短时配合易,长久合作难

目前校企间的较多合作是短时、非官方的,合作基础薄弱且易受人际关系、人事调整等因素影响。高校和企业在促进大学生创业方面的合作充满偶然性和不确定性,缺乏长效机制。

4. 合作渠道多样,合作方式单一

目前高校与企业的合作多以"创业人物进高校"的方式进行,创业人物访谈、创业沙龙和创业论坛等形式的合作较多。形式过于单一的合作导致大学生创业实践很难依托企业得到更大发展。高校与企业在创业人才培养、创业基金设立、技术创新与转化、实践基地建设、创业导师聘用、席位捐赠等方面合作不多。

(四)创业支持未成体系,创业环境亟待优化

全球创业观察(global entrepreneurship monitor,GEM)报告提出,在一定的社会、文化和政治氛围下,创业环境影响地区创业机会与创业能力,进而影响创业活动。衡量创业环境条件主要有 9 个要素,即金融支持、政府政策、政府项目、教育和培训、研究开发转移、商业环境、市场开放程度、有形基础设施、文化和社会规范。2014 年发布的《全球创业观察(GEM)中国报告:创业环境与政策》指出,2002—2012 年,中国创业环境条件总体上在逐步改进,创业环境综合指数从 2002 年的 2.69 分(满分是 5 分)提高到 2012 年的 2.8 分,在参加全球创业观察的 69 个国家和地区中排在第 36 位,居于中游水平,相对于排在前面的瑞士、芬兰、美国、新加坡等国家,还存在较大差距。中国的创业环境条件在金融支持、政府项目、创业教育与培训、商务环境等方面亟须改善。

为了客观评价杭州市大学生创业企业的年度发展状况,共青团杭州市委(大创联盟)、市人事局(大创办)、市工商局、市财政局联合建立了"杭州市大学生创业企业发展指数体系"。该指数体系从 2012 年开始发布,包括发展规模指数、竞争能力指数、创业环境指数和创业信心指数四大部分。根据新一轮的调

查结果,杭州市大创企业的发展规模指数和竞争能力指数都有不同幅度的上涨,但是创业环境指数和创业信心指数则下跌至历史最低点。为什么在大学生创业扶持政策力度不断增强的背景下,大学毕业生对于创业环境和创业信心的评价却不升反降? 这是急需反思的问题。从总体上看,目前杭州市大学生创业环境问题主要体现在以下几个方面。

1.政府创业优惠政策急需完善实施细则,提高执行力度

杭州市近年来出台一系列大学生创业优惠政策,起到了一定的积极推动作用。但各项扶持政策多处于启动阶段,缺少后续措施和实施细则,未能有效执行。此外,各部门政策间也缺乏协调和整合。

2.政府创业项目缺乏广泛性和多样性,有待加强扶持力度

政府有关创业资金、创业准入、创业咨询和培训等项目对创业企业创立和发展起到积极作用,但政策项目尚未形成体系。现有政策项目主要集中于大学生创业活动注册资金、税收减免,启动资金支持方面,内容实质缺乏多样性,有关大学生创业的工商、税务、企业制度、人事制度、社保制度、投融资制度、市场信息透明和宣传制度等均有待细化和明确,执行过程有待规范和监控,相关执行人员服务专业化有待提高。

3.新创小微企业技术创新转型成本高,需加强知识产权保护

政府、高校支持的孵化器和科技园等项目,通过产学研结合,促进大学生的科研成果转化、商业化。但新创企业由于资金有限,接触最新技术和高技术研发费用较高,未能取得政策支持,可持续性较弱。此外,大学生创业者的知识产权、专利保护意识和知识欠缺,需出台相关法律,加大宣传、咨询服务力度。

4.创业服务专业程度较低,资源信息可获得性和可利用性较差

对于大学生创业者而言,获得咨询、法律、会计等服务的有效性较低且成本较高,尚未形成针对大学生创业群体的专业商务服务体系。

5.硬件设施需拓宽普及面,加强可持续性

现有的大创园大多数以政府投资为主,创业园的后续发展建设也需要资金的不断投入,完全依靠政府投资显然是不切实际的,也不符合市场经济的发展规律。因此,无论是对创业企业的扶持,还是创业平台的建设,都需要广泛吸纳民间资本的投入,才能保障大学生创业平台和服务的可持续性。

三、持续推进杭州市大学生自主创业的策略

(一)深入推进高校创业教育,培养高层次创业型人才

1.构建纵横交错的创业教育网络

在纵向上实施终身创业教育战略,明确各级各类学校创业教育的目标。在

基础教育阶段学校课程中渗透创业精神与创业意识的培养,在职业教育领域培养学生的创业技能,在高等教育领域提升学生知识创业、科技创业的能力。在横向上加强政府、教育系统与企业之间的联系,构建良好的创业型生态系统。

2.拓宽高校创业教育覆盖面

首先,构建创业学的学位体系,提升创业学的学科地位。鼓励高校根据自身优势,逐步构建包括创业辅修、创业主修、学士学位、硕士学位和博士学位的培养体系,为学生提供不同层次、多重选择的创业教育体系。其次,开发创业课程体系,通过开设针对全校学生的通识课程、提供创业强化课程、创业教育与专业教育融合等途径改革创业教育课程体系,为不同兴趣的学生提供多样化创业课程。第三,加大创业师资培养力度。通过提供创业学博士学位项目、构建创业教育师资发展平台、增加创业教育师资培训机会、改革创业者参与高校创业教育的机制等途径,完善创业教育师资队伍建设。

3.增强高校创业教育有效性

首先,探索多样化的创业教育组织模式。从传统商学院模式向跨学科模式和创业型大学模式转变。根据高校学科优势,依托某一学院或成立独立创业学院,有效整合全校创业教育资源。其次,完善创业实践基地建设,加强创业体验学习。有针对性地建设一批大学生创业实践基地,增进创业教育理论与实践的结合。第三,构建创业教育质量保障体系。政府为高校创业教育提供良好的制度环境和经费保障,确保高校创业教育有效运转;高校侧重于加强创业教育质量保障的能力建设,完善激励机制、协调机制、共享机制与反馈机制。

(二)引入市场机制,拓展大学生创业融资渠道

1.加强融资教育,提高大学生创业融资能力

高校创业教育必须包含创业融资知识,将创业融资常识与实践锻炼纳入创业教育中,让有创业意愿的大学生明白怎样找到"钱"。高校需要强化相关师资配备与实践引导,教给学生"找钱"的能力与途径。

2.增加创业资助投入,提升政府创业基金的惠及面与有效性

目前政府设立的创业基金是大学生可获取的公共资助资金来源,但是整体上资金数量偏少、受众面较窄,只有极小一部分学生能够获得政府基金的资助。要进一步增加公共财政中对大学生创业资助资金的类型与数量,让更多大学生更方便地获得政府设立的创业资助基金扶持。

3.消除创业资金贷款歧视与障碍,发挥银行融资主渠道作用

银行应当成为大学生创业融资的主渠道。要针对当前大学生获得银行创业贷款中的实质性障碍,设置适当的免担保或者类似政策,让有创业意愿、创业计划合理,但难以提供创业贷款担保的大学生有获得银行贷款的机会。

4. 允许民间资本进入，实现创业融资来源多元化

我国大学生数量庞大，仅靠公共财政难以建立完善、充足的大学生创业资金渠道。鉴于我国许多地区民间资本数量巨大、投资意愿强烈的实际，要通过相应的政策与法规积极引导各种民间资本进入大学生创业资金市场，培育政府、银行、民间资本三者共存的大学生创业融资渠道体系。

5. 融入市场因素，增强大学生创业融资资金的自增值能力

政府资助的大学生创业基金容易遇到效率低，甚至无回报的局面。为了提高创业资助效益，要融入市场模式，增加创业资金的自增值能力。政府创业基金可以参照风险投资基金的运行模式，如：在资金投入上，增加创业资金来源以扩大资金的投入；由专业机构作为大学生创业资金的"第三方"管理机构；建立大学生创业资金的"反哺制度"；形成规范的资金退出机制等。

（三）完善校企创业合作机制，提高大学生创业成功率

制度环境和社会氛围是推动校企创业与创业教育合作的必要前提和保障。政府应推动各地区、各利益相关机构充分协商，形成高效合作机制。

1. 明确校企合作责任，完善校企创业合作的管理机制

缺少组织保障是目前校企合作所遇到的重要困难。校企合作的业务范围较广，涉及主体较多，需要管理和决策的事务繁杂，需要明确责任单位，统一管理校企合作事务，发挥计划、组织、决策、控制等多项管理功能。

成立专门机构推进高校与企业合作。官产学整合创新、协同发展是时代的要求，有些国家在这方面积累了先进经验。如：日本中小企业厅成立中小型企业创新与区域机构，针对本地产业特点，结合大学需求开展创业教育计划，围绕地域经济发展主题对学校创业教育提供支援（课程开发、创业赛事协办、师资培训、创业孵化咨询、校企信息互通等）。

教育局、国家工商行政管理总局和国家税务总局等有关单位应制订详细计划，明确该举措的目的、原则、标准和实施办法。各地方有关单位应结合地区实际，制定并提交可操作的实施方案，明确时间表，切实推动本地区校企合作在创业人才培养方面发挥积极作用。

2. 激发创业合作的内驱力，完善校企合作的动力机制

建立与完善校企合作动力机制，推动校企双方积极、主动参与校企合作，从根本上保证校企双方的有效参与。

建立校企创业合作评价体系，探索校企创业合作模式与途径，激励校企创业合作共生共赢。发挥税收优惠与荣誉嘉奖的激励作用，增强企业积极寻求高校合作的内在动力。税务局、工商局应联合企业管理局、行业联合会等相关单位，给予在促进大学生创业实践的校企合作中积极参与、表现优秀的企业税收

优惠和荣誉嘉奖。

3.促进合作形式多元与有效性,完善校企合作实施机制

通过畅通校企合作的渠道,推动校企合作形式的多样化发展,探索大学生创业项目与企业的对接模式,促进校企合作的成果转化,从而完善校企合作的实施机制,这是目前完善校企合作机制中的一大难点。

鼓励校企共同研究创业合作的现实需求、实施模式、评价体系、保障机制等理论实践问题,指导创业实践有效开展。高校与企业要进一步明确创业教育合作的责任、地位与作用,建立创业教育紧密型实施机制。高校要着重加强创业精神的熏陶、创业文化的营造、创业知识的学习;企业要注重大学生创业实践能力的锻炼。高校与企业合作,将企业中的研发单元、营销单元等模块化力量引入创业教育之中,加强创业技能的专项化培养。

完善创业导师的准入、培训、评价、奖惩制度,鼓励高校按照创业课程需求聘用企业人才。同时,政府应积极推动高校与企业联合培养创业师资项目。

4.共享与拓展资源,完善校企合作的资源整合机制

通过校企合作的多种方式,有效整合高校的办学资源、智力资源与企业的市场、技术、资金等资源。

鼓励企业捐赠席位。捐赠席位的做法在国外较为普遍,它以特殊的岗位和报酬激励教师参与创业教学工作,完善创业教育师资队伍建设。

设立校企合作创业基金。设立创业基金可以激发大学生参与创业项目的热情和积极性。政府应积极鼓励企业参与高校创业教育事业发展,高校应积极利用校友、家长等资源,吸纳企业资金投入高校创业教育,为优秀大学生创业项目提供资源支持。

(四)多部门协同,改善大学生创业生态

创业环境对大学生创业活动的激发、发展和成效具有重要的影响。杭州市大学生创业环境存在诸多需要完善之处,需要在良好政策的支持下,通过各政府部门、高校和社会等主体的积极参与、紧密协作,大力推动大学生的创业健康发展。

1.细化大学生创业政策,加强政策执行的协调性、有效性和持续性

为促进创业政策的贯彻落实,政府相关部门应制定更具操作性的配套措施和实施细则,加大宣传力度,提高大学生对创业优惠政策的知晓度和可得度。同时,政府应切实加强相关职能部门间的沟通和协调,整合政策资源,形成系统、稳定、可持续的政策体系,发挥合力效应。

2.扩充政府创业项目涵盖范围,加强创业的专业化培训

为避免产生政府创业项目集中于资金优惠政策,造成政策单一化和表面化的问题,政府应拓宽创业政策和具体项目的着眼点,出台有关大学生创业的工

商、税务、企业制度、人事制度、社保制度、投融资制度、市场信息透明和宣传制度等细则,并关注政策实际执行效果。此外,加强创业的专业化培训,为大学生创业者提供专业化服务和帮助。

3.提供科研成果转化的持续性支持,加强知识产权宣传、执行力度

政府相关部门在通过科技园、创业园、孵化器等帮助大学生初次科研成果商业化的基础上,进一步加强对新创中小企业可持续性发展的支持政策建设,如:接触、引入最新技术的机会以及高科技研发成本经费保障;加强有关知识产权保护、专利申请法律法规的宣传、咨询、执行力度,提高大学生创业者的法律保护意识。

4.成立创业服务与指导机构,提供系统、全面、专业的商务支持

为强化大学生的创业指导服务,政府应设立专门的创业服务指导机构,针对大学生的特殊需求,提供有关法律、会计、工商、金融等"一条龙"创业指导和咨询,加大专业商务支持的可获得性、可利用性和可持续性。各地政府可借鉴美国小企业管理局(SBA)的做法,组织建立创业专家咨询团,针对缺乏商业经验的大学生创业团队进行咨询服务,为其提供财务、经营计划、市场营销、技术和融资方面的帮助。

5.加强创业硬环境建设,保障资源平衡性和可持续性

有形基础设施是创业活动的载体,其完善程度和获得的成本高低直接影响创业企业的效率。进一步加强大学生的创业硬环境建设,如:创业园区场地提供,包括水、电、气等日常运行支持政策;通信服务支持政策;交通道路便利性政策支持。

6.减少大学生创业的进入壁垒,出台风险分担机制和退出机制

一方面,工商、税务部门通过降低企业注册资本、简化企业审批手续,减少大学生创业准入障碍。另一方面,为加强对大学生创业过程中的支持和监控,应推出相关风险分担机制和退出机制,如:劳动保障部门建立创业大学生的失业保险,为大学生创业解决后顾之忧;公安部门应出台相关政策,解决创业大学生的户口和自由流动问题;人事部门应提供人事档案存放和职称评定服务等。

7.加强创业文化宣传和建设,营造创业友好型软环境

社会创业文化环境是大学生创业的土壤。为促进大学生创业意识、行为和活动的顺利产生和进行,应建立以政府为主导、高校和其他社会力量共同参与的创业文化建设机制。如:综合利用电视、报纸和网络等多种媒介,加大舆论宣传力度;发挥创业成功人士的榜样作用,出台创业激励政策,破除传统保守观念的束缚;营造公平竞争、诚信经营的市场环境,形成鼓励创业、尊重创业、宽容失败的良好社会创业文化氛围。

关于加快杭州"双镇"建设的政策建议

杭州市决策咨询委员会办公室课题组

杭州市决策咨询委员会办公室邀请了浙江工商大学金融学院院长钱水土等专家就大学生创业小镇、基金小镇(以下简称"双镇")规划和建设问题进行咨询论证。专家们分析了"双镇"建设的普遍规律和共性要素,剖析了杭州市近几年大学生创业、创意工作的得失,提出了打造集高端人才、科技创新、技术研发、金融创新为一体的创新创业园区和资本集聚高地的对策建议。

一、国内外创业、金融集聚区的范例及基本特征

大学生创业小镇、基金小镇是现代创新经济发展的一种必然现象,国内外已有类似的成功模式,值得借鉴。

范例一:美国"格林尼治",一流环境成就世界对冲基金之都

美国康涅狄格州格林尼治镇毗邻纽约金融市场,是典型的财富集聚区、对冲基金之都。当地聚集了400余家对冲基金总部,资产管理总额接近2000亿美元。小镇风景秀丽,拥有高级餐厅、停车场和游艇泊位以及设计师商店,注重城镇规划和布局,吸引以从事金融投资为主的财富人群,其成功的秘诀在于优美的环境。

范例二:美国"硅谷沙丘路",集聚资源形成"创业天堂"

美国硅谷沙丘路毗邻斯坦福大学和硅谷,是著名的私募股权投资集聚区域。这里浓厚的创业氛围、一流的人才科技资源和充足的项目资源储备,对投资机构形成强大的吸引力。目前,这里已经汇集了美国60%的风投公司,其成功的秘诀在于高校人才的集聚。

范例三:上海"北外滩",紧抓机遇构建财富管理高地

借助上海自贸区成立的机会,以构建财富管理高地为目标,虹口区北外滩对冲基金园区为入驻机构提供专业的合作平台和引导基金、人才激励、财税扶持、物业租金、医疗保障等多方面服务。入驻机构还享受一系列由市、区两级政府提供的优惠扶持政策。目前,园区已入驻银行、券商等金融机构共620家,资

产管理规模超过 7000 亿元,其成功的秘诀在于邻近大都市的区位优势。

范例四:浙江嘉兴"南湖基金小镇",借鉴国外经验打造投资机构集聚地

嘉兴南湖基金小镇毗邻上海,设置花园式和高层办公楼、配套商业、酒店、俱乐部、会场、院校、公寓和住宅等多种业态。集聚区借鉴美国"格林尼治小镇"运作模式,通过各种优惠政策吸引公私募基金、信托等金融机构。五年来,当地已集聚 500 多家机构,管理资本超过 3000 亿元,其成功的秘诀在于政策优惠。

以上成功的范例各有其因,但都有其内在规律。分析以上创业、金融集聚区建设经验,具备以下四个核心要素和基本特征,缺一不可。

1. 完善的创业环境

上述区域具备广阔的专用场地、便利的交通布局、优越的人文生态、丰富的生活业态,区域内还提供优惠的居住条件和完善的现代商贸服务,形成了人性化的生产生活环境和配套服务体系。与现代大都市相邻,构建动静相宜的人文居住创业环境。

2. 良好的产业生态

上述区域毗邻创业、金融高地,资金量充沛,形成了以创新创业为导向的资源集聚优势。因地制宜的产业优势与合理的布局规划、有效的扶持培育相结合,实现科技创新成果孵化、产业推广转化的链接,整体发展态势明显。

3. 合理的政策体系

上述区域均在环境营造、税收、贷款、保险、教育等方面实行政策扶持,降低入驻企业和机构创业成本,上海和嘉兴还对管理权限适度下放,优化审批流程。

4. 集聚的人才资源

上述区域均与众多高知名度的高教园区、大专院校以及相关科研机构、人才组织展开合作,区域科创和金融人才储备充沛。规模化运作确保了人才资源高度密聚集,形成科研人才研究与创业的高度融合。

二、杭州创业、创意集聚区建设存在的问题和不足

"双镇"建设是一个全新的概念,但杭州近几年已进行类似的探索和实践。杭州积极发展市场潜力大、科技含量高、成长性好、带动力强的新兴产业,相继出现了一批金融集聚先导区。其中以江干区笕桥赛博创业工场、滨江区白马湖生态创意城等较为典型。尤其是江干区笕桥镇大学生创业园已成为全国知名的大创基地,取得一定的成效,但由于在环境营造、产业布局、资金支持、设施建设、平台培育等核心要素上不够完善,尚未发挥出"1+1>2"的集聚效应。主要存在以下几方面的问题。

问题一:"拎包入住"的创业环境尚未形成

"双镇"区域内城、镇、社区等 IT 系统和 Wi-Fi 局域性信号没有形成 24 小

时局域性覆盖;周边缺乏高品质、生态自然的现代社区环境和现代商贸服务支撑;直接服务于创业就业的教育、休闲、娱乐等配套有待完善,难以满足各类创业人才的精神文化需求;区域内及附近道路、绿化、水体等环境有待进一步整治。

问题二:适应生产生活的生态链不完整

"办公、居住、休闲三位一体"的环境和交通等设施配套缺乏完善,生产生活和税收优惠政策的支撑不健全,各类龙头、小微等科创和金融企业、中介机构及人才的引进及集聚等问题没有形成制度化,好项目缺乏挖掘,产业资源缺乏整合,难以将智力优势转化为产业优势,整体入驻生态没有系统形成。

问题三:结构布局有待合理化

金融集聚区主要入驻机构为股权投资公司、银行和中介服务机构。创业园区主要入驻机构为电子商务、智能硬软件、通信技术、物联科技、信息服务和创意设计企业(机构)。目前,诸多入驻机构布局分散、随意,功能分类无序化。

问题四:区域性扶持政策不够完善

办公场地及住房补贴、贷款与投资、培训培育、税收与退出奖励等政策之间缺乏有效衔接;不少政策服务与实际项目运作分离;专项扶持资金缺乏统一管理与规范化配置;资金统筹和项目运作优势不明显;审批程序烦琐、耗时长短不一,总体效率不高。

问题五:科技创新和金融人才集聚有待加强

"科技创新和金融资本集聚高地"在其打造过程中,始终面临人才匮乏的困扰,当前尤其缺乏科技研发、金融管理、资金运营和培育服务类中高端创新创业人才。部分高校的科技创新人才、金融人才培养模式和师资力量相对落后,理论多、实践少,普遍存在创业观念偏差、经济管理知识匮乏等问题。这一现状直接影响了园区研发和成果转化能力,制约了产业集聚和区域经济转型升级。

三、推进杭州"双镇"建设的对策建议

专家认为"双镇"的概念与一般"小城镇"有一定的区别和联系。小城镇是一个行政区域的概念,而"双镇"建设更多的是一个集成和平台的概念。它除了依托小城镇的邻近都市区位优势、现代社区、商贸服务和历史文化等元素外,要更多地做集合、集成的文章。为此,提出以下建议。

建议一:合理规划布局生态产业圈层

以构建杭州"半小时交通圈"为基础,将仓前、余杭、塘栖、笕桥、双浦、九堡、瓜沥、转塘、湘湖等城乡接合区域作为试点先行区;根据不同类型的产业特征、优势进行科学合理的布局规划,避免一哄而起,同质竞争;整合各区块运营资

源,吸引国内外一流的私募、资产管理、租赁等金融及科创机构,同时引进法律、审计、研究、咨询等机构,带动产业集聚,形成以电商、通信、数字、软件、物流、研发、基金、投资等信息经济为主的产业格局。同时,要加强统一规划、借力使力,与各区县建设的重点产业园区相结合,如余杭区的未来科技城、钱江经济开发区,西湖区的"云栖小镇"、国家大学科技园,萧山区的智慧城镇示范园等。要把"双镇"建设与杭州已实施的副城组团建设、小城镇建设、"三改一拆"、"五水共治"等工作结合起来,打造宜居、宜业的创业创新高地。

建议二:建立"一站式"配套服务的创业环境

应注重创业规划与生活服务相配套。可联合院校、科研组织与科创、金融类企业设立专职培育机构和项目评估委员会,提供注册、财税、法律、资金、人才、开发等服务;定期邀请企业家、投资人、精英团队开展创业培训与讲座、峰会和论坛,做好创业氛围引导;整合现有住房等资源,构建融"居住、办公、教育、娱乐、医疗"等多个要素为一体的办公生活环境,适当规划建设一批公共租赁房和相关配套设施,切实解决大学生创业群体的多种需求,为创业者提供"拎包入住"式的环境支撑。

建议三:创建创业就业与人才培育模拟基地

依托杭州高校、科研机构及龙头企业的人才及产业资源优势,借鉴"硅谷咖啡馆"的模式,培育"人才+引导+项目+资本+政策"的模拟基地;优化师资队伍建设,驻点开设院校课程、兴趣培训、企业招聘会及交流论坛;协助创业投资者及企业了解发展动态与政策,发挥产业、资金、渠道、资源、环境、政策、人才、院校等多重优势。

建议四:打造以信息为支撑的"融资融智"平台

由政府主导,构建区域网络管理服务平台,为入驻企业及金融、中介机构提供IT网络系统支持与Wi-Fi区域信号全天覆盖。如此,业务运作、数据收集与分析、企业日常管理、运营资源元共享等内容都可呈现于系统中,能够规范管理与服务的方式,提高沟通与管理的实效,使得基础设施可控,资源实时监控,系统维护便捷,使运营管理迈向信息化、网络化,体现融资融智的运作优势,以及环境、政策、人才、院校等多重优势。

建议五:提升科创金融产业的"抱团"优势

借鉴智慧经济"六大中心"的建设,发展电子商务、咨询服务、通信技术、数字信息、动漫设计、对冲基金、软件编程、股权投资、物联科技、互联网金融、数字医疗、科技金融等产业,引入银行、会计、律师事务所等金融投资、私募与资产管理机构,成立基金研究院,形成"专而精"的金融集聚业态,呈现跨越式发展。

建议六:通过市场竞争与合作发挥集聚效应

积极联动省、市、区三级,发挥政府支撑、基金引导、创业者引领作用,构建由政府主导的公共配套服务、信息支撑网络、创业辅导体系、资智融合平台、资源整合机制五个层级递进、有机集合的系统,让创业者和金融机构通过市场竞争参与合作,构建"智慧+资金、创新+政策、市场+服务"的运作模式,形成融合发展、优势互补的机制。

建议七:完善以资金分级奖励为主的政策扶持

对照省、市、区现有政策,按照"统一、规范、分级"的原则,明确以税收、资本规模、办公住房、人才招引、信贷等资金奖励、补贴为主的政策支撑。

对基金小镇的建设而言,可设立以下奖励。

(1)资本追加奖励

建议对于私募证券、信托等基金管理资本达到 20 亿元以上的给予 0.1% 的奖励,对成立 3 年内直接股权投资额度达到其注册资本(出资金额)30% 以上的,给予最高 500 万元的奖励。

(2)规范 LP(有限合伙人)退出额度

建议按照企业实缴税收地方留存部分的二分之一给予奖励。

(3)企业营业税

实行按其实缴税收地方保留部分给予逐年递减的奖励返还。

(4)个人收入调节税

建议对高端人才工薪及分红所得个人收入调节税按实缴税收地方留存部分的三分之二给予奖励。

(5)人才招引

参照杭州以往中高端人才引进政策与机制,加大落户奖励、购房补贴、住房补贴力度,解决子女入学等教育配套问题。

(6)人才租房

对设立的股权投资(管理)企业而言,私募证券基金管理资本规模达亿元的,可以企业名义申请人才租房补助。

对创业小镇的建设而言,可设立以下奖励。

(1)风险信贷

做好资金配套支撑,引进信贷、融资机构,为有融资需求的大创项目提供信贷资金。项目税收奖励。对上一年度实缴税收超过 50 万元的大创项目,前 3 年内逐年给予实缴税收地方留存部分 80%、70%、60% 逐步递减的奖励。创业培训补助。对入镇的大学生、毕业生参加创业培训、论坛等活动,经认定给予一定比额度的补贴。

(2)创业服务机构补贴

培育引进专业服务机构,提供全程、廉价的专业服务,政府以"服务购买"进行财政补贴。对于已落户的大创企业和缴纳"五险一金"的本科、硕士、博士企业创业者给予一定面积和数量的,依次递减的租房及补贴。

附:课题组成员

执　笔　人　沈金华　李　艳　俞春江

课题参与专家　孙　元　浙江工商大学企业组织与战略管理研究所副所长、副教授

　　　　　　　李正卫　浙江工业大学经贸管理学院副院长、教授

　　　　　　　余亦武　浙江天堂硅谷资产管理集团创业投资部副总经理

　　　　　　　陈荣达　浙江财经大学金融学院院长、教授

　　　　　　　金　通　浙江财经大学科研处副处长、教授

　　　　　　　钱水土　浙江工商大学金融学院院长

杭州扩大工业有效投资的难点分析与对策建议

杭州市社会科学院课题组[*]

扩大工业有效投资是促进杭州产业转型升级、提升城市竞争力、实现"争先进位"目标的重要因素。近十几年来,杭州对工业经济的认识有所偏差,存在"工业投资不足""投资效率不高""工业项目投资在固定资产占比偏低"三大难题,严重影响"先进制造业基地"战略的实施。对此,市决策咨询办公室进行了专题研究,并召集发改委、国土局、经合办等相关部门负责人共同研讨,提出扩大工业投资的对策建议。现编辑上报,供领导决策参考。

2015 年是"十三五"规划的启动之年,国家推出了"中国制造 2025"战略。杭州作为"国家先进制造业基地",同时也是区域经济版图中"走在前列"的城市之一,如何扩大工业有效投资、促进工业转型升级直接关系到杭州经济的发展潜能和后劲,是一个亟待破解的重大问题。

一、杭州工业投资的态势及与兄弟城市比较

作为旅游城市和生活品质之城,杭州是否要发展工业,这样的争论一直没有停止过。虽然从 2003 年开始杭州实施"工业兴市"战略,但是对于工业经济整体的认识以及资源禀赋的约束深刻影响着杭州工业的发展。近十几年来,在具体实践层面,杭州工业经济发展的政策力度和工作力度有所弱化,工业投资出现了增幅回落和强度趋弱的势头。

1. 杭州工业投资的规模

2013 年杭州工业投资 910.46 亿元,是 2004 年的 2.12 倍,年均增长11.13%,远低于固定资产投资年均 16.44%的增幅。工业投资占固定资产投资的比重逐年下降,2004 年为 35.61%,2013 年已降为 21.35%。2014 年 1—11月,杭州完成工业投资 818 亿元,同比下降 1.3%,较 2013 年同期增幅回落 9.7个百分点,占全市固定资产投资 19.01%。2008—2013 年,杭州工业投资年均

＊ 课题负责人:周旭霞,杭州市社会科学院研究员。

增速为 9.60%,在全国 15 个副省级城市中,杭州仅超过深圳,是增速最快的武汉市的 30%。2013 年杭州工业增加值 3246.67 亿元,仅超出南京 249.04 亿元,只有苏州的一半。工业经济规模成为决定杭州城市位次和经济发展增长潜力的重要因素。

2. 杭州工业投资的效率

工业投资是工业经济发展的重要途径和基本手段,一般而言,在投资规模、结构一定的条件下,要提高工业增加值就必须提高投资效率。杭州工业投资效果系数变动情况 2009 年前已处于较高水平。随着 2009 年的工业增加值增长缓慢,工业投资效果系数急剧下降,2011 年则反弹到阶段性高点 0.59,近两年又明显回落。2013 年工业投资效果系数仅为 0.06,同期,深圳、广州分别高达 1.41 和 0.72。过去 6 年,杭州工业投资效果年均系数也仅位居第 4,主要原因是杭州工业结构优化程度不高。同时,根据杭州统计信息网公布的数据,2013 年杭州高新技术产业实现增加值 785.37 亿元,工业增加值 3246.67 亿元。根据此组统计数据可知,杭州高新技术产业实现增加值比重仅 24.19%,而深圳达 70%,苏州、成都接近 50%。无论从工业经济规模的增长速度,还是工业经济的投资效率来讲,与兄弟城市相比,杭州均缺乏竞争优势,规模增长不如苏州、武汉,投资效率不如深圳、成都,处于"两难"和"双输"的境况,值得各级领导和相关部门深思。

二、扩大杭州工业有效投资的难点分析

在经济增速放缓、市场持续萎缩、工业产能过剩重叠交织的经济背景下,扩大工业有效投资成为各大城市的重点任务、难点任务。但对杭州来讲,一方面存在劳动力成本上升、终端产品价格下降、企业融资困难等各大城市工业有效投资面临的共性难题,另一方面也存在土地指标紧缺、环境容量有限等城市个性问题,扩大工业有效投资的难度更大。

1. 成本上升与价格下降并存,投资效益不高

随着人口红利消失、土地资源日趋紧张,同时,非技能劳动力较高的生存工资将劳动力从制造业吸引到服务行业,在一定程度上加快了工业人工、土地等生产要素成本的上升速度。据监测,杭州 2015 年 1—6 月企业应付薪酬同比增长 15.4%,68.2% 的规下企业反映劳动力成本上升过快是最突出的问题。中小工业企业融资成本也在上升,企业通过信托贷款、债券融资所付出的代价已经超出全社会的资金使用成本,一些制造企业开始"脱实入虚"。另外,在产能过剩的影响下,工业面临产品供大于求、价格下行压力不断加大的问题,如杭州工业生产者出厂价格(PPI)自 2012 年 1 月以来连续 33 个月下降。在企业综合成

本继续上升、工业产品价格不断下降两头夹攻下,企业效益持续下滑。工业企业过去依靠低成本衍生出来的高资本回报率优势逐步丧失,生产经营难度加大。

2.产能过剩与需求低迷并存,投资方向不明

据权威部门测算,2013 年以来,所有工业行业产能利用率只有 78.6%,这意味着 21.4% 的产能闲置。杭州造纸、化工、化纤等行业产能过剩严重,行业景气度处于低潮期,企业亏损、增产不增效现象比较普遍。随着国家前期刺激消费政策逐步退出,杭州家电、汽车类等传统消费热点近年处于低迷状态,大型贸易企业、百货商店等销售增长乏力。在收入分配改革、社会保障制度不健全的情况下,消费很难得到有效启动,而设备闲置、订单不足的现实,使得企业"不敢投""不知投哪里"。

3.融资困难与风险规避并存,投资意愿不强

融资成本及融资方式是影响企业投资的重要因素。目前,国家金融改革政策实效不明显,大量中小民营企业融资依然困难。从信贷来看,中国人民银行杭州中心支行的调查问卷显示,目前制造业企业经营周转贷款需求指数下降至 2004 年以来的历史最低位。2015 年 1—9 月,单位短期经营贷款减少 134.3 亿元,一方面反映出企业家信心不足,投资意愿不强的现状;另一方面,社会信用风险凸显,银行加强风险控制,使信贷通道受到阻塞,影响银行信贷投放。原辅料大宗商品不断跌价使得基础原材料类和生产工艺较长的企业产品库存加大、资产贬值、资金链紧张有所显现,其中化纤、工业专业设备等行业尤为明显。杭州统计局景气状况调查显示,20.3% 的企业流动资金比较紧张。由于市场不景气、订单不足,以及用工难、融资难和环保减排压力等综合因素影响,企业家投资信心仍处在脆弱期,如临安近九成规下工业企业家对当前生产经营形势持谨慎态度。此外,杭州仅有 3 成左右企业表示有投资计划,且企业投资行为与工业发展存在结构性差异,实体(工业)投资意愿大大减弱。

4.土地紧缺与项目落地并存,投资空间不大

因国家、省不再下达奖励追加指标,以至于 2015 年杭州可用指标较 2013 年而言减少约 1.4 万亩,降幅 38.6%。用地指标与项目需求的矛盾日趋突出,制约了大项目的引进和落地。萧山就是因为受到以上因素的制约,进而因为土地紧缺而导致了一些项目转移到外地投资。同时,由于受土地利用总体规划刚性约束,规划调整难度加大、周期变长。长安福特汽车后期发动机及变速箱项目预留用地、东风裕隆汽车有限公司二期扩建乘用车项目均涉及基本农田外移指标未落实影响项目推进就是一则典型。土地要素的支撑乏力直接抑制了杭州工业项目的投资空间。另外,杭州没有大型港口,江河等水路运输受潮汛影

响较大,使得一批大型装备生产企业无法在杭投资。

5.要素制约与容量有限并存,投资后劲不足

2014年是杭州完成"十二五"期间单位GDP能耗下降19.5%目标任务的最后一年。按照浙江省政府下达的万元GDP能耗下降率与能源消耗总量控制目标以及"五年任务四年完成"的要求,节能减排压力较大。作为风景旅游城市,杭州"三江两岸""三江两湖"区域内对环保要求特别严格,限制了一些企业来杭投资和项目落地。能耗容量限制影响了一些投资大但能耗高的产业新企业落地,制约了现有企业再投资。同时,杭州老城区受环境容量限制,工业企业纷纷搬迁,淳安、建德、富阳、临安等地也由于环保原因,工业投资增长缓慢。另外,随着五水共治、三改一拆、雾霾治理、淘汰落后产能等工作的推进,钢铁、水泥、造纸等高耗能、高污染行业受到更多制约。环境容量的受限,客观上造成杭州工业投资后劲不足。

6.规模偏小与资质偏低并存,投资实力不够

杭州投资额大、带动作用强的工业龙头企业不多,共有50家企业入选"2014中国民营企业500强",排名靠后。2014年前三季度,杭州的计算机通信和其他电子设备制造业、医药制造业、烟草制品业等行业对增加值的贡献率达57%,而纺织、服装、电力、造纸、皮革等传统行业增速均低于全市平均水平。低资质企业比重高,三级及以下建筑业资质企业788家,占全市总数的53.6%。从劳动生产率而言,低资质企业人均16.96万元,明显低于特级和一级资质建筑企业(人均24.90万元)。企业资质水平偏低,在高素质人才引进和大项目承揽方面受限,且技术门槛低,业务单一,规模小以及企业的资本、人力、装备、投资实力差,难以适应日益激烈的竞争环境。

7.人才紧缺与流失加剧并存,成长环境不佳

人才服务于产业,产业集聚需要人才。由于缺少人才支撑,一些企业只能沿袭粗放式的、以扩大生产规模为主的发展模式。目前,杭州技术人才、高端人才仍处于紧缺状态,其原因如下:一是生活成本高,吸引人才难。杭州生活成本位于全国前列,薪资待遇相对其他一线城市来说缺乏竞争力,人才保有量较少。2014年余杭区408家企业固定资产投资意向调查报告表明,30.1%的企业希望政府支持企业人才引进,完善人才住房政策。二是地理位置差,留住人才难。富春江水电设备、钱江电气、恒逸集团等公司认为,人才流失主要因为工业企业偏僻、城市生活配套功能差、交通设施不够理想,如:大江东企业在招聘人才的过程中均得到"听起来是天堂,实际上不是城市"的反馈。三是研发周期长,人才薪资低。贝达药业、九源基因、易邦生物等企业反映,由于新药研制周期较长,持续的投入给企业造成的压力较大,薪资无法满足高层次人才的要求,从而

导致人才流失。四是行业规模小，人才集聚少。赛诺索欧电池、士兰微等企业呼吁，行业规模较小，技术门槛较高，专业人才非常紧缺。五是后顾之忧多，人才流失多。同时，地域、企业文化的融合不易也是人才流失的主要原因。

三、扩大杭州市工业有效投资的对策建议

过去，杭州市凭借环境、文化、人才及"服务业优先发展"等政策构成的综合优势，实现了城市经济的快速发展，但是也存在"过早去工业化"的问题，从而致使部分工业企业外迁，大大影响了杭州市工业经济的发展规模和实力。工业经济和实体经济是城市发展之基，离开了工业实体经济，一个城市便缺乏相应实力，现代服务业失去了相应的支撑和依靠，成为无源之水、无本之木。所以，在西方发达国家实行"再工业化"和工业 4.0 战略的全球经济大背景下，我们应当对城市工业实体经济有一个正确的定位和认识，"先进制造业"和"现代服务业"应当继续作为驱动城市发展的"双引擎"。杭州应当实施"市区体现繁荣、郊区体现实力"的差异化发展战略。要健全产业协调推进机制，提高工业政策集聚效应；以信息、智慧引领工业发展的效率和能级，着力实现工业园区平台化、工业项目规模化、工业制造高端化、传统工业升级化和工业经济低碳化。

（一）挖掘土地资源，引导工业轻资产化发展

随着城市走向土地即将售罄的"绝境"，新增可建设用地极为有限，杭州必须摆脱眼前的困境，充分挖掘土地资源潜力，通过空间资源的配置优化来增强工业经济发展保障。一是扩张生存空间和延伸经济腹地，积极推动四县（市）及周边区域"同城化"进程，进一步完善区县产业协作机制；二是加大土地清理和处置力度，实施闲置和低效利用土地二次开发，并以亩均 GDP 产出率、亩均固定资产投入率等作为土地利用目标管理考核指标，建立相应奖惩机制，为工业发展腾挪空间；三是推进工业项目用地"多规融合"，借鉴广州"三规合一"的经验，项目用地由牵头部门统一受理，同步审批，实现"报得进，审得快，批得出"，建立"1＋3"（一个公共平台，规划、国土、发改三个业务子系统）信息联动平台，实现数据对接，资源共享；四是探索工业用地的流转机制，政府可统筹规划出较大型的集团总部用地区块，建立优秀企业总部集约基地群；五是鼓励保有富余产业用地的社区，以资金、土地、厂房入股等多种形式参与工业项目建设，提高土地资源利用水平和效益，搭建平台让"地主"和"资本家"对接，引导"地主"参与到工业经济发展之中。

（二）实施智慧化改造，加快信息工业融合力度

1. 帮助企业进行智慧化改造

（1）把智慧经济发展和工业企业培育结合起来，如通过组建企业信息交流

平台引导大型企业与小微企业经常性联系沟通,解决信息不畅,扩大信息资源共享,有效帮助企业化解"订单少"和"用工难"等问题,为企业发展营造良好环境。

(2)建设一批公共服务平台,搭建产业联盟和技术创新联盟,组建信息服务产业协会,推进资源共享。

(3)设立智慧产业创业投资基金,引导和带动信贷资金、各类投资基金投向优势企业。

2.提振企业家发展工业信心

加大"再工业化""工业强市""工业 4.0"的宣传力度,开展"访企解难题"活动,帮助企业解决或缓解各类要素所造成的瓶颈制约困境。企业家精神是工业发展的根本驱动力,企业家对利润机会的追逐和捕捉,将推动企业技术水平、管理能力和产品质量的提升,一个企业进行创新以实现技术领先,与企业家的技术战略抱负及领导素质紧密相关。在强调单纯的财政资助或税收优惠之外,不应忽视企业创新文化和企业家精神的培养与激励。建议构建企业家人才选拔和继续教育机制,培养企业经营者自主创新、主动升级的长远目标。

(三)强化政策统筹,健全产业协调推进机制

政出多门、重复交叉、标准不一等碎片化现象依然存在,政策难以形成强有力的推动作用,政策统筹极为重要。

1.发挥财政资金"酵母"和"杠杆"作用,实现"三个转变"

(1)由"直接投入"向"间接引导"转变。突出"政府引导、市场主导"理念,扶持方式由具体项目向支持企业融资等服务体系建设转变,通过财政资金引导,吸引更多金融资本和社会资本支持企业,从而发挥财政资金"四两拨千斤"的作用。

(2)由"无偿拨付"向"有偿使用"转变。引导金融资本和社会资本结合,给予企业有偿的资金扶持,促使企业对资金使用情况跟踪问效,并形成良性的退出机制,实现政策资金可持续使用,滚动支持更多的企业创新创业,切实提高财政资金使用效益。

(3)由"分散补贴"向"集中扶持"转变。整合分散政策,归并为"工业发展"一个政策体系,用有限的资金集中扶持杭州优势主导产业和战略性新兴产业,提高政策集聚效应。

2.要健全产业协调推进机制,简化行政审批程序

(1)健全产业协调推进机制。加强部门间的协调合作,建立月度协调例会制度,对工业发展中的重点难点问题进行收集、挖掘和梳理,积极协调解决工业企业的困难和问题,努力把问题解决在一线。

（2）鼓励和引导民间投资，破除不合理的进入壁垒，进一步清理与"民间投资 36 条"及其细则相冲突的法律法规、部门规章。设置激活企业投资意愿的激励政策，提高产业升级补贴的激励效应，完善升级退出机制，加强研发机能的配套政策，挖掘新产业的优惠政策。

（3）进一步减少行政审批事项，梳理相互矛盾的前置审批条件，清理不必要的评估环节，尽可能采用事后监督的备案制。探索建立全市固定资产投资项目审批基础数据共享库，扩大并联审批范围。实现行政审批标准一体化、环节整体化、进度同步化、过程透明化。

（四）探索工业投资风险分散机制，推进投融资改革

1. 引导资金进入前端企业

企业反映，信息、生物、物联网等产业以新技术开发应用为主，具有前期投入大、项目周期长、技术水平高、市场风险不确定等特点，是公认的资金、技术、智力密集型产业，投融资对产业的发展至关重要。尽管风险投资日渐活跃，但资金主要进入后端，对前端企业来说，迫切希望政府建立投资风险分散机制，即由企业、政府、多家金融机构共同承担投入，共同分担投资风险。

2. 引导资本回归实业

建议出台小额贷款公司审批事项工作制度及分类监管办法，逐步规范并扩大小额贷款公司试点业务。加强信息融合和共享，为企业提供与风险投资机构或银行进行投融资对接的服务平台。加快推进杭州与平安集团共建新型金融资本交易市场，发挥浙江股权交易中心、杭州产权交易所的作用，利用差异化优势与其他金融机构合作创新金融产品或市场。推进财富管理中心建设，以钱江新城为主平台对接上海自贸区，加强招引知名投资基金，推进多元集聚。探索建立市中小企业信用贷款风险基金，促进企业抱团融资。

（五）完善供给端管理，促进企业淘汰落后产能

1. 加强对过剩行业的供给管理

针对新增、在建违规、建成违规的过剩产能项目制定更为严格的分类管理措施。对过剩产能从实行"强制性退出"向"援助性退出"转变，通过强化失业救济、提供再就业培训、实行特别税收优惠等方式，确保过剩产能平稳顺利退出。判别落后产能由"规模标准"向"环境标准""安全标准"转变。以"规模标准"判断落后产能，容易导致企业为避免被淘汰而继续投资大规模设备，反而加重产能过剩。依靠市场机制淘汰落后生产能力，加快落后企业整体退出步伐，推动工业结构优化升级。

2. 引导新供给创造新需求

鼓励有实力的大型企业集团以资产、资源、品牌和市场为纽带促进跨地区、跨行业的兼并重组,提升工业的产业集中度。积极培育新能源、新材料、生物医药、新一代电子信息等战略性新兴产业,为市场释放新供给创造条件,最终通过供给结构的调整,让工业经济回到"供给自动创造需求"的理想运行轨道。

(六)推进首台套应用,增加产品进入市场机会

对发展中大国来说,市场重于技术,用户的广泛应用才是关键核心技术自主创新的"最后一公里"。首先,市场机会是核心技术突破的首要前提。建议杭州试行招投标制度改革,加快本地创新产品首台套应用,加大对自主创新产品首台套和示范应用的政策支持。适度拉动需求,在优化投资结构的基础上,加大基础设施建设,增加市场机会,缓解企业产能过剩的负担。由实施"厂商补贴"向"消费者补贴"转变,破除新能源大规模应用瓶颈,着力缓解光伏、风电设备行业的产能过剩。其次,加快智慧应用和信息服务。推进电子政务平台、城市管理指挥平台、电子商务质量检测协作平台、智慧健康平台等一批智慧应用项目,以点带面催生出一批工业新业态、新经济。坚持智慧产业化、产业智慧化方向,引领工业经济提质增效转型发展。加快梳理完善智慧经济项目库,制定智慧应用三年行动计划,建立健全智慧经济统计考核体系,加快民生领域的智慧应用。

(七)优选创新型人才,构建技工人才引进培养机制

1.加大创新型人才引进与培养力度

构建以企业家群体为核心、以企业管理团队和科技研发团队为支撑、以技术工人为基础的企业人才供应链。注重培养和尊重现有创新型人才,完善人才政策体系,加快人才发展平台建设,优化人才发展环境,切实发挥创新型人才在提高杭州产业发展质量和效益中的支撑作用;增加普通技能劳动力的工资水平,激发一线工人技改的积极性,全方位促进生产率提高。

2.健全职业技术人才培养机制

职业技术人才是经济腾飞的翅膀,也是工业经济的柱石。首先,借鉴苏州职业教育"专业对接产业、专业链对接产业链、学校办学对接区域经济"的经验,提升职业教育服务城市经济发展的针对性、有效性。学习宁波政府当"指路灯",企业做"试验田"的做法,实施"双链互动""双园融合""双师轮动""中外交融"的职业人才培养模式。其次,鼓励企业委托职业院校兴办"订单专业"。

第二部分 "两区"创建

建设中国(杭州)跨境电子商务综合试验区和创建国家自主创新示范区。

关于推进杭州网上自由贸易试验区
建设的专家建言

杭州市决策咨询委员会办公室课题组[*]

一、杭州建立网上自由贸易试验区的必要性

专家普遍认为,杭州建立网上自由贸易试验区很有必要,意义重大,它将为杭州的体制机制创新、产业转型升级带来新的突破口。

1.为杭州未来发展开辟一条前瞻性的道路

随着中国(上海)自由贸易试验区的成立,全国各地申报自贸区的热情高涨,如像广东着力打造粤港澳自由贸易区,福建、湖北、重庆、河南等省市积极构想和申报设立自贸区。杭州作为上海的近邻,既要抢抓上海自贸区的带动效应和辐射"红利",更要发挥自己的优势,实行错位发展。在国家全面推进市场化改革和各地推进自贸区建设的背景下,杭州提出"网上自由贸易试验区"概念和构想,具有战略眼光和战略思维,是杭州响应改革潮流,结合区位优势和自身特色而提出的一项全新战略。

2.为杭州打造全国电子商务中心抢占新先机和制高点

杭州在发展电子商务方面起步早,有很好的基础,但同时也面临来自省内外各地电子商务快速兴起的挑战,先发效应弱化。从新兴产业发展趋势看,电子商务是产业新蓝海,未来发展空间巨大。杭州建立网上自由贸易试验区,有利于巩固和增强杭州全国电子商务中心的基础优势,抢占先机,争创电子商务发展新的制高点。

3.为杭州产业转型升级寻找新途径

杭州建立网上自由贸易试验区,通过新型商业形态和产业集聚区的打造,促进杭州经贸发展从要素推动、资本推动向创新驱动转变,实现经贸转型,为杭州产业发展注入新动力,推动产业转型升级。

---

* 执笔人:左银宝、李艳。

4.为杭州及国家层面相关领域经济体制改革和机制构建提供新探索

电子商务发展涉及范围广,可探索、需完善的领域多。通过建立网上自由贸易试验区,开辟试验田,探索完善电商发展体制机制,为进行监管、金融、物流等领域的深化改革创造了条件,为国家推进电子商务、跨境贸易等相关领域改革提供探索和经验借鉴。

二、杭州建立网上自由贸易试验区的功能界定

专家认为,必须厘清网上自由贸易试验区的内涵、功能和定位,明确其发展的优势和潜力。

1.把握概念内涵,为网上自贸区功能界定奠定前提条件

网上自由贸易区是一个新概念,理论界和业界对其概念内涵没有统一的认识,并且容易产生歧义,明确概念内涵是确定其功能的前提。从概念称谓看,网上自由贸易试验区具有两个鲜明特点:一是"自由贸易",与非自由贸易相区别;另一个是"网上",与非网上或传统的自由贸易区相区别。就概念内涵看,网上自由贸易区总体上是指依托网络平台,不同地区相互取消关税或非关税壁垒,通过电子结算的方式促进商品、生产要素等自由流动的一种新型跨境自由贸易区。这是一种网络性、虚拟性的,不具有特定物理边界的贸易区类型,从功能上可界定为网上直销自由贸易试验区。

2.实施顶层设计,确立网上自贸区建设主体地位

杭州构建网上自贸区是一项先行先试的重大创新工程,自由贸易试验区重在"试验",目的是先行实践,通过机制制度创新,探索在全国可复制、可推广的经验做法。因此,要着眼于国家层面,从作为上海自贸区重要补充的高度,坚持开放理念,注重顶层设计。在战略定位上,旨在建设立足于杭州,服务于浙江,辐射长三角乃至全国、全球的网上自由贸易区,凸显网上自贸区的主体地位,实现网上自贸区"看"杭州、"学"杭州。

3.发展新型业态,培育互联网业态集聚区

杭州拥有全球最大的B2B跨境电商平台、全国最大的B2C交易出口平台、全国最大的民营网络支付平台,拥有全国三分之一左右的综合性电商网站,具有电子商务全产业链集聚发展的良好条件。要立足杭州独特的电商资源和业态优势,以网络为平台,促进商品、生产要素的自由流动。继续深化跨境贸易电子商务试点,推进运作模式创新。立足网上自贸区平台,通过产品集成、服务集成和政策集成,积极培育新兴互联网业态集聚区。

4.增强网络特色功能,实现跨境贸易一体化格局

杭州建立网上自由贸易试验区,要具有自身特色和独特价值。其特色主要

体现在与上海自贸区的差异上,"网上"或"网络"应成为杭州网上自贸区的核心特色。要率先探索和增强自由贸易网络化发展的功能优势,通过网上自由贸易区平台,发挥网络特色和功能,助推解决电商在通关、结汇、退税等方面的难题,促进"关、税、汇、检、商、物、融"等全流程监管标准化和电商化,形成跨境贸易网络化、一体化格局。

5.构建系统平台,打造新型贸易产业区

杭州建立网上自由贸易试验区,将大大促进杭州贸易经济的转型。要在巩固发展实体贸易的前提下,积极利用大数据、物联网等现代信息技术,立足网上自贸区大平台,结合阿里巴巴等平台资源,通过信息共享体系、金融服务体系、智能物流体系、电商信用体系的系统构建,逐步形成以"线上集成＋跨境贸易＋综合服务"为特征,符合国际贸易通行规则的跨境贸易电子商务监管服务体系和运行模式,有效吸引和集聚各类各地要素,打造新型贸易产业区。

三、杭州建立网上自由贸易试验区的对策建议

专家认为,跨境网上自由贸易试验区是全新的创举,今后的路如何走,需要进一步探索完善。为此,提出以下建议。

建议一:办好中国(杭州)跨境贸易电子商务产业园建设试点,为建立网上自贸区提供经验条件和实体样板

中国(杭州)跨境贸易电子商务产业园建设是杭州作为全国首批跨境贸易电子商务试点城市的重要抓手和载体。产业园自2013年8月正式开园以来,总体进展顺利,但从实际运作来看,与预期目标尚有距离。究其原因是多方面的,主要体现在物流通道相对单一,物流价格较园区外高,现有政策条件尚不能满足企业对结汇、退税、数据接入等方面的需求。通过深化试点,尤其是破解运作中的政策、技术、服务等各个层面问题,促进模式创新,将有利于提早发现问题,提早风险防范,提早完善设计,为建立网上自由贸易试验区提供经验思路和实体平台。

建议二:注重监管方式创新,增强自贸区活力和竞争力

自由贸易区的核心是贸易、投资、金融的便利化、自由化和合法化。创新监管技术手段和方式,实施政府权力清单制度,探索建立信息互换、监管互认、执法互助的新型监管服务模式,实现便捷通关与有效监管的有机统一,促进网上贸易合法化。注重解决贸易运行中的监管难、退税难、结汇难问题,促进网上贸易便利化。通过提高免税起点,增加产业、产品涵盖面和网上金融支持等举措,降低贸易成本,促进贸易自由化。借鉴和吸取义乌国际贸易综合改革试点的经验教训,完善商检制度,防范机构设置过多带来的负面效应和风险,尤其在跨境贸易电子商务发展的初期,监管要适度,注重保持和激发活力,增强自贸区的集

聚力和市场竞争力。

建议三：加快与上海自贸区接轨，增强网上自贸区特色和优势

发挥杭州毗邻上海的区位优势，主动服务上海自贸区，促进互动发展。利用上海自贸区开放平台，助力本土企业借梯登高，着力培育做强本土跨国企业。加强与上海自贸区金融机构的资源共享和合作，吸引上海自贸区中小企业融资服务中心、金融产品研发、金融人才培训中心及其分支机构等落户杭州，推进杭州金融服务创新，构建完善金融服务体系。承接上海自贸区辐射，积极培育服务贸易新型业态和功能，争创杭州外贸竞争新优势。发挥学习示范效应，积极借鉴和参照上海自贸区的实施政策和细则，节约摸索时间，提升杭州网上自贸区建设水平和特色。

建议四：实施部门联动，合力推进自贸区建设

建立网上自由贸易试验区是项系统工程，涉及主体多，运作上涵盖线上与线下、虚拟与实体，流程上涉及通关、质检、税收、结汇、支付、保险、物流等方方面面，在管理服务上不仅涉及海关，还涉及发改、商务、外经、质监、金融、信息等一系列部门单位。就制度层面，由于网上自由贸易区探索性、政策性和创新性非常强，相关事项需要浙江省、国家海关甚至国务院给以协调。就建设层面，借鉴上海、义乌等地经验，不仅仅依靠海关等少数部门，还要从战略高度实施多部门联动，合力推进自贸区建设。

建议五：加强保税区资源整合，提升对外开放平台功能

依托下沙综合保税区、杭州保税物流中心等海关特殊监管区域，建立拓展大宗商品和小额贸易进出口跨境贸易电子商务区。着力提升杭州海关特殊监管区功能，加强与上海自贸区"简易转关"协作，推进口岸大通关建设。适应实体贸易和网络贸易发展的新趋势、新需求，加快杭州出口加工区申报综合保税区，积极推进杭州保税物流中心、中国（杭州）跨境贸易电子商务产业园与综合保税区的整合，形成"一区多片"一体化格局，打造杭州对外开放新平台。

建议六：注重新型跨境贸易人才培养，打造网上自贸区建设人才库

电子商务、网络贸易是依托网络新技术发展起来的新产业，商业模式创新是一种"常态"，网上自由贸易试验区建设更是新兴事物、复杂工程，对各类人才，尤其是兼通网络、贸易、外语等知识技能的复合型人才的需求十分迫切。杭州应充分发挥高校资源集中、民营经济发达和电商企业集聚、文创产业发达等优势，改变现有电商人才与外贸人才培养相对独立的格局，创新人才培养手段和模式，大力推进跨境贸易、电子商务以及运营商、企业家等各类人才的培养，营造鼓励创新创业、宽容失败的良好氛围和制度环境，为杭州打造国际电子商务中心和建立网上自由贸易试验区夯实人才基础。

对杭州参与"一带一路"建设的对策建议

浙江大学课题组[*]

　　党的十八届三中全会发布的《中共中央关于全面深化改革若干重大问题的决定》及中央经济工作会议均明确提出"推进丝绸之路经济带、海上丝绸之路建设"。根据国家发改委西部司的研究成果,"一带一路"战略可以概述为:"借用古代丝绸之路的历史符号,以和平、发展、合作、共赢为时代主题,积极主动发展与沿线国家的经济合作关系,共同打造政治互信、经济融合、文化包容的利益共同体、命运共同体和责任共同体。"现在初步确定的"一带一路"涉及 65 个国家和地区,人口 44 亿,经济总量 21 万亿美元,贸易额占我国对外贸易的四分之一。"一带一路"建设大致有三个走向:波罗的海方向、地中海方向、印度洋方向。海上丝绸之路又分成两个走向:南太平洋方向和印度洋方向。"丝绸之路经济带"和"海上丝绸之路"建设被提高到突出位置,它既有国家安全战略考虑,同时又有经济贸易空间的考虑,是中国作为一个大国的全球战略和开放战略。为此,习近平总书记已定下"政策沟通、道路联通、贸易畅通、货币流通和民心相通"的"五通"基调。这个战略的实施,不仅需要国家层面的顶层设计,也要依靠地方政府的积极参与和支持。

一、国内各地积极参与"一带一路"建设的态势

　　目前,国家尚未正式公布"一带一路"规划,哪些省份会列入规划尚未确定。但在地方层面竞争激烈,各地已纷纷行动,抢抓机遇,多个省市已将"一带一路"视作加速自身经济社会发展的重大机遇,将其积极纳入地方战略发展目标。

　　1. 各省份积极对接"一带一路"国家战略

　　国内包括新疆、陕西、甘肃、宁夏、青海、重庆、云南、四川、山西、浙江、江苏、山东、湖北、福建、河南、贵州和西藏等 17 个省(区、市)将丝绸之路经济带战略列入了 2014 年度政府工作报告中,这 17 个省(区、市)经济规模之和占全国比

---

　　* 课题负责人:周谷平,浙江大学党委副书记、教授。

重达 55.9%。

2.各地竞相出台"一带一路"区域战略

与东盟海陆相连的广西最近提出"要成为 21 世纪海上丝绸之路的新门户和新枢纽"。在城市发展层面,广东湛江等多地提出要"抓紧 21 世纪海上丝绸之路机遇,打造成为重要的始发港和战略支点"。山东日照则提出"争取现代丝绸之路的政策沟通、道路联通、贸易畅通、货币流通和民心相通'五通'试点"。

3.杭州周边地区正加紧融入"一带一路"建设

浙江省宁波市作为中国大运河的出海口和古海上丝绸之路的始发港之一,正在加快打造"一带一路"战略支点。具体措施主要包括:培育经贸合作新优势,力争到 2020 年实现对东盟贸易额达到 200 亿美元,对中东欧国家贸易额达到 60 亿美元;积极参与东盟各国的港口开发建设;打造陆海空联动新走廊,规划建设甬(舟)金铁路等。2015 年 9 月,江苏省苏州市明确提出,要"在'一带一路'建设中扮演重要角色"。苏州市正积极向西深化与重点城市之间的合作,打通与长江中上游城市之间的联系;向北积极与苏北城市加强联系,借助欧亚大陆桥加强与"丝绸之路经济带"沿线国家和地区的产业联系,开展经济、贸易、能源、金融、服务、基础设施等领域合作。

二、杭州参与"一带一路"建设的优势

与全国其他城市相比,杭州更具有参与"一带一路"建设的独特优势,理应更好地发挥作用。

1.地缘优势

杭州地处长江三角洲南翼,是海上丝绸之路的起点,也是丝路文化发源地之一。杭州依托上海自贸区和舟山群岛新区,在国家推动"长江经济带"和"一带一路"建设的总体战略中,占有巨大的地缘优势。

2.人文优势

杭州是首批国家历史文化名城和全国重点风景旅游城市,承载了古丝绸之路的众多传统元素。杭州素有"丝绸之府"美称,南宋官窑为宋代五大名窑之一,龙井茶清名远播,是丝绸、瓷器与茶叶贸易的重要输出地,南宋时期成为海陆丝路全球中心,是丝路贸易的重要商品产地。元朝时,杭州曾被意大利旅行家马可·波罗赞为"世界上最美丽华贵之城",与丝路国家联系普遍。目前,中国丝绸博物馆、南宋官窑博物馆、中国茶叶博物馆保存着杭州辉煌的丝路文化遗迹。

3.产业优势

杭州创新基础良好,信息技术、生物、新能源、物联网等战略性新兴产业发

展优势突出,形成了一批掌握核心技术的龙头骨干企业,与"一带一路"沿线国家开展战略性新兴产业合作具有很强的互补性。同时,作为中国电子商务之都,杭州拥有阿里巴巴、淘宝、网盛生意宝等一批国际知名的大型电子商务企业和众多中小型电商,在跨境电商产业方面拥有明显优势。

4.杭商群体优势

全国工商联正式公布的"2014 中国民营企业 500 强"名单(根据 2013 年度数据评出)中,杭州有 50 家企业上榜,占全国的 10%,占浙江省的 36.23%。杭州上榜企业数连续第十二次蝉联全国城市和浙江省首位。杭商群体实力雄厚,创新意识强,具备长期战略性思考能力。目前,杭商已经实现了从模仿型向创新型、从积累型向运作型、从草根性向知识型、从国内市场向国际市场转变,是杭州最为稀缺和重要的财富。

据市经合办对 121 家杭州大企业、大集团调查,其境外投资涉及 18 个国家和地区,主要分布在美国、德国、荷兰、加拿大、泰国和印度,一部分杭商已活跃在丝路国家,具有一定的贸易和实业基础。杭商在"走出去"战略引导下,积极走出市外、走向世界,利用两种资源和两个市场,做大做强。

三、杭州参与"一带一路"建设的三个领域

当前,杭州正处于从上中等收入经济体迈向高收入经济体的过渡期,处于打造有特色的国际化大都市和迈向现代化目标的关键时期。如何围绕"政策沟通、道路联通、贸易畅通、货币流通和民心相通"的"五通"目标和"基础设施互联互通、大力拓展产业、提升经贸合作、拓宽金融领域合作、密切人文交流、加快生态环境保护合作和积极推进海上合作"等八个方面,根据自己的优势和特点,按照国家总战略考虑寻找参与的契合点,是当前杭州亟待思考的一个前瞻性问题。杭州应结合城市国际化战略,与"一带一路"沿线国家重点在人文交流、战略性新兴产业、跨境电子商务产业等三方面开展合作,进一步拓展杭州的发展空间,努力建成"一带一路"先行区。建议先从以下三个方面展开。

1.开展人文交流合作

"一带一路"建设要推动"人文先行",不断拓展合作平台,完善合作机制,积极发挥与沿线国家在教育、科技、文化、旅游、体育等领域的交流与合作,使沿线各国都可以吸收、融汇外来文化的合理内容,促进不同文明的共同发展。首先要强化与国际友好城市合作。截至 2015 年年末,与杭州签署结为国际友好城市的共有 29 个,主要集中在欧洲和美洲等,其中位于"一带一路"区域的城市只有 10 余个。今后应在"一带一路"建设沿线国家中重新布局,积极拓展友城资源。

据了解，科威特拟打造一个"新科威特"，筹建"丝绸之城"，在科威特与伊朗边境地区建立一个 250 平方公里的自贸区，通过大桥与"丝绸之城"连通。该项目计划容纳 80 万人口，投资 930 亿美元，将在 25 年内建成。这对于杭州传统丝绸产业是一个极好的机遇。杭州应联合丝绸企业在"一带一路"沿线国家联合举办丝绸之路艺术节，组织出版企业积极开展各种丝绸之路相关大型书展，鼓励扶持面向丝路国家的影视作品生产，开展以"丝绸之路旅游带"为主题的国际旅游合作，积极参与科威特丝绸城建设，联合打造旅游路线和丝绸产品中心。

"一带一路"战略由国家发改委西部司牵头规划，浙江大学西部发展研究院是国家发改委的重点研究基地，对杭州来说有"近水楼台先得月"之利。杭州可发挥浙江大学、浙江理工大学等高校智库的研究力量开展"一带一路"人文领域研究，联合各方力量共同致力于推动杭州与世界的文化共融与发展，推动基于各自文化传统的人文交流互动和基于各自资源特色的旅游往来；推进人文型"一带一路"建设，发展壮大我国软实力。

2. 开展战略性新兴产业合作

可发挥杭商的群体优势，按照"走出去"战略，打造国际商贸和产业园区平台。鼓励和支持优势电子信息产品制造商加快国际化步伐，在东南亚、中亚、西亚地区设立海外生产工厂，进行当地市场化布局，抢占当地电子信息产品消费市场。鼓励和支持风电、光伏发电等新能源领域的龙头企业走出去，通过在沿线国家合资设厂或扩大产品出口规模等形式，拓展当地可再生能源产业市场。加强双方政府在信息技术领域的国家级合作，通过试点向"一带一路"沿线国家输出智慧城市建设范式和经验，与"一带一路"沿线国家重要城市共建以互联网、物联网、电信网、广电网等网络为基础的智慧城市，推进智慧型"一带一路"建设，在国内率先打造全球信息与智慧产业中心。

3. 开展跨境电子商务产业发展与合作

要搭建跨境电商交流大平台，构建跨境电商产业链，打造国内电商产业高地，积极推动杭州与沿线国家开展电子商务合作。完善跨境交易服务的第三方电商平台建设，建立与跨境电商交易相适应的海关监管、跨境支付、仓储与物流基地等支撑系统。推进建设跨境电子商务产业园，为国家制定和完善跨境贸易电子商务管理规范、政策法规提供实践基础与理论依据。共建跨境电子商务联合实验室或者联合研究中心，共同开展技术研发与推广等工作，支持跨境电子商务产业人才培养，推进网络型"一带一路"建设，为扩大经贸合作、实现国家开放新战略提供新途径。

关于大江东产城融合发展的战略定位和实现路径的对策建议

浙江大学课题组

杭州市委、市政府做出大江东产业集聚区体制改革的重大战略调整后,如何推动大江东产城融合发展和实体运作是亟待思考和解决的问题,也是杭州市委近期七项工作重点之一。2014 年 10 月,杭州市决策咨询委员会邀请了浙江大学建筑工程学院教授杨建军等 10 位专家实地考察、深入分析了大江东产业集聚区产城融合发展中面临的矛盾和困难,对大江东产业集聚区今后的战略定位、规划布局、设施配套、环境营造、人才集聚和体制创新等关键方面建言献策。

一、面临的矛盾与困难

专家认为,杭州市委、市政府根据形势变化,审时度势,围绕"一个平台、一个主体"目标,对大江东产业集聚区体制进行重大调整,是一项重大战略决策,符合杭州、萧山和大江东建设发展的实际,进一步理顺了集聚区内部管理体制。目前,大江东产业集聚区具备了区位条件、土地资源、产业基础、基础设施等众多优越条件,是杭州发展的新高地。

但是,大江东集聚区也面临着几大矛盾与困难,制约着集聚区"产城融合"的整体发展。

1. 关键要素资源保障不足

一是土地制约。大江东产业集聚区陆地面积 348 平方公里,实际可建设区域占比较低,基本农保田耕地"占补平衡"难度增大,产业布局不均,大产业、大项目的落地、发展困难。二是资金制约。缺乏多元化投融资渠道,未能全领域充分调动社会有效资本的投入,难以满足集聚区开发建设需求。三是项目审批权限与制约。园区项目管理与审批权限相割离,不能有效对审批项目进行少批、准批、精批。

2. 基础配套建设不匹配

大江东产业集聚区园区过于重视工业生产功能,而忽略了道路、供水、供电、供气、通信等基础设施配套性建设。产业与环境不同步,学校、医院、住宅等公共服务设施和生态环境布局发展不协调。工业化和城市化发展存在"重生产,轻生活;重发展,轻配套"现象。城市交通体系功能配套不足,影响企业投资、入驻环境和入驻者的生活品质。科教文卫、医疗、商业服务等城镇化设施建设滞后,"职住分离"现象导致通勤交通压力,成为人才引进和产业多元化发展的制约因素。

3. 各片区产业发展不集聚

大江东产业集聚区的主要目的是统筹"三城一区"。但是,各板块和街道之间处于各自独立发展的状态,没有形成融合发展的态势。在招商上,仍然存在同质化竞争的现象,缺乏主导产业和优势产业的集聚,产业空间分布呈现碎片化。以汽车产业发展布局为例,东风裕隆、吉奥汽车、长安福特马自达等"现有6辆汽车"的布局过于分散,没有形成区域集聚和产能集聚效应。

4. 主导产业低水平同质发展

大江东产业集聚区的产业规划发展普遍以"短平快"项目或新兴产业为主,主导产业、优势产业、基础产业相互之间的布局发展不协调,局部呈现同质化、低水平发展态势。这种发展模式将导致主导产业特色不突出,存在产能过剩的隐患和风险。

二、基本思路

今后的大江东产业集聚区应顺应中国社会经济发展的新常态,紧抓以互联网和智能制造为特征的新机遇,应对全球产业转移和中国产业转型升级的新挑战,发挥杭州东部地区制造业的产业优势,推进"产业大集聚、城市大集聚、人才大集聚",建设经济高端、城市智慧、生态优美、文明幸福的大江东。在战略定位上,大江东应成为长三角智慧都市群的新节点、智能制造的新高地、智慧杭州建设的新平台和杭州"智造大江东、魅力生态城"的新名片。

三、战略定位

古人云:"谋定而后动。"对于大江东这样一块稀缺资源来说,深思熟虑,正确地把握战略定位是发展的关键。产业是城市发展的基础,城市是产业发展的载体。"产城融合"的核心是产业结构要符合城市发展的定位。集聚区的发展要以"空间集聚发展"和"特色产业主导"齐头并进,围绕主导型企业形成产业集群,以发展方式的转变,高度集中现有人流、物流、资金流等区域性优势,提升服务业与制造业的融合程度,实现城市核心功能提升、空间结构优化、城乡一体化、社会人文生态的协调发展。大江东应在以下八个方面努力实现自身战略定位。

1. 中国工业 4.0 发展先行区

充分发挥大江东地区临杭州、上海和宁波的区位优势,将互联网、大数据、云计算等现代信息技术融入传统制造业,大力发展智能制造技术,以智能机器人、智能汽车、智能装备和各类智能产品为重点,把大江东打造成为中国工业 4.0 发展的先行区。

2. 长三角智慧城市群的重要节点

充分利用大江东地区地处长三角核心区和紧邻长三角重要交通枢纽的区位优势,以智能制造为特色,把握智能生产产业链的关键环节,联动杭州湾、长三角智慧城群建设,推进产城一体、工业化和信息化融合发展,服务业和制造业双轮驱动,将大江东地区打造成为长三角智慧城市群的重要节点。

3. 浙江产业转型升级的引领区

坚持绿色、低碳可持续发展的道路。改善因传统产业而造成的生态环境硬伤,突出环境带动产业发展。充分利用大江东地区优越的区位条件、城市发展条件,深厚的产业发展基础和广阔的发展前景,结合港口的布局优势,突出产城融合、产业融合、工信融合,大力推进"四换三名"战略,把大江东产业集聚区打造成为浙江产业转型升级的引领区。

4. 智慧杭州建设的核心区

充分利用杭州市发展智慧经济的资源优势,与城西科创园区形成东西呼应、错位发展、互补发展的差别化智慧产业发展战略,践行智慧产业化、产业智慧化,将大江东地区打造成为智慧杭州建设的核心区。

5. 杭州的副城中心区

大江东产业集聚区是杭州从"西湖时代"走向"钱塘江时代"的重大战略部署。加快融入杭州主城区的步伐,提升大江东地区在杭州都市圈中的中心地位,以一流的城市社会设施、城市生态环境、交通布局、城市生活和生产服务集聚人才打造杭州东部的城市副中心,拓展杭州城市发展新空间,推进精耕细作的城市化发展格局。

6. 国际生态旅游的新景区

构建生产、生活、生态的绿色新城区。大江东地处钱塘江入海口,区域内拥有滩涂湿地、沿江景观、生态廊道、水网农田等独特的生态环境资源禀赋。应借助杭州作为著名的国际旅游中心的传统旅游景区优势,将大江东集聚区打造成为国家级国际江海湿地生态旅游的新景区。

7. 长三角休闲假日的体验区

结合大江东地区空间广阔、景观秀丽、生态资源充裕的环境优势,发展木构、设施、邮船、农业等与生活服务相结合的新型特色产业。集中打造杭州、上海及环杭州湾城市休闲假日的好去处和体验区,提升大江东和主城区以及其他周边城市的生活关联度,提升人才集聚能力,使大江东成为以"休闲、旅游、居住"为主体的现代新城,促进大江东地区的产城一体化发展。

8.智慧农业的创新区

依托大江东产业集聚区的农业资源优势,以已经落户的中国智慧农业谷为核心,打造农业产业的流通、交易、采购平台,并积极发展由此衍生的信息服务、物流服务、商务服务、金融服务、科技服务以及观光旅游服务等。

四、实施路径和策略

实现"产城融合"要推进主导产业发展,优化优势产业布局,整体推进"生产、生活、生态"三生融合的城市化发展格局,把大江东建设成为省、市级重要的经济增长极,努力实现由工业园区向城市特色功能区嬗变。应全力打造省内领先、全国一流、国际知名的特色产业集聚区、战略性新兴产业大基地和低碳环保的转型升级示范区。为此,要做好以下几个方面的重点工作。

1.做优环境配套,坚持基础先行

借鉴苏州工业园建设的成功经验,从环境配套出发,完善各片区之间交通、道路、供水、电力、通信等基础设施建设。进行景观绿化、亮化、硬化、美化,注重园林、生态、社会和谐等区域特色,利用主城区和产业集聚区已成型的学校、医院、商住等局部设施,服务于基本生产、生活需要。优化政府、服务、金融、政策、人文等公共服务配套,推进城市基础设施和公共服务的无缝对接,集中打造具有吸引力、集聚力的可持续发展和投资环境。

2.明确区域定位,实施一体化发展

大江东地区的区域定位表现在国家、长三角、浙江和杭州四个层面,分别体现大江东产业集聚区的先行发展、联动发展、引领发展和核心互补发展四大功能。一是要以大江东智慧制造为平台,加强杭沪、浙沪合作以及长三角区域合作,强化和央企的合作。以项目开发带动产业发展,实现高起点引进、高质量投入、高效能运作、高智慧产出。二是要和杭州主城区形成互动发展格局。在各种科教文卫设施的建设和利用、人才的引进和产业培育等方面充分发挥主城区的带动作用。三是突出和城西科创园区的错位发展和互补发展。在建设智慧杭州过程中,城西科创园区主要把控智慧产业链的服务环节,而大江东将注重智慧产业链的制造环节,通过新科技成果产业化和原有产业的高技术改造,转型升级为高新技术产业园区。四是要和萧山、绍兴、海宁以及杭州湾地区的其他城市和开发区的制造业基地实现错位发展和互补发展,走差异化发展道路。

3.确定城市规模,合理定位人口

近几年,我国已有50多座新城变为"空城"。目前,杭州市及长三角核心区城市人口已经处于平稳增长状态,由于大江东地区和主城区之间还间隔下沙地区和萧山区,且两地拥有一定的人口蓄积空间,因此大江东地区作为杭州市主城区人口疏散区的功能并不突出。近期,大江东地区城市发展策略是产城融合,产业优先,以就业人口的增长带动城市人口集聚。同时,考虑到大江东产业集聚区的战略定位并非以发展劳动密集型产业为主,必须实事求是地估计可实现的城市人口规模目标,调整原有 150 万人口集聚的构想,即在现有人口约 14 万~23 万人的基础上,将大江东产业集聚区 2020—2025 年间的人口规模定为 30 万~40 万人。

4. 强化要素集聚,打造城市核心区

根据城市空间组织架构,按照空间集中、产业集聚的发展思路,逐步将目前"组团式"的城镇发展空间结构转向"中卫式"的城市发展空间结构,强化人力资本、生产资本、自然资本的集聚。合理规划建设用地,留出发展空间,坚持集约用地,建议改变原有"将中心区块所在地作为城市核心区"的设计构想,以逐步开发为宜,将毗邻主城区(下沙)和邻近萧山国际机场的区域作为城市核心区第一候选地。

5. 打造公共交通战略,实现功能复合化

为了更好地提供便捷的交通网络和生活配套,构建综合交通枢纽、强化同城联系、加强交通引导,应积极发展低碳交通,实施 TOD(以公共交通为导向)的开发模式。以打造卫星城为目标,优先建设连接主城区和各区块之间的轨道交通线作为主要通勤线路。可构建杭州市中心地区直达大江东的 50 公里快速轨道(类似北京机场快轨),完善轨道线网的布局。同时,借助江东大道、钱江通道高速公路的交汇优势,环杭州湾产业带和萧山空港的地域优势,提升陆海空三位一体的综合交通枢纽布局,搭建道路框架,推进大江东各个区块间的紧凑开发,降低区域内部通勤成本,凸显功能复合特色。

6. 突出智能制造,实现产业融合发展

坚持"传统产业特色化、新型产业高端化",发展都市型、科技型、低碳型、生态型产业。做好"招引、发展、培育、提升"文章,强调产城融合发展和产业融合并进。借助杭州、上海、宁波既有的产业基础和主城区、环杭州湾,以发展智能制造为中心,努力实现制造业从简单低技术的劳动密集型向智慧型、科技含量较高的产业转变,努力实现产业和科技、产业和居住相融合,形成产业、科教文卫和居民之间的生产、生活和生态"三生"的城市化布局,提升生态承载能力,发展"循环经济"的运作模式,积极促进一、二、三产业的融合发展和协调发展。重点发展汽车及其零部件、飞机零部件、智能机器人、轨道交通、航天空设备、环保设施、旅游装备制造等高端制造业,以及健康医药、新能源和新材料等,走高科技产业创新之路,打造完整的产业链条,提升产业结构,形成产业集群规模化。大力发展以互联网、云计算、大数据、物联网为代表的科技、金融、人才、商务、交通等现代生产性服务业。此外,合理布局航空航天、机器人、空港物流等一批特色产业园区集聚化发展。

7.建设开放大学城,突出三大平台功能

大江东产业集聚区应构建智能科技创新平台、文化创意产业平台和新锐企业孵化平台等三大平台。吸引浙江大学和国内外知名大学来大江东兴办分校或独立学院、研究院及职业技术学院。在规划建设中应将大学城、休闲街、文化区、景观地融为一体,大学设施与城市基础设施功能性融合,图书馆、研究室、运动场、会议厅、电影院、食堂、酒店以及其他附属设施,形成校城合一,内外开放的格局。

8.强化招商引智,建设人才集聚平台

招商引智工作应坚持大项目带动,注重其投资主体与强度、产出规模与效益,重点招引世界、中国、民营"500强",央企和行业领军企业。强调工作地和生活居住地紧密结合的原则,积极推进商贸服务、房地产、孵化器等配套项目的招引,完善生活、公共、信息等城市配套服务功能。强化"筑巢引凤"工程,建设人才集聚平台。基层人才与高端人才培养并重,引进重点大学科研院所,兴办与产业发展相配套的研发中心。为入驻人员创造就职、就业、创业和孵化平台。

9.高起点建设科教文卫设施,高水平发展生活服务业

从"以人为本"和以"招商引智"为中心的集聚区发展策略出发,利用大江东的区位优势,采取积极外部植入的超常规方式加快发展,为产业人才发展提供宜居宜业的新环境。具体途径包括:①与主城区合作,鼓励优质的科教文卫机构入驻大江东,设置分院、分校机构,实现主城区与大江东地区公共服务的均等化和科教文卫事业的一体化;②积极引进国内外知名科教文卫机构及各种非营利性专业研究机构入驻;③以市场化加快对优质商贸企业的引入和发展,建设商务中心、购物中心等消费型空间;④高起点建设街道社区生活服务设施。

10.建设地标性自然生态型休闲度假旅游设施

利用大江东产业集聚区农业用地和生态用地的充裕条件,即江海湿地规模和湿地生态资源以及农业保障用地,发展品牌化、景观化、生态化都市农业,构建集休闲观光、生态环保于一体的游览体系,探索农业科技创新、经营体制机制的创新模式。依托新湾智慧农业谷项目的溢出效应,重点发展观光娱乐、生态养生、休闲度假、会议展示等项目,汇集旅游、商业、农业、教育、医疗、会展、商务、文化、休闲等复合型平台,构建湿地群落体系完善、生态环境优良、景观美丽独特、文化健身内容丰富、旅游设施完善、综合效益显著的国家级江海湿地生态

新景区和市民休闲游憩新天地,打造滨海休闲旅游的新景观。

11.推进体制机制建设,以开放改革、区域联动促发展

建设大江东产业集聚区的关键是推进体制机制创新。首先是领导体制的创新,以大江东产业集聚区管委会为基础,建立市级,甚至省级层面的大江东建设联席会议机构,把大江东地区作为浙江省、杭州市产业转型升级的突破口和先行区,统筹解决发展智能制造和生态产业中的迫切问题;其次是建立区域合作机构,包括和浙江省内外相关产业集聚区之间的合作与联动机构,推动与城西科创园区、经济技术开发区,萧山、绍兴、海宁等地的经济技术开发区之间的分工合作;第三是要推动实施建设过程中的制度创新,如推进"PPP"模式进行基础设施建设。

附:课题组成员

执 笔 人	陈建军	浙江大学公共管理学院教授
与会专家	杨建军	浙江大学建筑工程学院教授
	郑勇军	浙江省政协经济委员会副主任,浙江工商大学 MBA 学院院长、教授
	谭湘萍	浙江省环境保护科学设计研究院副总工、教授级高级工程师
	周少雄	杭州师范大学区域文化与经济研究院院长、教授
	徐剑锋	浙江省社会科学院区域经济研究所所长、研究员
	汤海孺	杭州市城市规划设计研究院总工程师
	张旭昆	浙江大学经济学院教授
	杨晓光	浙江省城乡规划设计研究院副院长、教授级高级规划师

关于及早谋划杭州航空港经济综合实验区的建议

浙江省发展规划研究院副总经济师、研究员　朱李鸣

党的十八届三中全会指出,要在建立中国(上海)自由贸易试验区的基础上,选择若干具备条件的地方发展自由贸易园(港)区。近期以来,郑州航空港综合经济实验区、西安国家航空城实验区等国家战略、规划相继出台。杭州立足空港、航空经济产业链、电子商务之都等优势创建航空港经济综合实验区,是当前加紧谋划省会城市国家战略和引领全省经济转型发展的迫切而明智的抉择。要适应发展与竞争新形势,结合浙江省空港经济发展布局特点,加快发展杭州空港经济圈,及早谋划创建航空港经济综合实验区,抢占新一轮区域发展制高点。

一、创建航空港经济综合实验区是迫切而明智的战略抉择

2012年7月,《国务院关于促进民航业发展的若干意见》提出,要"增强沈阳、杭州、郑州、武汉、长沙、成都、重庆、西安等大型机场的区域性枢纽功能","选择部分地区开展航空经济示范区试点,加快形成珠三角、长三角、京津冀临空产业集聚区"。

我国现有航空港经济区以北京、天津、广州、重庆为发展典型。其中,北京首都国际机场充分发挥和利用航空港资源优势,大力发展"临空经济"。"十一五"规划更是将发展临空经济升级为北京市的总体发展战略,确定了"一港、两河、三区、四镇"的城市空间布局,将首都临空经济确定为新城发展的核心枢纽。天津空港经济区则重点发展以航空制造、电子信息、精密机械等为特色的先进制造业,高新技术科技研发,总部经济和商贸文化会展业,集聚了世界500强企业和知名投资项目。随着区域规划的实施,一个产业集聚、功能丰富、生态宜居、充满活力的综合经济功能区和一座现代化新城迅速崛起。实践证明,发达的航空港经济是大型枢纽机场、雄厚的区域经济背景、良好的基础设施和有效政府管理以及大型物流中心等方面有机结合的结果。

1. 有利于集聚高端要素和高端产业,带动全省产业结构升级

以上海浦东国际机场航空城为例,它是长三角乃至全国开放程度最高、产业层次最为尖端的经济区域,形成了集商、住、产业、旅游、办公、科研、会议为一体的产业、商贸、旅游、办公、科研、会议等六大区域功能定位,划分为航空服务工业带、城市型高科技产业区、农业生态平衡带、居住区、航空城中心区、旅游区共六个功能块。周边地区则形成了免税购物贸易、飞机维修员工培训基地、城市高科技产业、仓储运输、创汇型加工工业和农业等产业特征。金融贸易集客商服务和城市公共活动于一体,为当地居民、空港和产业带工作人员以及过往客商提供配套的居住、旅游休闲服务。

郑州航空港区经济综合实验区是中国首个航空港经济发展先行区。实验区以郑州新区为依托,主要集聚和发展总部经济、金融证券、汽车制造、文化旅游、高端居住等产业;以汴西新区为依托,主要发展家电生产基地;以上街通用航空基地为依托,重点发展商务运输、飞机 4S 店、飞机租赁、通航飞行器组装等重点航空器材和相关零部件制造加工、电子信息、生物医药、精细化工等资金密集型产业、高附加值的出口加工业和通航核心产业。优化了布局居住、商业、物流等设施,完善了制造业集群、大型航空枢纽建设和集铁、公、机于一体的现代综合交通体系,是朝着国际航空物流中心、国际化陆港城市、国际性的综合物流区、高端制造业基地和服务业基地方向发展的主要载体。先后吸引了南方航空、普洛斯、DHL、马士基等企业入驻,近三年 GDP 年均增长在 30% 以上。机场所在地区已成为国际航空物流中心、以航空经济为引领的现代产业基地、内陆地区对外开放的重要门户、现代航空都市、中原经济核心增长极。随着经济全球化的发展和航空业的进步,类似的空港经济区和航空城已经在各主要国际机场周围蓬勃发展起来,如日本大阪关西国际机场、荷兰阿姆斯特丹史基浦机场、中国香港新机场等。实践证明,航空运输已经成为在全球范围配置高端生产要素,集聚高端产业的重要引擎,以空港为依托的临空经济区将成为一个国家(或区域)产业层次最高、开放活力最强的区域。

2. 有利于打造高水平开放平台,再创体制机制新优势

在我国加快推动新一轮开放促改革、促发展的新背景下,国际空港作为对外开放重要门户的战略地位更加凸显。上海自由贸易试验区包含浦东国际空港及空港综合保税区,天津滨海新区和广东也将空港和空港经济区作为自贸区申报的重要板块。由此可见,杭州创建"网上自贸区"也必须依托空港这一重要的开放平台,围绕国际电子商务贸易区,依托海港、空港的特征和相关政策,率先开展相关体制机制的改革探索发展模式。

3. 有利于强化中心城市功能,提升杭州都市区能级

在上海加快自贸区建设不断冲击浙江中心城市能级提升的背景下,更快、

更有力地实施都市区和城市群发展战略应成为浙江城市化战略的重点之一。同时,从国际经验看,依托大型枢纽机场建设空港新城,承载国际化高端城市功能,是国际城市和都市区发展的普遍规律之一。韩国仁川经济自由区包括仁川国际机场和港湾以及松岛、永宗、青罗国际都市,主要以发展国际商务、教育、医疗、航空、物流、旅游、金融、高端配件和新材料等尖端产业为主,着力建设全球最佳商务城市,吸引了思科、三星、IBM 等一批世界级企业,构建了首尔都市圈商务往来更具活力的,更贴近休闲环境和优秀的教育环境、和谐的居住环境的国际化新城。借鉴与结合以上模式的运作经验,杭州应在国家发改委已正式批复杭州都市圈转型升级综合改革试点的背景下,将航空港经济实验区作为创建现代产业基地、对外开放的重要门户和航空都市的阶段性发展目标,助力杭州推进城市国际化战略,提升中心城市能级,有效带动都市区空间、资源和产业的优化组合,提升城市经济发展的综合竞争力。

二、创建杭州国家航空港经济综合实验区的基础条件已逐步具备

1. 创建航空经济综合试验区的战略共识更加凸显

2008 年,浙江省编制实施《杭州空港经济圈发展总体规划》,对加快培育杭州空港经济圈做出重要批示。2011 年,浙江省与中国民用航空局签署《关于加快推进浙江民航发展的会谈纪要》,明确提出要共同努力,加快建设以杭州萧山国际机场为龙头的浙江民用机场体系,加大浙江基地航空公司发展支持力度等一系列重大合作举措。2012 年年初,时任省长夏宝龙正式提出了要以发达的航空运输体系带动和支撑浙江经济的转型升级为核心,全面构建浙江航空港经济试验区的战略设想。杭州萧山机场是全省航空运输体系的龙头,也是全省建设"两港物流圈"的核心之一。加快发展杭州空港经济圈,必须以萧山机场为依托,大力推进以产业智慧化和智慧产业化为代表的智慧经济,打造集快递、电商、智慧物流为一体的特色产业园,形成整合保税物流中心、陆路口岸、机场航空口岸、海关邮政进出境快件监管中心、浙江电子口岸"五位一体"的特殊监管功能平台,优化公共服务体系,接轨网上自贸区,主攻新兴产业、升级传统产业、做强服务经济三大方向全面推进转型升级,以智慧物流、航空总部、电子商务等为主导产业,带动区域发展的强大引擎,体现全省空港经济发展龙头带动和典型示范的作用,成为推动杭州乃至全省经济转型发展的有力战略成果支撑。

2. 创建航空港经济综合试验区的主体架构更加清晰

2008 年 5 月,杭州空港经济区管委会正式设立,机构内设经济发展和安全生产监管、招商、规划建设、社会事业发展等相关职能及机构。2013 年 9 月与南阳街道实行合署办公,地方层面的管理开发体制基本理顺。2012 年年底,萧山

机场二期扩建工程验收通过,进入"双跑道、多机坪、多航站楼"时代。2013年2月,浙江长龙航空正式成立,结束浙江没有本土航空公司的历史。2013年3月,浙江省政府正式批复成立浙江机场集团公司,并明确其作为浙江省发展航空产业综合性大平台的定位。

3.创建航空港经济综合试验区的产业基础更加扎实

(1)杭州空港实力进一步增强。2013年,机场客货吞吐量分别为2211.4万人次和33.52万吨,开通航线近200条,航线网络覆盖四大洲,吸引了近50家航空公司入驻,成为国内第十大客运机场、第七大货运机场和第五大航空口岸,在华东地区机场中名列第三。

(2)空港经济区临空产业集群初具规模。已吸引52家航空公司入驻,国航、东航、厦航、长龙航空等4个航空公司建立主运营基地。成功引进了FedEx、EMS、中外运、中国南车、上海绿地、菜鸟网络、顺丰速运、申通快递、圆通速递、圆通航空、天地华宇等现代物流、临空商贸、临空制造项目,被评定为"国家级现代服务业产业化基地"。目前,空港经济区正在整合物流、仓储、快递、电商等企业,规划建成以物联网、大数据、云计算为核心的国际物流服务平台,打造千亿级空港物流园。

(3)空港与周边高新技术产业联动不断增强。空港半小时车程半径内,集中了大江东产业集聚区,杭州、绍兴两个国家级高新区,杭州下沙、萧山两个国家级经济技术开发区,以及青山湖、海创园两个科技城,其电子信息、生物医药等高新产业与空港的联系日渐紧密,默沙东、民生赛诺菲等医药龙头企业相继在空港设立保税仓库。以高科技农业、生物技术及相关产品供应链管理为主题的传化生物科技城建设取得初步进展。

(4)海关特别监管区平台发展日趋成熟。空港经济区内保税物流中心(B型)2011年12月正式封关运行,已有中外运、双宇物流、浙保物流、厦门优传等10多家物流贸易企业入驻,2012年实现总监管货值33.49亿元,上缴国家税收2.93亿元,主要指标增幅月度环比增幅保持在60%,列全国27个已运营的保税物流中心前茅。

三、关于创建杭州航空港综合实验区的对策建议

(一)从整体上来讲的建议

1.在创建载体上,可以考虑以杭州空港经济区为运作主体

目前,包括机场在内73平方公里的杭州空港经济区已有明确的管理和开发主体,拥有相当的产业基础,并且已经与机场形成密切的联动关系,可以作为创建杭州航空港经济实验区的重要基础和主体。同时,根据实际需要,将实验

区的空间范围覆盖到大江东产业集聚区等周边主要的产业园区。

2. 在目标定位上，应成为杭州都市圈转型发展的重要引擎

重点是做到"四个先行"：一是航空经济领域发展方面先行，力争成为全国重要的航空物流中心；二是产业结构升级方面先行，率先形成以高新技术产业和现代服务业为主体的现代产业体系；三是在开放体制机制改革方面先行，围绕杭州"网上自贸区"在跨境电子商务、互联网金融等内容率先开展改革探索；四是在现代航空都市建设方面先行，打造生态、智慧、宜居的国际化空港新城。

3. 在开发路径上，要深度强化省、市、区三级合力，构建区港联动

目前，杭州空港经济区管委会仅属于萧山区的派出机构，所辖区域范围自身培育空港经济的基础也相对较弱，既要承担发展空港经济的艰巨任务，又要做到开发资金的自我平衡，"小马拉大车"的先天不足较为严重。同时，保税物流中心（B型）等服务平台和相关基础设施前期投入的贷款利息支出较高，2012年整个空港经济区地方财政总收入仅为支出利息的2倍。同时，萧山机场公司为浙江省属国企，与萧山区属的空港经济区管委会两种体制、两个规划、两个（物流）园区、两个海关等体制不顺、合力不强。应在总结前期空港经济区开发建设情况的基础上，学习借鉴广州、郑州等地的经验，采取省、市、区三级联动的管理和投资开发体制。

（二）从现阶段来讲的建议

1. 将创建杭州航空港经济实验区纳入省市级层面议事日程

建议由浙江省、杭州市、萧山区以及浙江省机场集团共同组成杭州航空港经济综合实验区创建工作小组，并制定相应的工作方案。

2. 将空港保税物流中心作为杭州建设"网上自贸区"的重点平台

积极推动将杭州保税物流中心（B型）纳入正在申报的杭州综合保税区内，与杭州出口加工区形成A、B区。支持杭州空港经济区作为国家跨境贸易电子商务服务平台试点区域，加快集聚电商、快递以及互联网金融企业，作为杭州建设网上自贸区的核心平台。加快推进空港大通关体系建设，加强海关、商检之间的协调合作，实现机场内与机场外保税物流中心（B型）的一次通关，形成"区港联动"。

3. 进一步加大对空港经济发展的政策扶持力度

建议研究出台专门支持航空经济区建设发展的政策意见，引导省、市、区三级政府加大政策支持力度。在浙江省战略性新兴产业扶持资金、现代服务业扶持资金中分别列出航空经济专项，用于支持空港经济区内临空型战略性新兴产业和高端服务业发展。省、市两级对杭州空港经济区建设给予一定的政策支持，将机场内企业税源原则上纳入空港经济区，并对保税物流中心（B型）等的

运作给予补贴。

4.进一步完善机场与地方政府的合作机制

积极推动和完善浙江机场集团公司与空港经济区管委会之间的交叉任职等联动机制,学习和借鉴广州、宁波等地的空港经济区经验,探索在条件成熟的时候设立一体化管理机构的可能性。同时,以机场和空港经济区两个物流园区的整合作为工作的突破口,由浙江机场集团和杭州空港经济区为主出资,并引入传化物流、阿里巴巴等相关企业,共同投资组建浙江(杭州)空港经济发展公司,作为杭州空港经济区重要的投融资及产业开发主体。

成都市推进产业招商经验给杭州市的启示

杭州市经济合作办公室　徐文霞　周　华

同为省会、副省级城市,成都市经济总值已于 2012 年超过杭州市。根据杭州市委、市政府提出"三转一争",开展"大对标"活动的要求,杭州市经合办组织赴四川成都开展了产业招商调研学习,感到成都市的产业招商工作领导有力、机制科学、重点突出、保障有力、成效显著,在助推成都经济快速增长方面起到了积极作用,很多做法值得杭州学习借鉴。现将调研的有关情况总结如下,并就进一步推进杭州市招商引资工作提出"五条建议"。

一、成都市产业招商的经验模式

招商引资不单是招商局或经合办等专职招商部门的事,更涉及相关产业主管部门、相关技术人才和知识等层面,需要发挥各部门、各方力量,形成团队优势和整体合力。基于以上对招商引资工作规律的认识,成都市于 2004 年组建了电子信息、生物医药、汽车、航空航天与核能、模具等 6 个重点产业推进办公室,2007 年 1 月在 6 个产业推进办公室和深圳、上海、北京三个驻外办事处的基础上,成立了统筹全市投资促进工作的议事协调机构——成都市投资促进委员会(成都市投促委),主要负责统筹全市重点产业、重大项目和重点区域的投资促进(内外资招商)工作,发挥产业发展的"参谋、协调、组织、服务"作用。

2013 年,成都市国内招商引资超过 3000 亿元人民币(含全口径房地产),引进外资超过 100 亿美元,其中产业类项目占 30% 以上。2015 年 1—10 月,全市新签约引进重大项目(含增资项目)359 个,总投资 2237.52 亿元人民币。目前在蓉落户的世界 500 强企业达 252 家,其中,境外企业 188 家,境内企业 64 家。据初步统计,近几年招商引资对当地 GDP 增长的贡献达 3% 左右,对税收贡献约占 40%,对固定资产投资的贡献约占 30%。

2004 年以来,成都市努力转变招商理念,加大改革力度,在推进产业招商(投资促进)工作中积累了许多经验,主要经验和具体做法如下。

1.坚持产业规划引领

成都市完善全市重点产业布局规划,以构建市域现代产业体系为目标,规划了天府新城、汽车、新能源、新材料、金融总部等 13 个市级战略功能区,确立了 21 个工业集中发展区"一区一主业"定位,推动产业合理分工、错位发展。2008 年,成都颁布《成都市人民政府关于加快工业集中发展区建设发展的试行意见》和《成都市重大工业招商引资项目统筹流转试行办法》,提出了"一区一主业"产业布局规划,明确一个工业集中发展区重点发展一个主导产业,要求新上工业企业(项目)必须进入工业集中发展区,对园外企业逐步调迁入园或淘汰关闭,推动工业企业按规划向园区集中发展;要求各工业集中发展区必须紧紧围绕主导产业,大力实施产业链招商,不断补充、延长、提升产业链,打造具备较强竞争力的产业集群。通过规划引领和产业统筹,推动产业合理分工、错位发展,全市初步形成了中心城区重点发展高端服务业,近郊区重点发展与先进制造业相配套的生产性服务业,远郊区重点发展先进制造业、现代农业和旅游业的产业梯度发展新格局。如在汽车产业发展中,成都市严格实施"一区一主业"招商,强力引导汽车产业向经开区聚集,后者目前已成为成都市乃至四川省汽车产业发展聚集地。

2.突出产业集聚招商

成都市产业招商始终突出两大重点:一是抓好龙头企业招引。以产业集群发展为导向,精心研究品牌企业、代工企业、配套企业之间的关系,按照互动引进品牌企业和龙头代工企业,进而带动引进核心配套企业集聚的模式,大力实施龙头招商,主抓招大引强。通过引进德国大众、沃尔沃、英特尔、德州仪器、戴尔、联想等世界 500 强、国内 100 强企业,成都产业实力迅速壮大。目前,已成为西部重要的整车生产基地,其电子信息产业迅速成长为千亿元产业集群,能提供全球 50% 电脑所用 CPU,成为全球规模最大的生产基地之一。二是强化产业链招商。按照"集群承接、沿链引进"的思路,深入分析研究产业链关键环节和缺失环节,以龙头带配套、聚配套引龙头,促进重点产业加快集群发展。成都在大力引进整车制造项目基础上,先后引进一汽大众发动机、汽车产业研究院等核心配套项目,基本形成集汽车研发、制造、贸易、博览、娱乐于一体的完整产业链,初步建成成都国际汽车城;先后引进马士基、思科、摩根大通、联邦快递等一批现代服务业知名企业,国内前十大航空物流企业全部在成都设立西部地区物流总部,能够为在蓉企业提供优质配套服务。

3.强化市级层面统筹

成都市高度重视市级层面的产业招商统筹,着力加强工作保障,优化工作机制,形成招商工作合力。一是强化领导保障。成都市委、市政府领导亲自抓招商,成立了对外开放领导小组和办公室,同时成立省市领导挂帅的"1号工程指挥部"。成都市有三位市委常委联系投资促进工作,对特别重大的项目,由市领导亲自走访谈判,亲自协调推进。二是加强要素保障。重点是加强了用地资源的统筹和保障,全市工业用地指标占市经用地指标 30% 左右,重大基础设施用地资源由市发改委统筹审核使用(根据《成都市中心城区 2013 年度国有建设用地供应计划》,2013 年成都市安排工矿仓储地 220 公顷,占全市用地指标 30% 左右),重大基础设施用地资源由市发改委统筹审核使用,商业及其他类用地资源由国土部门统筹审核使用,经投资促进委员会(简称投促委)牵头进行项目评估后给予用地保障。三是加强力量保障。成都市投促委已于 2010 年纳入市政府部门序列,全委 11 个处室有 8 个直接参与招商引资工作。在人员配置上,全委 65 个行政编制约 40 人直接参与项目协调和引进,加上投资促进中心 60 人(事业编制),市级层面直接参与招商引资(投资促进)的人员达到 100 人以上。同时,成都所辖各市、区(市)县和产业平台都成立了招商引资(投资促进)的专门机构,配齐了机构和人员。四是强化机制建设。通过整合招商力量和资源,在市级层面建立健全了重大项目协调机制、项目评估准入机制、市县联动工作机制和投资促进考核机制等四大机制,形成了规范有序的投资促进格局,有力推动了重大项目的引进和落地。

二、成都市产业招商工作对杭州市的借鉴意义

成都市在产业招商(投资促进)中探索和总结的经验做法,对杭州市招商引资工作具有积极的借鉴意义。与成都市产业招商的经验相比,杭州市在相关做法上有所不同:一是招商引资主要以区、县(市)和开发区为主,各产业职能部门不参与直接招商和前期洽谈,未能发挥市级职能部门对促进产业招商的作用和优势,反而导致各区县的优惠政策竞争,项目雷同难以形成产业链。这种自下而上、以块为主、分头对接、政策分割的工作格局会影响大项目、好项目的引进,并引发在招商项目引进中的无序竞争,不利于形成系统性竞价、分层次推进的工作机制,影响到招商引资工作的整体性和系统性。二是招商引资更多注重现代服务业的引进,产业项目比重偏低,工业项目偏少,影响杭州市经济发展的后力。从近几年的引进项目看,先进制造业及相关二产项目到位资金仅占总到位资金的 15% 左右,与成都市 30% 的比重相比有较大的差距。立足于健康快速的可持续发展,杭州市应借鉴成都的经验推动产业招商,在市级层面重点抓好以下工作。

1.切实抓好产业规划制定

建议由市发改委牵头,做好杭州市多规合一工作,在经济社会发展规划、城

市空间规划与土地利用总体规划中突出产业发展的主线和布局,将产业发展与社会事业、基础设施配套相融合,实现一张图谋划、一体化推进。在此基础上,由市发改委(或产业协调委员会)牵头,市经信委、市科委、市农办、市商委、市经合办、市金融办等部门及相关开发区共同配合,制定杭州市产业招商和产业布局的总体规划,明确"一区一主业"的产业布局规划。规划要突出国家关于杭州市"一基地四中心"的定位和发展智慧经济、信息经济的要求,合理布局项目集聚空间,特别是要根据区域功能定位明确重点产业发展引导区,形成比较明晰的产业空间规划格局。各城区和开发区根据总体规划,分别制定重点产业引进的实施方案和工作计划。

2.切实抓好产业集群招商

杭州市应结合当前实际,重点发挥部门对产业招商的推动作用,大力推动部门牵头的产业招商服务,推动高端制造业的有效集聚。要在市产业协调委员会的统一领导下,积极探索组建文化创意、旅游休闲、先进装备制造和生物医药、金融服务、信息经济、跨境电子商务、楼宇总部、健康养老、基础设施等产业招商组,突出产业招商组的"招商、推进、服务"功能。各产业招商组由市领导领衔,各相关职能部门牵头,有关部门组成,依据产业规划分别梳理和制定产业招商和扶持政策,制定年度产业招商组工作计划,筛选对外重点招商项目,并编制产业招商项目册,组织专题招商活动,就重大产业项目开展项目洽谈,进一步拓宽招商领域,增强招商实效性。

3.切实抓好资源政策统筹

建议杭州市在三个方面探索要素资源的统筹:一是统筹工业用地。借鉴成都的做法,工业用地指标进行全市统筹,由市经信委牵头,市发改、市国土、市规划、市环保、市招商等部门和相关区、县(市)、开发区共同参与,进行项目评审,合理使用工业用地指标。二是统筹楼宇资源。由市发改委(市楼宇总部办)牵头,对全市楼宇总部资源进行排摸梳理,匹配有需求的楼宇总部项目,同时有计划推出重点招商的特色楼宇。三是统筹政策资源。由杭州市产业协调委员会牵头,市级业务部门为主,相关部门参与,对全市各类产业性扶持政策进行梳理,在市级层面提出有含金量的产业扶持政策,推动项目引进。

4.切实抓好产业项目推进

成都市高度重视重大项目推进,围绕项目推进工作建立完善了协调、联动、评估、考核等四大机制,市投促委专门成立了项目协调一、二、三、四、五处,强化了项目推进的综合保障。借鉴这一做法,建议杭州市进一步加大项目推进力度,促进大项目、好项目早立项、早开工、早投产、早见效。一是要坚持和强化市领导"三重"联系机制。安排市领导联系重大项目、重点浙商和重要商会,定期开展走访活动,加强对接和服务。二是坚持重大项目三级协调。全年梳理一批投资大、质量好的重大项目,加强区、县(市)、开发区的一级协调,同时强化部门对接协调的力度,特别重大的项目请市领导亲自协调推进。三是强化重点洽谈项目盯引。对有意向、在洽谈的项目进行梳理,确定一批符合信息经济、智慧城市要求的项目,定人、定部门开展盯引工作。四是深化与大企业、大集团战略合作。目前,杭州市已与上海市浙江商会、同心俱乐部、阿里巴巴、复星集团等多家企业和社团组织建立战略合作关系,下一步要深化战略合作,推动一批"大、好、高、新"项目落户杭州。

5.切实抓好招商工作创新

中央经济工作会议指出,当前我国经济正在向形态更高级、分工更复杂、结构更合理的阶段演化,经济发展进入新常态。认识新常态、适应新常态、引领新常态,在新常态下进一步提升招商引资工作,需要有创新的勇气和举措。成都招商引资的经验也证明,只有与时俱进、不断创新,才能取得发展新业绩。建议杭州市主动适应经济发展新常态,不断创新思路和方法。一是创新招商理念。要坚持引进创新要素、引进高端项目、引进城市功能并重,在做大招商总量的同时,更加注重高端要素的引进,更加注重城市功能的提升,通过招才引智、招新引优不断增强杭州城市的发展后劲。二是创新招商手段。在探索部门牵头开展产业招商及项目服务的同时,要借助省、市领导力量和重大平台开展招商活动,强化上下互动、部门联动;要借助基金、风投以及各类商会、协会的力量共同推动招商,形成更加广泛的招商网络;要大力推进招商引资信息化工作,打造永不落幕的网上招商平台,不断提升招商引资的工作绩效。三是创新考核评价体系。要建立对产业招商牵头部门、县、市(区)及主要产业平台的招商引资考核激励机制,引导和激励各级各部门加大对产业招商的工作力度,全面考核产业招商的工作绩效。

第三部分 "三美杭州"

以生产美为核心、生态美为标志、生活美为目标的"美丽杭州"。

"十三五"时期杭州经济社会发展
几个问题的战略思考

浙江省委党校教授　陆立军

目前,杭州发展已进入新阶段,正面临新挑战,要体现新要求。为此,建议在考虑"十三五"时期杭州经济社会发展的总体思路时,首先必须科学认识自身发展的新阶段和面临的新挑战,在此基础上,紧紧围绕推进"一基地四中心"、新型城镇化建设和美丽杭州、法治杭州建设等重点领域和关键环节,全面深化改革,再创体制机制新优势,实现打造东方品质之城、建设幸福和谐杭州、成为"美丽中国"杭州样本的新要求。

一、杭州发展的新阶段与特点

近年来,面对错综复杂的国内外经济形势,杭州以提高经济发展质量和效益为中心,坚持稳中求进,大力实施创新驱动发展战略,着力加快结构调整,推进产业转型升级,经济增速保持在合理增长区间,呈现出经济运行稳中趋好、民生保障稳步改善、社会大局和谐稳定的良好态势。

1.经济社会总体科学发展水平较高

统计数据显示,1998—2011年,杭州的GDP总量一直居广州、深圳之后,列全国15个副省级市第3位,2012年、2013年被成都、武汉赶超后退居第5位。这主要是近年来成都、武汉全社会固定资产投资大幅增长的缘故。成都自2006年开始,全社会固定资产投资总额稳居全国副省级市首位;武汉自2004年开始,全社会固定资产投资总额连续10年保持19%以上的增速,2008年开始稳居全国副省级市第4位。尽管杭州部分经济指标在全国副省级城市中的排名有所下降,有些学者据此得出杭州在副省级城市中的综合排位呈下降趋势,本人认为对此须全面分析,应该看到,杭州总体上的科学发展水平是不断提高的。四川大学"美丽中国"研究所发布的《"美丽中国"省会及副省级城市建设水平(2013)研究报告》结果显示:杭州在各分项指标排名上不是非常突出(其中生态建设得分位居第2,文化建设和社会建设得分均位居第4,政治建设得分位居第

5，经济建设得分位居第12），但综合得分位居省会及副省级城市建设水平之首。这充分表明，杭州在科学发展道路上已走在全国前列。

2.城乡区域统筹协调发展水平不断提升

杭州市域面积广，中心城区距离淳安、建德、桐庐等县（市）较远，因而与其他一些"紧凑型"的大中城市相比，在推进城乡一体化、区域协调发展上面临更多的困难和挑战。这些年来，杭州通过撤县建区、撤乡建街，以及在原来的城乡接合部和乡镇大力推进城市的生产方式、生活方式和教育文化等措施，已成为省内乃至国内在城乡区域统筹协调发展方面下手最早、成效最好、经验最多的城市之一。尤其是2010年，新一届市委将统筹城乡区域发展作为一项重大战略，确立了构建城乡区域经济社会发展一体化新格局的思路和目标。经过数年的努力，杭州在城乡区域统筹协调发展上已走在全国前列。根据《浙江省2012年统筹城乡发展水平评价报告》，杭州城乡统筹发展得分为90.42，已进入城乡全面融合阶段。2010年至2013年，杭州城乡居民收入比从2.28稳步下降至2.08，全市城镇人口比重从73.2%稳步上升至74.9%。2013年，所属五县（市）GDP、固定资产投资、社会消费品零售总额、外贸出口增幅分别高于全市平均水平0.8、7.3、2.7、2.9个百分点，成为杭州经济发展的新增长极。

3.十大创新型产业发展态势良好

杭州以文化创意、旅游休闲、金融服务、电子商务等为代表的十大创新型产业发展态势良好。2013年，全市十大产业增加值同比增幅高于全市GDP增速4.1%，其中电子商务、信息软件、文创产业增加值增速尤为强劲，分别高于全市GDP增速47.7%、15.5%、10%；十大产业增加值占地区生产总值的比重由2012年的45.0%进一步提高至46.9%。杭州创新型产业的发展，在很大程度上得益于企业研发创新能力的不断增强。2013年，全市新认定国家重点扶持高新技术企业223家、累计达1673家，新认定8家国家级、17家省级和65家市级企业技术中心；全市规上工业科技活动经费支出增长11.9%，增幅高于主营业务收入增速为4.9%；全年专利申请量58279件，专利授权量41518件，分别增长8.4%和2.1%，总量保持全国省会城市第一、副省级城市第二（第一为深圳）。

二、杭州当前发展中的新挑战与机遇

当今世界，经济社会发展呈现出产业融合化、经济低碳化、增长知识化、内外市场平衡化、贸易保护增强化、发达国家再工业化等趋势。杭州作为长三角多中心网络化空间格局中的重要中心城市，在新阶段、新形势下实现高起点上的新发展，既面临诸多挑战，也拥有良好机遇。

1.资源要素制约和环境压力较大

杭州的地形格局为"八山半水分半田",土地资源匮乏,人均耕地仅 0.4 亩。因此,杭州今后一段时期可用于城市建设和产业发展的土地资源非常有限,在引进大型跨国公司、优化产业布局、提升产业层次上面临较为严峻的土地瓶颈制约。而随着杭州城市化进程的加快,尤其是大量中小企业崛起和外来人口涌入,使得交通拥堵、停车难问题日益突出,水污染、大气污染、光污染、噪声污染等亟待改善,教育、科技、文化、卫生、医疗等资源难以满足新老杭州人快速增长的需求,城市管理任务越来越重、难度越来越大。上述一系列"城市病"的产生和发展,使杭州与一些后发城市相比在招商引资、GDP 增长等方面的压力较大。

2.产业发展水平进一步提升难度较大

目前,杭州第三产业增加值占地区生产总值的比重仍然偏低。2013 年,杭州市三次产业比例为 3.2∶43.9∶52.9,第三产业增加值占地区生产总值的比重仍明显低于北京(76.9%)、上海(62.2%)的水平,也低于副省级市中的广州(64.6%)、深圳(56.5%)、济南(55.3%)、南京(54.4%)和哈尔滨(53.4%)。同时,杭州的对外贸易层次仍偏低。2013 年,在杭州出口产品门类中,代表国际贸易层次和水平的高新技术产品出口额占比仅为 11.2%,约为成都(55.6%)、重庆(53.1%)和深圳(52.0%)的五分之一,上海(43.4%)和天津(39.3%)的四分之一,北京(32.2%)的三分之一,也低于南京(19.4%)、广州(17.1%)、济南(12.8%)等副省级市的水平。进入杭州的世界 500 强企业、跨国企业、外资企业的投资主要集中于机电产品配件、食品、纺织、服装等传统领域,外资对杭州引进新技术和发展高新产业的作用还不够大。

3.作为浙江省会和首位城市对全省带动作用的显示度较小

2013 年,杭州市 GDP 总量、第三产业增加值、财政总收入、规上工业增加值、社会消费品零售总额、固定资产投资额、出口总额、实际利用外资金额分别占全省的 22.2%、25.5%、25.1%、21.6%、23.3%、21.1%、18.0%、37.3%,除了实际利用外资金额占比超过三分之一、第三产业增加值和财政总收入占比约为四分之一外,其他指标占比均在五分之一左右。同为省会城市和副省级市的成都相关指标占全省的比重分别为 34.7%、49.4%、32.2%、26.2%、36.2%、30.9%、76.0%、82.9%。可见,杭州在进一步提升城市首位度和对全省的辐射带动作用上还有较大努力空间。

在面临上述挑战的同时,"美丽中国"和"两美"浙江建设也为杭州实现高起点上的新发展提供了良好机遇。进入生态文明新时代的大背景下,杭州在"美丽中国"和"两美"浙江建设中占据重要地位,应把握和运用好新的发展机遇。而这正是杭州长期以来所坚持和实践的发展道路,也是杭州近年来以调结构换

第三部分 "三美杭州"

增长、经济增速有所放缓的重要原因之一。杭州拥有良好的自然环境和人文环境所构成的独特城市品质,良好的居住、工作、人文环境,为大力发展电子商务、国际休闲旅游、商贸商务、文化创意等具有高知识性、高附加值、强融合性、低碳环保的现代服务业提供了坚实支撑,成为杭州走生态文明发展之路的强大优势,而这完全契合"美丽中国"和"两美"浙江建设的要求。因此,杭州在生态文明新时代必将实现高起点上的新发展,再创新优势。

三、杭州的进一步发展中如何体现新要求

面对新阶段和新挑战,杭州必须进一步优化经济发展的目标体系、结构体系和动力系统,更加突出知识、智力元素在经济发展中的地位和作用,由财富的积累增长转向人力资本的累积循环,实现发展理念和发展路径的创新、经济效益和经济结构的提升、资源消耗和环境影响的降低、社会福利和居民生活的改善等。为此,必须抓好以下"四个战略重点",力争取得重大突破。

1. 进一步强化创新驱动发展战略

遵照习近平总书记主政浙江期间于 2006 年 3 月明确提出的到 2020 年建成"创新型省份"的战略部署和具体要求,杭州市委于 2006 年 7 月就明确提出要进一步确立企业自主创新主体地位,把杭州建设成"创新型城市"。此后,历届市委都十分注重"创新型城市"建设。2010 年 1 月,杭州被国家发改委列为创建国家创新型城市试点。为此,杭州要在理论、体制、机制、科技、产业、管理等各领域开展"全面创新",推动传统产业高新化、高新技术产业化、产业集群创新化,努力在全省率先建成"创新型城市"。

杭州应更好地发挥高校、科研院所和科技人才云集的优势,进一步加快重大科技创新平台、创新载体和区域创新体系建设,构筑以企业为主体、市场为导向、产学研政相结合的技术创新体系,努力在重大科技创新工程和关键技术、共性技术的研究开发上取得新突破,并借此推动科技兴农、科技兴卫等,促进农村、农业和各项社会事业的发展。要大力推动高新技术产业的提升发展,努力引导来自全球的创新资源向信息软件、生物医药、装备制造等优势高技术产业流动、集聚,着力打造在国际上具有较大影响力的高技术产业基地。此外,要进一步健全和完善创新要素价格形成机制,创新知识产权保护手段,健全和完善鼓励、保护科技创新的市场环境;大力培养和引进拥有国际化背景的科技领军人物、现代企业管理人才和专业化高技能人才。

2. 进一步加快推进杭州都市圈建设

20 世纪 60 年代以后,城市地域空间组织形态发生了巨大变化,全球相继崛起了纽约、伦敦、东京、巴黎、新加坡等世界级的大都市圈。大都市圈在本国和

世界经济发展中日益发挥着枢纽作用,成为连接国内国际的节点和产生新技术、新思想的"孵化器",具有强大的国际辐射能力和"场效应"。

杭州都市圈以市区为极核,市域网络化大都市为主体,湖州、嘉兴、绍兴三市市区为副中心,德清、安吉、海宁、桐乡、绍兴、诸暨等相邻6县市为紧密层,联动湖州、嘉兴、绍兴等市域的发展。区域总面积近3.5万平方公里,是长三角大都市圈的重要组成部分。中国都市圈发展与管理研究中心发布的"2012中国都市圈评价指数"显示,杭州都市圈在全国18个大都市圈绩效评价中仅次于上海都市圈和广州都市圈,位居第3。应充分借鉴世界五大都市圈的发展经验,依托和发挥杭州都市圈"横向联合、协同发展"的地理空间、自然资源、要素条件等优势,提升杭州在长三角、全国乃至世界城市体系中的战略地位;坚持使市场在资源配置中起决定性作用与更好发挥各地政府作用相结合,以推动项目合作为抓手,进一步加快区域交通、旅游、医疗、社保、教育、邮政、信息、人才、市场、产业等方面的一体化步伐,不断增强合作共赢的凝聚力,使杭州都市圈成为辐射带动浙江全省、融入长三角城市群和都市圈的大平台、主载体,从而以区域一体化推动杭州在高起点上实现新发展。

3.进一步提升城市国际化水平

对于杭州而言,由于自身条件的限制,难以建成类似纽约、伦敦、东京、巴黎、新加坡这样的全球性国际化城市或洲际性国际化城市,但完全可以凭借自身独特优势推进区域性国际化城市建设的步伐,建设以"精致和谐、大气开放"著称于世的国际名城和区域性国际化城市。要努力营造更加良好的国际化软硬环境。首先,要努力打造与城市国际化要求相适应的现代新型服务型政府。建议定期派遣政府管理人员到欧美国家以及迪拜、新加坡、中国香港等国际化大城市学习先进的城市管理经验,以提高政府在国际化进程中处理国际事务、提供涉外公共服务的能力和水平,使政府在城市国际化进程中更好地发挥保障作用。其次,要在思想理念和办事程序、规则上与国际对接,大力营造国际化的商务环境,尤其要进一步提高国际金融服务能力和水平,加强与相邻的上海金融中心的交往与联系,利用其扩散效应,尽快提升杭州金融业的国际化发展水平。再次,要进一步提高涉外服务的质量和水平,增强城市包容性。完善国际结算、翻译、财会、咨询等中介服务,加快涉外住宅、医院、幼儿园、小学、中学、公共活动场所等的建设。借鉴新加坡的成功经验,建设大型涉外居住区及配套设施,并在进行社区居住人员设计时,有意识地让境内境外人员混居,以促进国际化融合。在市属高等学校和各城区建设数所国际大中小学校或引进更多的外籍师资和管理人才,提升教育国际化水平。通过引进、合作、嫁接等方式再建数家国际医疗机构,或在普通大中型医院里引进外籍管理人员和外籍医生,提高国际化医疗服务水平。

4. 进一步推动高端服务业尤其是现代商贸服务业发展

一方面,要大力推动文化创意产业的提升发展。杭州文化底蕴深厚、历史文脉悠久,尤其是独特的良渚文化、吴越文化、南宋文化、民国文化、湿地文化以及水文化(包括西湖、千岛湖、大运河、钱塘江、富春江、新安江等)最能体现东方文化、东方韵味的精神承载。今后应按照打造具有鲜明时代特色和独特优势的"全国文化创意中心"目标,进一步推动文化和创意融入特色产业的发展之中,大力发展具有高知识性、高附加值、强融合性等特征的工业设计、动漫游戏、信息服务、现代传媒、教育培训等文化创新、创意产业,加快推进环西湖文化创意产业圈和环西溪湿地文化创意产业圈建设,通过文创产业的发展,激发各类市场主体和大众的创新意识,带动其他关联产业的发展。

另一方面,要大力推动现代商贸服务业的提升发展。应以打造"全国电子商务中心"和"区域性金融服务中心"为突破口,充分发挥阿里巴巴等知名电商品牌的带动辐射作用,进一步提升电子商务、金融服务、现代物流、科技服务、服务外包等商贸服务业的国际化层次和水平。进一步加快九乔国际商贸城、新天地城市综合体等实体市场、商业体的建设步伐,构建线上线下有机融合的现代商贸体系。尤其要加快发展港口、陆路口岸、空港等具有集疏散、中转、配送功能的枢纽转运型物流,着力建设全国物流节点城市。大力发展移动增值、数字新媒体、远程医疗、网络购物等新兴服务业态和商业模式。大力引进国际著名的会计、法律、咨询、评估等中介服务企业,积极培育信息咨询、会计税务、法律仲裁、广告及设计、知识产权、人力资源服务等优势行业。

"十三五"期间推进杭州城乡基本公共服务均等化的前瞻性研究

杭州市决策咨询委员会社会组

社会公平正义是社会主义制度的核心价值和本质,而城乡基本公共服务均等化是实现社会公平正义的基本形式和途径。它是推进杭州发展进入新阶段、面临新挑战、提出新要求,抢占未来制高点做出的一项重大战略决策。《杭州市基本公共服务体系建设三年行动计划(2013—2015)》(杭政办函〔2014〕3 号)明确了基本公共服务体系建设的总体思路、基本原则与行动目标。随着城市化进程的推进,杭州在基本民生、公共事业、公益基础、公共安全等四大核心领域相继采取了一系列的建设措施,并取得了丰硕的成果。

一、杭州"十二五"期间基本公共服务均等化建设的绩效评估分析

杭州基本公共服务体系建设的"面"虽已经铺开,"数量"的扩张也基本到位。但是,缺乏一定理念指导的"量"的扩张,容易滑向"形式主义",并出现"为基本公共服务而基本公共服务"的现象。因此,"形式到位"而非真正的"实惠"。为了对杭州"十二五"期间基本公共服务均等化建设的绩效做出客观评价,为"十三五"期间杭州基本公共服务均等化建设提供现实依据,现将有关调查情况与数据分析如下。

(一)受访者基本情况统计

本次话访调查共得到有效问卷 701 份。全市 13 个区县(市)的受访者分为 18~25 岁、26~30 岁、31~35 岁等以此类推至 65 岁及以上共 10 个年龄段。年收入 10 万元以上的人数达 70 人,5 万~10 万元的人数达 164 人。其中,以西湖、临安、建德、桐庐、萧山、余杭等区县的受访者居多,分别在 61~63 人。

(二)总体满意率分布

全市基本公共服务内容的不满意率情况统计如表 1 所示。

表 1　基本公共服务内容的不满意率情况统计

项　目	满意（人）	不清楚（人）	不满意（人）	不满意率（%）
公共就业服务	180	196	45	10.7
养老保险制度执行情况	433	95	173	24.7
养老服务	458	129	114	16.3
医疗保险制度	535	59	107	15.3
公共医疗服务	473	48	180	25.7
公共交通	554	20	127	18.1
公共教育	504	88	109	15.5
公共文化体育	491	96	114	16.3
环境保护	464	25	207	29.5
公共福利	459	165	77	11.0
社会治安	611	14	76	10.8
公共基础设施满意度	246	3	31	11.1

　　由表1得出,全市各项公共服务内容的满意度最低的为环境保护、公共医疗服务、养老保险制度执行情况等三项内容,不满意率为24.7%～29.5%;公共就业服务、社会治安、公共福利是满意度最高的三项,不满意率仅为10.7%～11%。

(三)最不满意原因探究

　　从城镇人口、农村人口、流动人口三类要素分析全市城镇部分基本公共服务项目不满意原因。

　　1.城镇人口

　　城镇部分人口对社会基本公共服务内容的不满意情况统计如表2所示。

表2　城镇部分人口对社会基本公共服务内容的不满意情况统计

项　目	满意（人）	不清楚（人）	不满意（人）	不满意率（%）	不满意原因（前两位）
公共就业服务	165	183	42	11	1.难以获取就业信息; 2.缺少职业介绍
养老保险制度	258	43	89	23	1.不同人群养老保险待遇相差过大,感觉不公平; 2.保险金额过低
养老服务	249	64	77	20	1.养老院、老年公寓少; 2.居家养老覆盖面窄,服务时间短

项　目	满意（人）	不清楚（人）	不满意（人）	不满意率（％）	不满意原因（前两位）
医疗保险制度	299	29	62	16	1.医保报销比例过低； 2.医保覆盖药品及医疗服务过窄
医疗服务	257	19	114	29	1.大医院就诊拥堵； 2.诊疗费和医药费太贵
公共文化体育	281	47	62	16	1.业余文娱生活贫乏； 2.运动、合唱所需场地缺乏
社会福利	256	92	42	11	1.孤寡老人保障力度不够； 2."低保"金额太少
公共交通	304	8	78	20	1.道路拥堵； 2.公交车班次太少
环境保护	255	10	125	32	1.空气污染； 2.水污染
社会治安	341	3	46	12	1.偷窃、抢劫频发； 2.流动人员过多
公共教育服务	274	36	80	21	1.教学质量不均衡； 2.入学难

由表2得出，杭州市城镇居民最不满意的基本公共服务内容分别为环境保护、医疗服务、养老保险制度，不满意率在23％～32％。公共教育服务、公共交通、养老服务等基本公共服务项目的不满意率也偏高。

2.农村人口

农村部分人口对基本公共社会服务内容的不满意情况统计如表3所示。

表3　农村部分人口对基本公共社会服务内容的不满意情况统计

项　目	满意（人）	不清楚（人）	不满意（人）	不满意率（％）	不满意原因（前两位）
公共基础设施建设	246	9	24	11	1.道路不平整； 2.自来水不方便
养老保险制度	163	43	74	26	1.城镇与农村的养老保险保障水平相差过大，感觉不公平； 2.国家和集体补助比例过低，个人的负担大
养老服务	200	44	36	13	1.住所附近缺少老年活动中心； 2.没有享受到养老服务
医疗保险制度	220	23	37	13	1.现行制度大病报销比例过低； 2.现行制度常见病报销比例过低

续表

项 目	满意（人）	不清楚（人）	不满意（人）	不满意率（%）	不满意原因（前两位）
医疗服务	203	23	54	19	1. 医药费太贵； 2. 小病大治,医生乱开药
公共文化体育	194	40	46	16	1. 村里没有文娱活动室； 2. 村里没有健身点
社会福利	191	58	31	11	1. "低保"金额太少； 2. 孤寡老人保障力度不够
公共交通	227	12	41	15	公交车或城乡巴士班次太少
环境保护	192	12	76	27	1. 垃圾收集处理情况差； 2. 附近工厂排放污染物
社会治安	246	10	24	9	偷窃、抢劫频发
公共教育服务	214	39	27	10	1. 校园及周边环境嘈杂； 2. 学校教学质量差,老师不够认真负责

由表3得出,与杭州市中心及周边城镇相比,农村居民对于政府的公共服务总体满意率较高。公共基础设施建设、社会福利和公共教育服务的不满意率在10%～11%。环境保护和养老保险的不满意率高。

3. 流动人口

杭州流动人口对基本公共社会服务内容的不满意情况统计如表4所示。

表4 杭州流动人口对基本公共社会服务内容的不满意情况统计

项 目	满意（人）	不清楚（人）	不满意（人）	不满意率（%）	最不满意原因
公共就业服务	15	13	3	9.7	缺少创业指导
养老保险制度	12	9	10	32.3	办理社保手续烦琐
养老服务	9	21	1	3.2	没有享受到养老服务
医疗保险制度	16	7	8	25.8	异地医保报销手续烦琐
医疗服务	13	6	12	38.7	诊疗费和医药费太贵
公共文化体育	16	9	6	19.4	运动场地过少
社会福利	12	15	4	12.9	残疾人保障力度不够
公共交通	23	0	8	25.8	公交车班次少,太拥挤
环境保护	22	3	6	19.4	空气污染
社会治安	24	1	6	19.4	偷窃、抢劫频发
公共教育服务	16	13	2	6.5	学校设施差

杭州流动人口多由青年构成,对养老保险、养老服务两项内容需求甚少,暂不列入本次统计范畴。因此,最不满意的内容为医疗服务、医疗保险制度、公共交通。

二、杭州"十三五"期间基本公共服务均等化建设的基本思路

党的十八届四中全会明确:"依法加强和规范公共服务,完善教育、就业、收入分配、社会保障、医疗卫生、食品安全、扶贫、慈善、社会救助和妇女儿童、老年人、残疾人合法权益保护等法律法规。"因此,杭州"十三五"期间基本公共服务均等化建设的基本思路总结如下。

(一)以法制路径推进杭州基本公共服务均等化

制定《杭州市基本公共服务均等化标准》。对于已制定标准的部分领域(老年养老设施标准)由于现存标准边界模糊,出现滞后、标准老化等弊端,已不利于具体实施以及政府管理。因此,制定基本公共服务均等化标准对落实基本公共服务政策和保证公共服务质量至关重要。可率先建立指标体系,体现地方特色。制定《杭州市促进基本公共服务均等化条例》。提供基本公共服务均等化是法定义务。明确政府是提供基本公共服务的责任主体。为避免造成省、市、县、乡各级政府之间公共服务事权划分关系不顺、相互交叉和重叠等现象,对杭州各级政府之间的财权与事权进行合理划分。通过各县市之间、城乡间资源共享、制度对接、待遇互认,基本实现各市内部城乡、县(市、区)之间基本公共服务一体化。加快实现杭州区域、城乡制度统一。制定《杭州市适应性的财政转移支付条例》。构建法律支撑,实现制度化、规范化监管;建立法律制度框,避免因官员更替或经济增长的快慢、财政收入的丰歉等情况而变更、取消市民应得的预期保障等情况的出现。明确均等化建设财政转移支付目标和重点,转移支付资金的稳定来源及分配标准。

(二)以单一物质保障转向物质和权利保障并重

基本公共服务均等化体现为全体公民在基本生存权、基本受教育权、基本就业权、基本居住权和基本健康权等领域享有获得基本公共服务机会的均等。《中华人民共和国国民经济和社会发展第十一个五年规划纲要》正式提出"逐步推进基本公共服务均等化"的要求。党的十六届六中全会首次明确提出实现城乡基本公共服务均等化目标。党的十七大、十七届三中全会、十八大等重要会议相继提出了"围绕推进基本公共服务均等化和主体功能区建设"。由此可知,基本公共服务均等化总体实现已成为2020年全面建成小康社会战略目标的重要内容。"十三五"期间强调权利保障,要以原来的物质保障为主,向物质保障

和权利保障并重的方向转变,确保杭州城乡居民的医疗、教育、文化、就业、社会保障等基本权利得到落实。

(三)从政府提供转向政府和社会共同提供

党的十八届四中全会报告明确提出:"建立健全社会组织参与社会事务、维护公共利益、救助困难群众、帮教特殊人群、预防违法犯罪的机制和制度化渠道。支持行业协会商会类社会组织发挥行业自律和专业服务功能。发挥社会组织对其成员的行为导引、规则约束、权益维护作用。"所以,专业性的民间公益组织可通过购买政府服务方式从事基本公共服务事业;民间互益互助组织以公益活动为主开展公共服务活动;营利组织通过实施市场共给机制,对一些领域进行市场化运作。政府要简化行政审批手续,向社会放权,打造多层次、多类别的基本公共服务供给机制,为多元供给提供便利的政策条件和社会环境。应采取"以政府为主体的权威型、以民间公益组织为主体的志愿型、以民间互益互助组织为主体的自主型、以营利组织为主体的商业型"相互融合的四元供给机制,形成以政府为主导、多元化参与和合作的公共服务供给体系。

(四)建立以需求为导向的差别化均等服务管理体制

"十三五"期间应树立基本公共服务是公民应享受的基本权利的正确理念,确保公民享受基本公共服务的权利不被剥夺,使每个公民都能得到享受这些服务的权利。社会基本公共服务只是公共应享受到的权利,而非完全免费供给性服务,要根据社会需求主体的差异进行区别对待。基于地区之间经济发展不平衡和城乡之间收入差距等地方实情,各级地方政府应对社会基本公共服务建设进行分类管理,即按照对公共基本服务需求的差异分类。根据享受者的身份性差异,可简单分为三类:拥有本地户口的常住居民;不拥有本地户口的常住居民;不拥有本地户口的非常住居民。

(五)创新基本公共服务监管机制

公共服务问责机制主要涉及客户(公民)、提供者和政府三方,其内容包括公民和政府之间的"表达"、政府与提供者之间的"协约"、客户与提供者之间的"客户权力"、提供者内部的"治理"四个方面。杭州当前公共服务监督机制下的问责机制主要存在以下问题:公民和政府间的"表达"传导机制不通畅;政策制定、服务监管和服务提供集于一个政府部门,并与提供者之间的"协约"问责机制难以产生重要的作用;公共服务供给的主体多为公权力部门;公共服务部门内部治理结构并未统一采取类似公司内部的现代管理结构……对此,建立有效的监管体系,要着重构建以下内容:一是建立评估监测制度。开展全市、各县基本公共服务均等化实施情况的量化评价,及时发布年度评估报告。二是完善督查通报制度。加大杭州各地对民生规划项目实施的督查力度。三是建立完善绩效考核制度。将有关实施民生规划项目、推进基本公共服务均等化等举措纳入各地各部门年度目标责任考核指标体系。四是落实行政问责制度。对民生项目工程质量实行终身责任制,严格责任追究。五是建立畅通的公民需求表达机制。将杭州公民意愿作为公共产品和服务供给的主要决策依据,改善公共服务供给结构,强化民间组织对提供公共服务的监督。

(六)推进基本公共服务建设的智慧化与信息化

杭州市委十一届七次全会提出,到 2020 年要率先成为特色鲜明、全国领先的信息经济强市和智慧经济创新城市。杭州基本公共服务均等化建设也要紧跟时代步伐,让信息智慧化、智慧信息化,真正"受惠于民",把杭州打造成信息惠民的示范城市之一。积极推进社会保障卡和居民健康卡"两卡合一"项目,通过以电子病历、流程优化和医院管理为重点的数字化医院建设,确保自费病人可以在市属医疗机构和主城区社区卫生服务机构间使用实名制就诊一卡通服务。发放"浙江·杭州健康卡",建立标准统一的电子病历,实现全市 80% 的二级以上医疗机构使用电子病历信息库的功能;打造就业服务基础业务平台,全面推进公共就业资源数据库和失业预警数据库建设。实现就业援助补贴、农村就业困难人员就业帮扶、录用备案、职业介绍、大学生见习管理、创业服务等业务的一体化办理服务;建设符合国家、省、市金保工程数据要求的数据分析系统,进一步为全市公共就业资源数据库、失业预警预测数据库和决策分析数据库提供数据支持,建立和完善具有杭州特色的失业预警体系。

三、杭州"十三五"期间基本公共服务均等化建设的具体建议

向社会提供均等化的基本公共服务是现代政府的基本职责之一,也是实现"全面建设小康"社会的战略需求。随着社会主义市场经济的深入发展和社会转型、利益分化、社会矛盾的逐渐增多,实现基本公共服务均等化对促进社会和谐的作用和重要性日益突出。因此,提出以下具体建议。

(一)改进养老保险制度

对于不同人群待遇而言,城乡居民之间的差距、政府事业单位与企业员工等其他员工之间的差距过大;对于农村居民而言,个人承担的份额较大,保险金额过低;对于流动人口而言,不满意内容还体现在办理保险和缴费手续烦琐等环节,以及未能缴纳养老保险的部分群体中。应分类对待,采取有力措施推进养老保险制度改革。

1. 加强政府财政转移支付力度,缩小不同社会群体养老保障水平差异

社会养老保险制度是国家进行强制性收入再分配的重要手段之一。当前,

保障水平较低、历史欠账多、收入分配调节功能不强、结构单一等诸多社会养老制度所存在的问题需要逐步解决,健全和完善社会养老保障体系至关重要。一是需要加强财政转移支付和国有资产返还力度,缓解养老金保障的缺失,逐步满足退休低收入老年人的需求;二是改革机关事业单位养老保险制度,缩小杭州机关事业单位与企业员工之间的收入差距,提高企业低收入退休群体的养老保障水平,逐步取消养老金双轨制,实现既得利益阶层向弱势群体让利;三是加强法制化管理,提高财政转移支付的比例,强化国家再分配的职能,完善农村社会养老保障体系,特别是针对农村社会养老保险资金不足和保障水平过低的问题;四是建立国民养老保险制度,将不便于管理的人员纳入国民养老保险。

2.构建多支柱的养老保障体系,完善相关补充机制

人口老龄化的发展趋势既要确保国家层面的制度供给,也要确保个人、家庭及市场等主体发挥出应有的保障作用。应采取政策优惠和财政扶持等有效手段,鼓励发展企业年金及各种补充性社会养老保险项目,进一步完善商业养老保险体系,鼓励劳动者及企业在基本社会养老保险个人账户的基础上,自主参加商业保险机构举办的养老保险项目,作为对基本社会养老保险制度的补充。政府需进行有效监督,确保监管到位。

3.将完善老年社会救助制度作为克服老年贫困问题的重要核心

老年人和家庭成员特别是与子女以家庭为单位作为一个整体来计算收入的方式增加了社会救助的难度,老年贫困化问题频现。应以老年人或夫妻的实际收入为标准,作好实际有需求的群体定位,解决生活困难老年人的经济困难。

4.建立分行业可选择的渐进性延迟退休年龄政策

党的十八届三中全会提出建立渐进性的延迟退休年龄的要求。根据我国的国情,实行这一政策必须充分考虑社会的可行性规划。政策应该是有差别的、可供个人选择的,而不应该搞一刀切。各行业劳动强度不同,对市民工作年龄以及健康条件的需求就不同。此外,下岗失业人员的群体生存困难等一系列问题依旧存在。

(二)改进公共医疗服务

杭州居民对城市基本公共服务内容最不满意的地方主要集中在大医院就诊拥堵以及诊疗费和医药费太贵。享受公共医疗服务是公民的基本权利,较高质量的公共医疗服务是全面建成小康社会的基本要求。

1.改变三级城市医疗网络格局,建立以区域医疗中心和社区卫生服务中心为主的新型城市医疗服务体系

科学配置卫生资源,引进竞争机制、激励机制与制约机制。通过企业医院属地重组、撤并组合同类医疗机构,利用学科、经管、技术合作等优势为纽带组建集团。推动医疗机构联合重组,提高资源利用效率。随着经济社会的发展、城市人口的迁移、人口老龄化、慢性非传染性疾病的增加,开展社区卫生工作显得越来越重要。全面开展社区卫生服务,满足居民基本卫生需求。建立和完善杭州社区卫生服务体系,为社区人群提供便捷、质优、价廉的基本卫生服务。将单纯的医疗拓展到预防、保健、康复、健康咨询和计划生育技术指导等内容,将医生在医院等病人转变为走向社区、走进家庭的服务形式,将面向病人转变为面向社区人群的服务对象。

2.加强三级医疗服务网的农村医疗系统建设

按照一级乡镇建立一家公立卫生院的原则,将乡镇卫生院建成非营利性的公共卫生服务机构以方便当地居民就医。对非营利医院购买医疗设备进行适当补贴,经营实施税收优惠政策。改革乡镇卫生院管理制度和绩效分配制度。一是实行乡镇卫生院运行绩效考核和院长任期目标责任考核,全面推行全员聘用制;二是扩大卫生院分配自主权,实行按劳分配;三是按照"统筹兼顾、方便就医"的原则,合理布局村级卫生机构;四是加强上级医疗机构对下属医疗机构的指导与监管,提高农村基层卫生机构的综合服务能力。

(三)改进环境保护工作

城市居民最不满意的环保内容主要集中在空气污染、水污染方面,农村居民最不满意的地方则集中在垃圾无人收集处理和工厂乱排放方面。党的十八大报告提出,要把生态文明建设放在突出地位,从源头上扭转生态环境恶化趋势,为人民创造良好生产生活环境。基于产业结构、空间布局以及城市扩张发展的社会特征,给生态环境质量带来了巨大压力,环境污染日益成为阻碍杭州经济社会可持续发展的瓶颈,成为制约公众幸福感提升的顽疾。有效防治空气污染。促进杭州产业结构绿色化。促进有发展潜力的高新技术产业、服务外包产业、文化旅游产业、文化创意产业等产业结构高端化、绿色化;合理控制杭州能源及煤炭消费总量;大力推进工业污染防治。加强工业园区、工业集中区等重点区域大气污染整治,强化钢铁、石化、建材、纺织等重点行业达标整治;全面加强扬尘污染监管。开展建筑工地、市政工地、城市房屋拆迁工地的扬尘控制,定期对施工工地进行全面核查;深入推进机动车尾气污染防治;严控生活污染与农业污染。切实加强餐饮服务业油烟污染治理,强化秸秆禁烧监管;有效防治水污染。继续推进"五水共治",从源头上防治污染;积极推进水系上下游政

府间合作,突破地方保护主义,遏阻跨区域污染;有效防止农村污染。完善垃圾处理环节与体系;加大执法检查,防止企业偷排,共保绿水青山。

附:课题组成员

课题组负责人	罗卫东	浙江大学副校长、教授
参 与 专 家	毛 丹	浙江大学公共管理学院副院长、教授
	杨建华	浙江省社会科学院调研中心主任、公共政策研究所所长、研究员
	周谷平	浙江大学党委副书记、教授
	姚先国	浙江大学公共管理学院教授
	秦均平	杭州师范大学社会建设和社会管理研究中心常务副主任、教授
	徐小洲	浙江大学教育学院院长、教授
	曹增节	中国美术学院教授
	蓝蔚青	浙江省公共政策研究院原副院长、研究员
	潘一禾	浙江大学传媒与国际文化学院教授

关于建立和完善新安江流域跨界水环境补偿长效机制的对策建议

宁波大学校长、教授　沈满洪

千岛湖引水工程即将启动,而新安江流域水质安全与否是千岛湖引水工程成败的关键,事关能否让全市人民喝上"放心水"。目前首轮跨界水环境补偿机制试点工作即将结束,下一轮保护如何开展尚不明确。长期关注新安江流域的生态专家、杭州市决策咨询委员会委员通过沿江实地考察,对新安江流域跨界水环境补偿机制进行科学评估,认为"虽取得一定成效,但还有不少隐患和潜在风险"。为此,提出完善下一轮跨界保护"一个目标、三大机制"的对策建议。

一、新安江流域跨界水环境补偿机制的现状评估

自 2012 年起,财政部、环境保护部共同启动实施新安江流域水环境补偿机制试点工作,创新了跨流域水环境补偿机制。该机制有效保护了新安江流域水环境。

(一)新安江流域跨界水环境补偿机制的实施效果

新安江跨界水环境补偿机制试点是由财政部、环保部牵头设计,浙皖两省共同参与并组织实施的全国第一个跨省域水环境补偿机制试点。按照试点方案,2012—2014 年三年时间内,每年筹集 5 亿元的生态补偿资金,其中,中央财政出资 3 亿元,浙江、安徽两省分别出资 1 亿元。如果年度水质达到考核标准,浙江拨付给安徽 1 亿元;如果年度水质考核不达标,安徽拨付给浙江 1 亿元;不论考核结果如何,中央财政 3 亿元全部拨付给安徽。截至 2013 年年底,新安江流域跨界水环境补偿试点项目已完成投资 60.7 亿元,其中试点补助资金 11.3 亿元,放大效应为 4.4 倍。2011—2013 年新安江流域总体水质为优,跨省界的街口断面(位于黄山市街口镇)水质达到地表水环境质量标准Ⅱ类。环保部公布的环境检测数据显示,与 2008—2010 年三年平均值相比,2013 年街口断面高锰酸盐指数、总氮、总磷年均值分别下降 1.2%、6.9%、11.3%,氨氮浓度略有上升但仍处于Ⅰ类水质指标。可见,补偿机制试点的成效是显著的。

(二)新安江跨界水环境补偿机制实施的经验与问题

新安江跨界水环境补偿机制试点是一个全新的探索,至少在下列三个方面是有突破的:第一,首次实施了中央财政和地方财政共同出资的方式,调动了双方的积极性;第二,首次实施了生态保护补偿与环境损害赔偿的耦合机制,实现了权利与义务的对称;第三,首次建立了上游与下游共同检测、相互验证、相互监督的检测机制,建立了流域上下游的合作平台。

但是,新安江跨界水环境补偿机制试点也存在一些不足,专家认为未来千岛湖水质尚有诸多忧虑,主要基于以下四个因素的考虑。

1. 补偿试点时间太短

国家补偿机制三年的试点到期,目前虽已明确补偿机制仍将继续,但下一轮如何运作、杭州市如何应对,尚不明确。

2. 补偿资金投入不足

实际投入的补偿资金大概只有应投资金(以中国水规院课题报告数据为参考)的八分之一,由此导致一些已经被叫停的企业无法搬迁,已经纳入规划的项目无法实施。

3. 补偿范围覆盖不够

涉及新安江流域水环境保护相关的领域没有真正全面覆盖,已经覆盖到的领域没有真正全面实施。

4. 检测数据的客观性难以保障

检测数据是补偿机制的依据和关键。根据试点方案,负责断面检测任务的分别是黄山市环境监测站和淳安县环境监测站,两者均属于相关利益方,在检测结果比对过程中,很难确保监测数据的客观性和公正性,如 2014 年上半年淳安县在两省交界处测得数据与黄山市数据存在出入。以此数据对比几年平均值,水质总体趋势不容乐观,除氨氮指标下降外,其他指标反而有所上升(见表 1)。

表 1　水质检测数据总体趋势

年份	高锰酸盐指数	氨氮指数	总磷指数	总氮指数
2010	2.1	0.25	0.03	
2013	1.95	0.109	0.037	1.26
2014 上半年	2.34	0.179	0.044	1.42

然而,目前的评价方法很难操作,尽管方案已经明确当两省对监测数据发生争议时,由中国环境监测总站于当月组织仲裁监测,但由于没有明确具体操作流程、仲裁程序烦琐、时间漫长等因素,即便发生争议,双方也不会上报仲裁,往往采取相互妥协的折中办法,把各项指标控制在规定范围内。由此,真实的

水质状况就不能得到公正、客观的体现，进而影响监测数据质量，并最终导致补偿机制出现偏差。

二、下一轮水环境保护形势不容乐观

从理论上说，对于流域上下游关系而言，上游地区的占优策略是污染而不是保护。因为污染会使下游主动恳求上游，而保护会导致上游被动讨取补偿。对于地处下游的杭州市而言，如果下一轮水环境补偿机制不到位，则面临以下风险：第一，基于黄山市尚处于工业化初期，为了加快推进工业化进程可能会导致黄山市向重化工业方向发展；第二，基于黄山市九大经济开发区尚有 40% 的土地尚未开发，可能导致黄山市招商引资门槛的降低而加快开发；第三，基于黄山市的经济发展水平，可能导致第一期试点中关停的污染型企业无力彻底关停而死灰复燃；第四，基于黄山市总体上还属于农业社会，可能导致农业面源污染及生活污染的加剧。

1.流域内经济发展相对滞后

新安江上游的安徽省黄山市 2013 年人均 GDP 3.47 万元，约是杭州市的三分之一，下游的淳安县在杭州市乃至浙江省的县区级 GDP 指标也处在靠后的位置。在这样的条件下，流域内的生态保护面临财力不足和动力不足的双重威胁。近几年随着东部地区产业结构调整步伐的加快、环保门槛和监管力度加大，一些低端产业项目有"西迁"的趋势，中西部内陆山区的环保前景不容乐观。2013 年黄山市工业增加值总量列前五位的分别是化学原料和化学制品制造业，酒、饮料和精制茶制造业，纺织业，电气机械和器材制造业，有色金属冶炼和压延加工业，属于环境污染较大的低端产业，累计增加值增长 13.5%，环境污染压力不断增大。从 2008 年到 2014 年，黄山市经济开发区总开发面积扩大了 10 平方公里。虽然近三年内黄山市拒绝污染型项目 180 项，投资金额至少在 180 亿以上，但对比国家层面每年 3 亿元的生态补偿机制只能是杯水车薪，补偿款更多的是起到一种激励的效果，未来的补偿机制及补偿金额还是未知之数，在更大的经济增长诱惑下，流域内地区是否还能坚持以此种力量拒绝污染项目似难以保障。而以杭州市淳安县为例，2013 年全年财政收入 12.9 亿元，其中新安江流域水环境保护投入就达到 5.2 亿元。因此，财政收入的紧张和发展工业经济的冲动是整个新安江流域生态保护普遍存在的隐患。

2.补偿机制急需法律的支持和保护

随着新安江流域补偿机制试点工作的深入，保护工作将进入巩固成果和建立长效机制的关键时期。由于流域水资源与生态环境保护有长期性、艰巨性、复杂性等特点，稍有松懈，水质可能存在反复。因此，浙皖两省都希望新安江跨界水环境补偿机制建设能够延长期限、增加补偿额度,推进资源保护与生态补偿常态化、长效化,而常态化、长效化的最有力保障就是立法保护。让保护地区得到补偿成为常态,从国家到地方各级层面的转移支付成为常态。

杭州市处于新安江流域的下游,既是保护区又是受益区,特别要平衡好市域内不同县区的利益与发展关系,可以以地方立法为国家立法探路,走在全国前列,探索生态补偿立法的新高地。

三、完善新安江跨界水环境补偿机制的对策

基于上述分析,针对目前新安江跨界水环境补偿机制的运行现状及问题,专家认为未来应该尽早考虑建立和完善跨界生态保护的"一个目标、三大机制"。

(一)总体目标:"保质、延时、增资、扩面"

杭州市作为新安江跨界水环境补偿机制的具体落实城市,应当积极向浙江省政府建议,在下一轮补偿机制中解决以下四个问题。

1.“保质”就是要保证千岛湖Ⅰ类水体的基本要求

当前,千岛湖水质一直保持在Ⅰ类的水平,但新安江上游来水水质普遍属Ⅱ类水,比千岛湖水质低一个等级。新安江流域面积安徽省境内占比60%,但污染物占比达到80%,毫不夸张地说,上游水质的趋坏是千岛湖水质的最大威胁。只有确保上游水质不进一步恶化,才能保证千岛湖作为引水工程水源的安全。

2.“延时”就是要延长补偿机制试点时间

建议参照国家生态公益林的补偿机制,实施长期补偿。如果长期补偿没有把握,至少第二期补偿要达到8年,即参照退耕还草生态补偿时间。

3.“增资”就是要加大补偿资金的投入

淳安县在杭州属经济欠发达地区,国家补偿款又全面向安徽省倾斜,因此仅依靠当地的财政投入是难以保障新安江流域的生态保护资金需求的。建议省、市级财政均给予相应配套,弥补国家补贴的不足。

4.“扩面”就是要真正“全面覆盖”新安江流域生态建设和环境保护的相关领域和区域

通过生态补偿机制的完善,真正使得水源保护区的居民感受到"绿水青山就是金山银山""保护生态就是保护生产力"。引入第三方监测就是由不涉及地方利益的第三方对全流域水质特别是两省交界处断面水质进行检测。建议由国家环保部指定无利益相关的第三方监测机构进行水质检测,保证水质检测的客观、公正。

(二)实现路径:建立三大机制

1.抓紧谋划下一轮保护的投入机制

在省、市级层面完善生态补偿机制特别是投入机制,是未来长期对浙江省境内的新安江—千岛湖流域提供有效生态保障的重要课题。对此,专家认为需厘清的有三大问题:补多少、谁来补、绩效如何考核。

(1)补多少

以引水工程的水质、水量为基础,科学核算补偿数额。补多少,首先要考虑的是标准问题。国际上通行的补偿标准包括生态功能服务价值法、边际机会成本法、政府公共政策补偿方法、市场机制配置补偿方法等模式。具体到杭州的引水工程,应组织有关部门和专家对水源地的机会成本和水源价值进行科学评估,按照水源地的实际贡献率进行补偿。

(2)谁来补

建立基于引水工程的用水户付费补偿资金筹措机制。千岛湖及新安江流域水生态建设既有典型的公共物品属性,又有一定的私人物品属性。首先,对于具有公共物品属性的事务,必然由政府财政支付。因此,在完善新安江流域跨界水环境补偿机制的过程中,仍然要坚持以政府财政投入为主体。其次,对于具有私人物品属性的事务,由生态效益的享用者——用水户支付是具有可操作性的。在千岛湖引水工程中,引什么样的水、引多少水、用多少水、谁在用水等问题都十分明确。在水资源产权清晰的背景下,按照"谁受益,谁补偿"的原则让用水户承担部分补偿资金是十分合理的。按照引水工程的规划,计划到千岛湖金竹牌取水口引水,引水数量为9.8亿立方米/年,大约是库容量的10%,基本可以保证库区及下游的生态功能。如果每立方米的饮用水增加0.2元的生态补偿费,每年就可以筹集1.96亿元的补偿资金。

(3)绩效如何考核

建立差别化绩效考核机制"富生态、穷发展"是全国普遍存在的现象。对于淳安这样的生态县,保护环境固然是头等大事,但不唯GDP不等于不要GDP,因此建议在杭州市范围内按照土地的开发方式或程度,制定有层次、差异化的考核机制,进一步取消对淳安县的工业增加值和固定资产投资考核,让各区县明确定位、目标,使得生态保护区域内的地方政府既不能只抓经济不顾环境,也不会躺在补偿机制上等、靠、要,从而更好地践行习总书记"青山绿水就是金山银山"的指导方针,使之成为一种政策导向。这样既有利于筹集补偿资金,又有利于用水户节约用水。

2.抓紧谋划新安江流域的产业发展合作机制

从新安江—富春江—钱塘江流域的整体角度来考察,存在明显的产业发展梯度性,经济发展水平和工业化程度从上游到下游依次递进,生态保护的敏感性和重要性从下游到上游依次递进。因此,存在产业梯度转移的可能性。从杭州市与黄山市的比较优势看,杭州市具有明显的资本资源相对丰富、技术水平相对较高、制度活力十分显著等优势,黄山市具有明显的土地资源相对丰富(80平方公里的开发区尚有30平方公里等待开发)、劳动力价格低廉、生态环境状况优良等优势,因此,两市存在优势互补的产业合作基础。

(1)政府层面

实行跨行政区域的异地开发。打破行政区划限制,在杭州、黄山两市设立"产业飞地经济区",吸引上游黄山的现代制造业向下游杭州转移,将杭州的生态高效农业向黄山转移,实现跨地域的土地置换和产业转移。

(2)企业层面

整合相关资源,促进企业集团化。以旅游业为重点,有效整合旅游资源,组建大型企业集团,打造"名城名湖名山"黄金旅游线。依托杭徽、沪杭等高速路网和高铁优势,将杭州的旅游休闲与黄山的自然风光、上海的都市风光结合起来,构建"长三角"区域大旅游经济圈,共同打造一条以"名城名湖名山"为特色的国际黄金旅游线。

3.抓紧谋划多层面、全方位的新安江流域环境共保合作与协调机制

欧洲的莱茵河、澳大利亚的墨累-达令河流域治理的重要机制是分别建立政府协作机制、专家咨询机制和公众参与机制。跨省域的新安江流域完全可以汲取国外的成功经验,建立紧密或松散型组织机构的政府间合作与协调机制,或者成立松散型的协调委员会——"新安江流域环境共保协调委员会",或者成立紧密型的领导机构——"新安江流域管理委员会"。同时,流域上下游政府之间可以成立"杭-黄战略合作与协调委员会"之类的组织加强政府间的交流、沟通与协作。科学决策必然是建立在科学研究和科学论证的基础上的。建议成立新安江流域专家委员会,邀请水利专家、环保专家、建设专家、水经济学家、法学家等相关专家共同组成。新安江流域专家委员会的职责是:开展流域水资源安全的模型研究;开展流域水资源和水环境规划编制;进行重大涉水工程建设的专家论证;提出流域取水总量及其分水的建议方案;提出流域环境容量及其配置的建议方案;开展水权交易和水污染权交易的政策咨询等。建立基于信息公开的公众参与机制。支持成立跨区域的新安江流域环境保护协会、新安江流域诗画社等社团组织,组织开展新安江之夏文化节、新安江夏令营等文化活动,使得新安江流域环境共保渗透于文化活动之中,根植于民众的内心深处。通过新安江环境保护网站、《新安江环境保护报》等途径,建立政府环境信息公开制度,从而为公众参与提供信息条件。

要以新型城镇化引领城乡一体化发展

浙江大学中国农村发展研究院院长、教授　黄祖辉

自党的十六大提出统筹城乡发展战略以来,我国以工支农、以城带乡、新农村建设等新举措频频出台。党的十八大进一步提出了城乡发展一体化的方针,指出它是解决我国"三农"问题的根本途径。党的十八届三中全会则进一步指出,城乡二元结构是制约城乡发展一体化的主要障碍。当前,我国正处在改革攻坚期,经济社会将呈现两大态势:一是围绕城乡发展一体化的体制机制创新与改革深化将加快;二是围绕"四化"同步协调的新型城镇化进程将加速。

一、以新型城镇化为引领是城乡一体化发展的正确路径

推进城乡一体化发展,不仅要消除城乡二元结构,还应选择城乡一体化发展的正确路径。推进城乡一体化发展既要摒弃过去那种城乡分割、牺牲"三农"的城镇化思路,又要防止在城乡之间做简单加减法,放缓城镇化的发展思路。正确的选择是以新型城镇化来引领,也就是说,要通过人的城镇化、大中小城市与城市群协调的城镇化、人与自然、人与人和谐的城镇化道路来引领城乡一体化发展。

以新型城镇化引领城乡一体化发展是我国"四化"同步发展的内在要求。撇开信息化不论,从工业化、城镇化和农业现代化这"三化"关系看,我国现阶段是城镇化滞后于工业化,农业现代化滞后于工业化和城镇化。2013 年我国的城镇化率为 53.7%,工业化率是 43.9%,城镇化率与工业化率的比值是 1.22(53.7%/43.9%)。但从全球来看,2010 年全球平均的城市化率为 50.9%,而工业化率为 26.1%,两率比值是 1.95(50.9%/26.1%),中国的这一比值要低于世界的平均水平,与发达国家比较,差距更大。2010 年的美国的这一比值为 4.1,法国为 4.11,英国为 4.09,德国为 2.64,日本为 2.48,即便是"金砖五国"中的巴西、俄罗斯、南非和印度,该项指标也分别达到了 3.22、1.97、1.38 和 1.15,中国仅比印度略高。

我国城镇化的滞后性在逐步缓解。但需要指出的是,我国近年来不断加快

第三部分
「三美杭州」

119

的城镇化存在一定的偏差,主要指的是土地城镇化与人口城镇化的不协调,农村转移进城人口市民化进程过于滞后。这意味着加快以人为本新型城镇化发展具有紧迫性,不仅要加大农业剩余劳动力向城镇的转移,而且还应着力解决转移进城人口的市民化问题。

值得高度关注的是,我国农业现代化水平不仅滞后于工业化与城镇化,这种滞后性还呈现加剧的态势。首先,从静态关系分析。2012年,我国三次产业的结构比重为10.1∶45.3∶44.6,三次产业的就业比重为33.6∶30.3∶36.1。两组数据表明,我国农业劳动力的比重大大高于农业GDP的比重,产业结构和就业结构很不协调,非农产业发展对农业带动,尤其是对农业剩余劳动力的吸纳仍不充分。从三次产业部门的劳动生产率或劳动力对GDP的贡献率进行分析(用"产业增加值比重/产业劳动力比重"的比值来测算),结果是:一产为0.30,二产为1.49,三产为1.23。显然,农业劳动生产率或农业劳动力对GDP的贡献率最低。其次,从动态关系分析。1978年,我国农业占GDP比重是28.2%,农业劳动力占全社会劳动力比重为70%。用这组数据与2012年的情况相比,可以看出,尽管改革开放以来我国已转移出大量的农业劳动力,但我国农业GDP的比重下降速度要大大快于农业劳动力的比重下降速度,前者从28.2%降到10.1%,后者从70%降到33.6%。我国农业的部门劳动生产率或者说农业劳动力对GDP的贡献率由1978年的0.4(28.2%/70%)下降为2012年的0.3(10.1/33.6),这表明相对于工业化和城镇化的发展,我国农业发展的滞后性是在加剧。

基于我国产业结构由二、三、一向三、二、一类不断演进的需要,必须加快新型城镇化发展。第三产业的核心是服务业,服务业的发展与人口的集聚度和城镇化的发展密切相关。同时,这也是我国就业结构协调的需要。我国农业发展滞后的一个重要原因是农业产出比重与农业就业比重不协调,使其协调的办法不是提高农业产出比重,而是降低农业劳动力比重,主要的途径是进一步转移农业剩余劳动力。从我国目前三次产业对劳动力的吸纳状况看,出路主要是第三产业,因此也必须加快城镇化进程。总之,过去30多年来我国经济的快速增长主要是依靠工业化推动,现阶段,无论从"四化"同步协调,还是从产业结构与就业结构的演进与协调看,都已到了新型城镇化引领发展的新阶段。

二、以新型城镇化引领城乡一体化发展的两大关键

(一)推进城乡、区域、上下三大联动改革

以新型城镇化引领城乡一体化发展的最大制度障碍是城乡二元结构,因此,消除城乡二元结构是基本前提。我国城乡二元结构本质上是对广大农村居

民不平等的权利结构：一是公共权益的城乡不平等；二是财产权益的城乡不平等。因此，消除城乡二元结构，必须从公共权益和财产权益两个方面同时入手。国务院发布《关于进一步推进户籍制度改革的意见》（国发〔2014〕25 号），就统筹户籍制度改革和相关经济社会领域改革，合理引导农业人口有序向城镇转移，有序推进农业转移人口市民化做出了具体部署，对于破解我国城乡二元结构具有重要意义。但我们还应意识到，我国城乡二元结构是由相关制度锁定的，这种制度不仅与城镇户籍制度有关，而且与农村产权制度和我国基本公共权益供给制度有关。城镇户籍制度改革主要能解决基本公共权益均等化问题，而财产权益的城乡不平问题则要靠农村产权制度改革来解决。农村产权制度又与农村户籍制度和农村社区集体经济制度有关，具有复杂性。就我国公共权益供给制度而言，不仅存在城乡二元性，还存在明显的地方化供给特点。因此，在我国数亿人口跨地区流动，同时基本公共权益又带有地方化供给特征的背景下，我国农业转移人口市民化的主要难点是非本地农业转移人口的市民化。所以，要消除城乡二元结构，必须同步推进三大联动的制度改革：一是推进城乡联动的制度改革，就是要推进城镇户籍制度与农村户籍制度的联动改革，以实现区域公共权益和财产权益的城乡一体，进而实现本地农业转移人口的市民化。二是推进区域联动的制度改革，就是要推进与跨地区（主要是跨省）人口流动有关的流入地和流出地的联动改革，以实现按人享有的地方公共品（权益）的跨地区流动与交易，进而推进非本地农业转移人口的市民化。三是推进上下联动的制度改革，就是要推进中央政府和地方政府的联动改革，以理顺中央和地方在财权与事权上的关系，实现基本公共权益的全国一体化或全国通兑，进而全面实现农业转移人口的市民化。

当前，我们需要强调和进一步明确的是：在三大联动的制度改革中，属于地方范围的城乡联动制度改革，只要国家给予确定的权赋，地方应可以自行探索解决。但区域联动改革和上下联动改革需要相关地区的改革协同，尤其是中央政府需要做好改革的顶层设计并整体推进来解决。否则，区域新型城镇化引领城乡一体化发展的进程将难以推进。国务院关于进一步推进户籍制度改革的意见已涉及了相关制度的设计与改革要素，如建立财政转移支付同农业转移人口市民化挂钩机制。完善促进基本公共服务均等化的公共财政体系，逐步理顺事权关系，建立事权和支出责任相适应的制度，中央和地方按照事权划分相应承担和分担支出责任。深化税收制度改革，完善地方税体系。完善转移支付制度，加大财力均衡力度，保障地方政府提供基本公共服务的财力等内容。但同时，还应探索人口流入地与流出地在住房建设等用地指标的交易情况。鼓励地方性社保、义务教育等基本公共权益的跨地区携带与置换机制和政策配套。

（二）加快中小城市的发展

从总体上看,相对于城镇工业化的发展,我国仍处在滞后状态;从具体分析看,我国城镇化的滞后并不多在大城市,而主要是中小城市群,尤其是那些在改革开放30多年来农村工业化发展较快,劳动密集型加工业迅速发展的乡镇与地市县,其城镇化的进程尤其滞后。由此可见,在新型城镇化进程中加快中小城市发展在现阶段极为必要,能够充分体现四大优势的协同:一是真正改变我国城镇化滞后的局面,有助于推动所在区域的产业转型与升级;二是中小城市解决农业转移人口市民化的成本比较低,有助于促进农业转移人口和农业剩余劳动力的就地就近市民化、城镇化和缓解大城市在农业转移人口市民化方面的压力;三是大多数中小城市与农村连接相对紧密,城乡管理体制比较顺,其发展有助于实现城乡统筹、城镇化和现代农业,以城镇化和新农村建设互促共进,进而实现城乡一体化发展。

促进近郊村落城镇化的建议

杭州师范大学政治与社会学院教授　卢福营

　　近郊村落城镇化是中国城镇化的重要组织部分，在中国特色城镇化发展中具有特殊地位。近郊村落城镇化实质是一个近郊村落由农村社会向城镇社会转变的复合性社会变迁过程，内在地包含着众多方面的社会转变。近郊村落的城镇化势必以国家的城镇化道路选择为背景，在新型城镇化战略下，要求根据新型城镇化道路的要求和原则，形成"一体多元"的近郊村落城镇化总体格局，建构政府、市场、社会"协同共促"的城镇化发展机制，实施"公平公正"的近郊村落城镇化发展政策，以破解过去近郊村落城镇化中的"痛感性变迁"和"怨恨式变迁"难题。

　　近郊村落城镇化是近郊村落由农村社会向城镇社会转变的复合性社会变迁过程，内在地包含着村落经济的去农化、村落成员职业和身份的非农化、村落空间和景观的去农化、基层社会治理模式的城镇化、社会成员权利待遇的城镇化、生活方式和文化观念的城镇化等重要内容。作为城市扩张的表现和结果，近郊村落城镇化在中国城镇化发展中具有特殊的地位，势必受国家城镇化道路选择的深刻影响。在新型城镇化背景下，近郊村落的城镇化需要有新格局、新机制、新策略。

一、形成一体多元的近郊村落城镇化总体格局

　　近郊村落是一个极为特殊的社会空间，依傍城镇的特殊区位意味着近郊村落近期将由乡村社会转向城镇社会。但中国的近郊村落复杂、多样，不同的近郊村落又处于不同的发展水平和发展环境之中，其城镇化过程和城镇化形态势必遭遇具体复杂的经济社会环境影响。故此，近郊村落的城镇化发展需要努力建构一个"一体多元"的总体格局。

　　所谓"一体"，指的是城镇化目标的一致性和新型城镇化背景下的城乡一体化。也就是说，在新型城镇化的宏观背景下，近郊村落应当以实现城镇化为目标，依据新型城镇化道路的基本要求与重要原则选择发展路径和方向。一要坚

持城镇化的发展目标。近郊村落应当自觉地遵循城镇化规律,以实现村落的城镇化为发展目标,并根据这一总体目标选择相应的村落发展路径和发展策略,而不是悖逆城镇化方向和目标做出村落发展策略选择。二要坚持新型城镇化的发展要求。近郊村落应当自觉按照新型城镇化的发展要求理性选择自己的发展策略,国家的相关法律政策和城镇化规划等要有效地规制和引导近郊村落的发展行为,保证近郊村落的城镇化发展纳入新型城镇化的轨道。三要坚持城乡一体化的发展战略。新型城镇化要求建设新型城乡关系,实现城乡一体化。统筹城乡发展,推动大中小城市、农村小城镇和新型农村社区协调发展。近郊村落在城镇化过程中应当纳入城乡一体化布局。

所谓"多元",主要是指近郊村落城镇化发展方式的多元化和城镇化形态的特色化。就是要改变过去近郊村落的城镇化"一刀切"的做法,引导和鼓励城镇化过程中的多元发展、特色发展。首先,近郊村落依傍的城镇具有不同的等级和差异,应当结合大城市近郊村落、中等城市近郊村落、小城市近郊村落和农村小城镇近郊村落的各自特点自主发展,实施针对性的发展策略,形成城镇化发展方式和城镇化形态的多元结构。其次,中国的城镇化发展具有一定的区域特色,需要更多地从近郊村落的区域差异出发,选择其城镇化发展方式,培育近郊村落城镇化的特色,促进近郊村落城镇化发展方式和城镇化形态的丰富性、特色性、多样性。最后,近郊村落城镇化的发展进程有所差异,需要更进一步地承认近郊村落城镇化水平的差异,依据其城镇化发展的进程和所处的城镇化阶段选择城镇化行动策略,培育近郊村落城镇化的发展特色。

总之,城镇化的发展目标和新型城镇化背景下的城乡一体化发展战略,是近郊村落发展的统一要求,但近郊村落的城镇化发展方式和发展策略是多样化、特色化的。

二、建构协同共促的近郊村落城镇化发展机制

在城镇化发展过程中,客观上存在国家、市场、社会三方力量的作用,三者之间的关系如何,将在很大程度上影响和决定城镇化的状况。新型城镇化要求政府下放在城镇化过程中的权力,充分发挥市场在城镇化中的作用,广泛调动村落社会力量在城镇化发展中的自主性、主动性、积极性,形成国家、市场与社会三者之间的良性互动关系,建构起国家、市场、社会协同共促的近郊村落城镇化发展机制。

1.政府主动下放近郊村落城镇化的权力

地方政府及其官员应当及时转变城镇化观念,牢固树立新型城镇化发展观,适度放权,将适合市场调节或社会能够做的事交由市场和社会。政府的主

要职责是：制定城镇化发展规划，供给城镇化发展政策，领导城镇化发展行动，调配城镇化发展资源，提供城镇化发展服务，监管城镇化发展行为。

2. 建立以市场调节为主的近郊村落城镇化模式

应当尊重市场，让近郊村落和村民经由市场调节保护和获取城镇化权益；应当强调公平竞争，让人口和生产要素在近郊村落与城镇之间自由流动；应当有效发挥市场调节功能，让市场调节在近郊村落城镇化过程中起决定性作用。比如，近郊村落的人居环境改造、城镇化工程建设、产业发展等主要交给市场。

3. 充分发挥村落社会在近郊村落城镇化的主体角色

必须赋予村落社会平等的地位和权力，特别是在征地、房屋拆迁等涉及村民切身利益和财产权利的事项上，要赋予村落社会和村民群众充分的话语权和对等谈判的公平权力。应当赋予村落社会自主选择和决定权，根据绝大多数村民群众意愿自主选择城镇化行动，自主决定城镇化相关事宜。

三、实施公平公正的近郊村落城镇化发展政策

在过去的城镇化过程中，存在一系列不公平、非公正现象，集中表现在：一是政府与民谋利，导致对近郊村落和村民的利益被剥夺、被侵害，形成了独特的"痛感性变迁"，即村落社会和村民群众不认同的、感觉痛苦的城镇化变迁现象。二是未能及时转变近郊村民的社会身份、同步给予同城化权利和待遇，形成了独特的"怨恨式变迁"，即村落社会和村民群众感觉不公平、不公正的，充满怨气的城镇化变迁现象。不公平、不公正的城镇化政策及其导致的近郊村落"痛感性变迁""怨恨式变迁"，表明这种旧型近郊村落城镇化发展方式是一种不可持续的城镇化、一种充满负面效应的城镇化，势必会形成新的结构失衡和民众不满。在新型城镇化背景下，政府应从根本上转变城镇化理念，逐步制定和完善公平公正的近郊村落城镇化政策体系。最为关键的有以下几点。

1. 互赢、互利的城乡统筹政策

一要转变政府与民谋利的政策导向。尽快取消以牺牲近郊村落和村民为代价促进城镇化，剥夺和侵害近郊村落集体和村民个人利益的现有城镇化政策，制定和完善有效保护近郊村落集体和村民个人权益的法律和政策，特别是要加强城镇化过程中近郊村落和村民的财产、劳动等权益的法律和政策保障。二要转变城乡不公平的政策导向。尽快取消城镇化发展中的近郊村落歧视政策，制定和完善切实保障和促进近郊村落和村民权利公平的法律和政策，特别是要加强近郊村落和村民集体土地和私有房屋等财产的自由交易、劳动力和生产要素的自由流动、职业和居住方式的自由选择等方面公平权利的法律保障。总之，要求在城乡一体化的背景下处理城镇与近郊村落之间的关系，针对性地

实施城乡公平公正的城镇化发展政策,建构独特的城乡统筹关系,形成城乡互赢互利的城镇化发展模式。

2. 开放、包容的"权利—待遇"同城化政策

在城乡二元社会结构背景下,中国社会形成了城乡有别的两套"权利—待遇"体系,且呈现出城乡差异悬殊的状态,从而建构起"两个利益世界"。近郊村落的城镇化变迁正是基于这一城乡分割的二元利益体系。从这一特定角度看,近郊村落由乡村社会转变为城镇社会的城镇化变迁,无疑是一种地位和利益提高的"上行性变迁"。新型城镇化要求公平公正地对待城镇化进程中的所有社会和成员。一个时期以来,不少人呼吁实行"同城同等待遇"。我们认为,公平与平等是一个复杂的范畴,包含机会平等与结果平等。在社会分化的背景下,机会的平等必然导致结果的不平等。相反,结果平等需要以机会的差异化为前提。根据新型城镇化的原则,近郊村落城镇化政策应当旨在逐渐消除"权利—待遇"体系上的同城差距,以及由此而造成的两个利益世界的区隔。需要以公平公正为导向,建构开放、包容的"权利—待遇"同城化政策体系,促进近郊村落和村民"权利—待遇"的同城化。

(1)实施机会均等的"权利—待遇"同城化政策

实施机会均等的"权利—待遇"同城化政策,即同一城镇的社区和居民社会地位和社会权利平等,无条件地拥有均等的生存、发展机会。需要政府建构一套同城社区、同城居民同等机会的"权利—待遇"政策体系,在当前特别是要让近郊村民在社会保障、住房、就业、医疗、教育等民生政策上拥有平等机会和同城化待遇。

(2)实施结果趋同的"权利—待遇"同城化政策

实施结果趋同的"权利—待遇"同城化政策,即承认同城居民之间客观存在的权利和待遇差异,通过让所有民众共同享有城镇化的利益,促进同城居民实际享有的"权利—待遇"逐渐趋向平等。事实上,不平等是一个客观的社会事实,任何一个社会都不可能保证全体居民实际享有的权利和待遇完全平等。特别是当今中国已经是一个高度分化的社会,在民众权利和待遇上,只要承认机会均等,势必导致结果的不公平。新型城镇化政策应当以机会均等为基本取向,承认同一城镇居民之间客观存在的权利、待遇享受结果上的差异性。在此基础上,保证同城居民在基本社会需求层面上实现"权利—待遇"的结果平等。在当前急切需要建立和完善基础性社会保障的统一化和基本公共服务的均等化政策,尤其是在近郊村落基础设施、人居环境等方面的建设与维护上,在近郊村民义务教育、就业保障、基本医疗、基础性社会保障和基本公共福利服务等权利和待遇上实施相应政策,保证其与原城镇市民的结果平等。同时,需要采取

一系列针对性的倾斜性政策,给予处于"权利—待遇"弱势地位的近郊村民更多的政策倾斜和行动支持,逐渐缩小近郊村民与城镇市民之间的权利和待遇差距,促进同城居民实际享有权利和待遇的趋同化。

3.全面、协调的同步城镇化政策

近郊村落城镇化是一个综合性的社会变迁,内在地包含着众多方面的城镇化,需要针对性地实施一系列同步城镇化政策,促进城镇化进程中近郊村落的全面、协调发展。

(1)统筹规划、全面推进近郊村落的城镇化过程

充分考虑近郊村落城镇化的复杂性,对于近郊村落城镇化过程中的集体土地征用开发、村落产业非农化、村民职业的非农化转换、村民房屋拆迁和旧村改造、人居环境建设、村民的自由流动、村落组织制度和基层治理体制的转变、村民户籍转换、村民的社会保障、村民的同城化待遇等各个方面的发展问题,做出综合性的分析和部署,形成一揽子的解决方案。

(2)协调发展、同步推进近郊村落城镇化工程的各个子系统

特别是要实现四个协调:村落产业非农化与村落空间城镇化发展相协调,"物的城镇化"与"人的城镇化"相协调,村落组织社居化、村民身份非农化与基层治理城镇化相协调,表象城镇化与实质城镇化相协调。

关于杭州城市土地集约使用和
集聚发展的对策建议

浙江工业大学课题组[*]

　　土地是保障城市社会经济可持续发展的战略性资源。而杭州的城市土地使用效率一直居上海、苏州、无锡、广州、深圳等地之后，处于第八位。究其原因，既有杭州山多地少、土地后备资源不足的现实情况，又有监管不力、资源浪费的突出问题。为此，课题组在深入分析了杭州土地使用效率偏低的具体原因后，提出了土地集约使用"五种模式"的建议对策。

一、杭州土地集约使用和集聚发展评价

　　总体而言，杭州一直重视土地集约使用，出台了系列政策措施，整体土地集约利用水平有所改善，但与兄弟城市相比仍处于偏低水平。

　　1.政府高度重视土地集约使用

　　一是明确提出杭州市土地集约利用的目标，在《杭州市土地利用总体规划（2006—2020年）》提出：到2020年城乡用地总规模控制在126900公顷，人均城镇工矿用地控制在112平方米以内，万元二、三产业耗地量降至17.16平方米。二是积极推进"亩产倍增"计划，下发《实施"亩产倍增"计划促进土地节约集约利用的若干意见》，出台《杭州市推进"空间换地"实施"亩产倍增"行动方（2014—2017年）》等政策文件。三是提高开发强度，在符合土地利用总体规划、城市规划的前提下，合理调整存量土地和非农用土地的规划功能和指标，放宽容积率和建筑高度，严控建筑密度和严保绿化率。出台《关于加强城市地下空间开发利用管理的若干意见》。四是提高用地准入门槛与批后监管，出台《关于进一步深化工业用地节约集约利用加强建设用地批后监管的若干意见（试行）》《关于进一步加快淘汰落后产能的若干意见》等系列文件，建立严格的用地管理机制。

---

　　* 课题负责人：虞晓芬，浙江工业大学副校长、教授。

2. 土地集约利用水平稳步提高

以杭州主城区为例,单位建设用地固定资产投资从 2006 年的 15.42 万元/亩提高到 2012 年的 31.93 万元/亩,增长 107.07%;单位建设用地财政总收入从 9.40 万元/亩上升到 17.37 万元/亩,提高 84.79%;单位建设用地 GDP 从 38.27 万元/亩上升到 63.69 万元/亩,提高 66.42%。2006－2012 年主城区单位财政收入耗建设用地年均下降率 9.67%、单位固定资产投资耗建设用地年均下降 11.40%、单位 GDP 耗建设用地下降率 8.10%。这些数据表明土地集约利用水平稳步提高(见表 1)。

表 1 杭州主城区土地利用强度指标变化情况

年份	单位建设用地固定资产投资（万元/亩）	单位建设用地财政总收入（万元/亩）	单位建设用地 GDP（万元/亩）	人均建设用地面积（亩/人）
2006	15.42	9.40	38.27	0.21
2007	17.11	11.05	42.49	0.21
2008	19.36	11.78	46.11	0.23
2009	21.08	12.39	47.09	0.24
2010	23.97	14.18	51.55	0.25
2011	26.92	15.83	57.73	0.26
2012	31.93	17.37	63.69	0.25
2012 年比2006 年提高(%)	107.07%	84.79%	66.42%	19.05%

3. 土地集约利用与先进水平差距大

在 2013 年我国八大城市(上海、苏州、无锡、南京、宁波、广州、深圳、杭州)土地利用效率比较中,按辖区面积计算的每平方公里的 GDP 产出、公共财政预算收入、固定资产投资三项指标,杭州均排在最末位(见表 2)。根据杭州市第二次土地调查成果分析,以建设用地面积计算,全市 2012 年度单位建设用地 GDP 为 27.86 万元/亩,明显低于南京(30 万元/亩)、苏州(33 万元/亩)、无锡(35 万元/亩)等兄弟城市;相对用地效率最高的主城区 2013 年地均 GDP 为 5.9179 亿元/平方公里,只相当于新加坡 2010 年产出水平(地均 GDP3.18 亿美元/平方公里)的 30%左右。根据杭州市经信委提供的 65 个市重点培育特色城镇工业功能区(省级经济开发区)(以下简称 65 个平台)2013 年工业经济数据,单位工业用地税金额 8.44 万元/亩,与杭州市政府《关于实施"亩产倍增"计划促进土地节约集约利用的若干意见》中确定的单位用地税金总额不低于 25 万元/亩的标准还存在较大的差距。

表2   2013年我国八大城市土地利用效率比较

	上海	苏州	无锡	南京	宁波	广州	深圳	杭州
每平方公里GDP产出(亿元)	3.41	1.53	1.69	1.22	0.73	2.07	7.43	0.50
每平方公里公共财政预算收入(亿元)	0.65	0.16	0.15	0.13	0.08	0.15	0.89	0.06
每平方公里固定资产投资(亿元)	0.89	0.69	0.84	0.77	0.35	0.60	1.28	0.26

注:按国土面积计算。

二、杭州土地集约使用和集聚发展中存在的突出问题

杭州土地集约利用水平相对低的原因是多方面的,既有空间规划不合理的因素,也有产业土地资源配置碎片化、土地利用低效和行政监管不力等因素。

1. 土地空间开发强度失衡严重

一是主城区过度开发。下城区土地开发度(建设用地规模/行政区域面积)已经高达95%;上城区、拱墅区和滨江区三个城区土地开发度已经超过70%;江干区土地开发度也接近70%;西湖区由于风景区占据了较大面积,土地开发度较低,为37.91%。主城区平均开发利用度已经达到57.47%,几乎无地可供开发(见图1)。二是其他各市(县、区)的土地开发度低。萧山、余杭土地分别为26.10%、22.35%,临安、建德只有4.88%、5.92%。从全市范围看,平均土地开发度只有13.27%,明显偏低。主城区过度利用土地,造成城市过于拥挤、交通拥阻、降低城市整体运行效率,造成地价、房价过高,影响人才与产业集聚。三是市域内部建设用地效益差异极大。2010年杭州主城区单位建设用地GDP值为48.30万元/亩,萧山、余杭分别为22.94万元/亩、16.06万元/亩,五县(市)仅为6.88万元/亩。

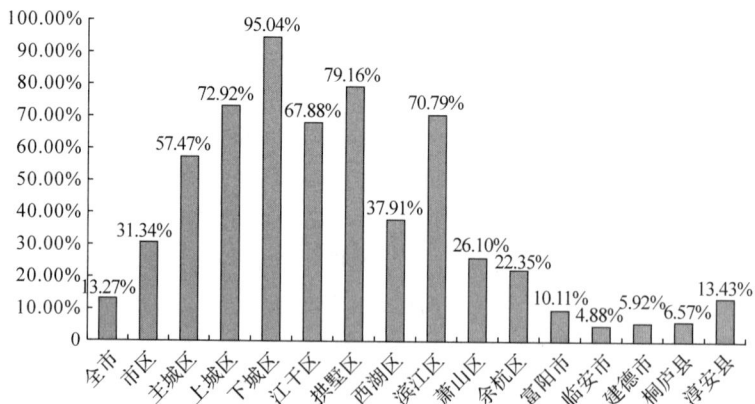

图1   杭州市各区(市)土地开发度

2.功能分区过于明晰,影响城市运行效率

一直以来,杭州崇尚"功能分区"为主旨的城市规划和管理,城市建设中出现了大量大尺度、单一功能的区块(如作为 CBD 的钱江新城、钱江世纪城,作为大型居住区的城西、城北,作为产业园区的大江东)。与此同时,公共设施又过于集中配置在老城区,如主城区 18 家三甲医院中的 12 家集中在市中心老环城路内,这一格局造成城市功能的割裂,加剧职住不平衡,引发突出的交通拥堵问题,加大通勤时间,降低城市运行总体效率。

3.土地资源实际使用效率低

批而未供、供而未用、用而未尽情况突出,根据杭州市国土局调查统计显示,全市 2009 年批而未用土地 9.75 万亩(位居全省第一),但截至 2013 年年底全市实际批而未供土地总面积约 21.5 万亩。

4.产业土地资源配置不合理

杭州产业平台分布散、定位重复、产业同构、相互竞争严重。一是杭州产业平台数量多、空间分布散;二是以区域经济特色、专业优势为基础的平台较少,综合性、一般性的平台多;三是业态重复,产业平台招商中存在严重的机会主义,过分迁就于入园项目,业态上存在较为严重的交叉重复,就难以形成产业链或企业集群;四是产业用地配置碎片化、小型化,造成效率高的平台与企业得不到充足的土地要素资源。以工业用地投放为例,根据各区县国土资源部门公布的出让信息统计,2013 年 1 月至 2014 年 6 月全市工业用地投放 722 宗,规模达到 17208 亩,其中主城区只有 218 亩,下沙国家级开发区、滨江高新技术区无地可供,绝大部分土地分布在相对低效率的各类园区、平台,甚至仍有一定数量的土地依然投放在村一级。从宗地规模分析,宗地面积在 10 亩以下的共出让 322宗,占整个宗地数的 44.6%,宗地面积为 10～20 亩的共出让 177 宗,占整个宗地数的 24.5%,意味着在 722 宗土地中至少有 322 宗是面向用地面积在 10 亩以下的小微企业。

三、杭州城市土地集约使用和集聚发展模式研究

杭州后备土地资源严重不足、供求矛盾异常突出,更需要从市域范围内统筹配置好土地资源,走节约集约之路。截至 2015 年,杭州市区(含萧山、余杭)的土地开发强度为 30.2%,而国际上这一数值标准的警戒线是 30%,高效、集约用地迫在眉睫。根据新一轮土地利用总体规划(2006—2020 年),杭州耕地保有量 332.56 万亩,基本农田保护面积 280.01 万亩。截至 2011 年,全市耕地保有量和基本农田保护面积分别为 342.82 万亩、282.71 万亩,与规划确定的耕地红线非常接近。土地已经成为高度稀缺的资源,迫切需要很好地规划与利用。

杭州对提高工业用地使用率已出台了扶持政策，一定程度上改善了土地资源浪费现象，但根本解决这一问题还必须从源头上树立"集约使用、集聚发展"的原则。从城市规划、产业布局、功能分配、招商引资、评价考核和督查监管等各环节入手加以落实。建议在今后杭州城市建设和土地开发过程中，根据实际情况，综合运用以下"五种模式"。

1. 均衡发展模式

打破主城区一树独大格局，按照统筹规划、合理布局、完善功能、以大带小的原则，促进大中小城市和小城镇协调发展，重视提升小城市、小城镇发展质量，形成"多中心、组团式"发展格局。一是城区产业向区县有序转移。借鉴广东"双转移（产业转移和劳动力转移）"经验，从规划引导、集聚发展、用地扶持、加强配套、提升服务、保护环境等方面给予政策保障，引导杭州产业向区县产业园、卫星镇转移，打造新经济增长极。二是探索发展权交易，整合提升一批低层次产业平台。按照"一次分配讲公平，二次配置讲效率"的指导思想，坚持合作共赢的基本原则，以发展权交易的市场化改革为突破口，构建市域范围内产业发展权（项目、土地、能源、排污）的交易机制与多元利益共享机制，充分挖掘各区域的比较优势，促进产业发展要素从低效率平台配置到高效率平台，做大经济总量、均衡区域发展。三是大力发展组团、卫星镇、中心镇，承载中心城区人口、产业转移。

2. 混合发展模式

"城市的本质是人的聚集"，人会选择最省力、最省时间、最省花费的方式来满足自己的需要，城市功能的混合正是对人们多样活动和多元需要的最好回应。美国早期的许多商务中心区由于功能过于纯粹而衰落。例如，在洛杉矶CBD内的办公建筑占70％以上的比例，空置十分严重，洛杉矶负责CBD重建的负责人认为即使是CBD，住宅的比例也应在25％～50％。20世纪80年代后在欧洲，混合功能规划与"城市复兴""紧凑城市"理念密不可分。在美国，混合功能是"新城市主义""精明增长"等城市理论的重要构成部分。结合杭州的情况，建议：一是强化产城融合，改变在规划产业园区偏重于"土地的城市化"，缺乏产业和人口的支撑，从而陷入"产城脱节"的误区。把城镇社区提升为"产业发展服务区"，推动经济发展从"单一的生产型园区经济"向多功能的"生产、服务、消费"等"多点支撑"型城市经济转型。二是强化职住平衡。依托现有的镇、组团，规划几个人口规模在20万人以上，就业岗位可以就地解决50％的第三代新城（如未来科技城）。对现有职住失衡严重的区块及时调整区域规划，如钱江世纪城应增加住房用地的配置，闲林板块应增加产业的引入。

3.立体发展模式

立体发展模式是将城市的发展从"摊大饼式"向"三维立体式"转变,将解放出来的城市空间更多地还原生态用地。东京、新加坡、香港等大城市的核心区容积率都已超过 5,旨在以最少的土地提供能容纳更多人口集聚的舒适环境。结合杭州情况,建议:一是适度提高容积率,对 2009 年 1 月至 2014 年 6 月出让的市区全部商品房用地规划容积率统计,平均容积率只有 2.44,其中主城区为2.59,萧山为 2.5,余杭为 2.27,远低于北京、上海、重庆、贵阳、成都等地。二是加大地下空间开发力度。当务之急要做好地下空间利用规划体系,把地下总体规划作为地上总体规划不可分割的一部分,包括地下交通网络规划、地下街规划、地下停车场网络的规划、地下设施规划等。采用地下容积率奖励、免经营性税收等办法动员社会力量积极开发地下空间。三是多功能综合开发。改变土地利用分类过于细致、住宅用地与商业办公用地泾渭分明的做法,允许一宗土地或一栋建筑物中存在两种以上的使用功能,如住宅与办公、住宅与商业、住宅与酒店,甚至住宅与工厂等,分层设置对应的用地性质。

4.大疏大密发展模式

在有限的土地资源上,要综合统筹好生活空间、生产空间、休闲空间、生态空间四项难题。可引入曼哈顿、伦敦、香港等城市"大疏大密"开发理念,把城市分为开敞园和高密度建筑两部分,确保市域健康有序高品质集约发展。结合杭州情况,建议:一是通过间隙式用地布局,确保生态用地与建设用地的空间平衡和宜居舒服度。二是在有限的建设用地上,发展绿色低碳、职住平衡、智慧管理于一体的高强度开发的组团,形成"大密"的城市发展形态。三是在城市周边开展大面积绿化、生产型农业,创造出"人在园中,城在田中"的美丽景致,形成"大疏"的生态区。

5.政府与市场相结合的模式

在推进杭州土地集约使用的过程中,要发挥好政府与市场两大主体的作用。对政府而言,要尊重城市发展规律和市场经济的规律,科学编制土地利用总体规划,合理规划城市用地总量、空间结构、用途比例。按照"产业入园、居住入区"的原则,以"集中"促"集约",建立严格的用地准入与退出机制。同时,积极发挥市场优化配置土地资源的作用,大力推行用途管制下的土地使用权二次公开交易制度,建立容积率奖励等制度,引导企业充分挖掘存量建设用地使用潜力。

关于进一步完善杭州留用地政策的十条建议

杭州市决策咨询委员会办公室课题组[*]

一、杭州留用地政策实施过程中的做法

杭州是最早实行村级用留用地政策的城市之一。早在 1998 年,杭州已制定《关于在市区开展撤村建居改革试点工作的意见》。18 年来,已相继出台《杭州市市区留用地管理暂行意见》《关于完善杭州市区留用地管理的补充意见》《关于加强村级集体经济组织留用地管理实施意见》《关于进一步完善村级集体经济组织留用地出让管理补充意见》等一系列留用地政策,对保障基层群众切身利益、城郊社会和谐稳定、统筹区域协调发展等起到重要作用。截至 2014 年年底,杭州主城区已核发留用地指标约 12000 亩,落实留用地项目用地约 5080 亩,项目出让 200 余个,其中在建 85 个、已竣工 122 个。现将主要经验与做法归纳如下:

一是成立各区留用地管理领导小组,制定管理指导意见,构建政府、镇街、村社"三级联动"机制,规范城镇留用地的整合、开发和利用,完善项目监管体系。

二是实施"一村一方案",坚持"先留地,后征地",有效避免村镇"无地可用"、地块开发难或开发后效益不足等制约。

三是以自主开发、合作开发、政府返租、政企合作为主,优化指标换物业、指标货币化等项目开发模式。

四是允许本区指标在集体经济组织间调剂,不随意拼凑和不合理使用;允许项目土地按比例析产,不分割、转售自留建筑和分摊土地面积比例低于 51% 的股权;允许除开发经营性房地产开发项目外自主选择项目业态。

五是坚持"择优选大、优、强商"和"项目把关与指导",确保合作开发和土地资产的安全可靠,对在建项目实行推进考核制、街道班子联系产业项目及负责

———————————
* 执笔人:李艳、俞春江。

人制、联络人例会制"三制结合"。

六是创设"权益性、城市型"的补偿安置方式,实现被征地农民社会保障的双接轨和拆迁安置房居住环境与城市相互融合的发展诉求。

实践证明,作为反哺农村社会经济发展的举措之一,留用地政策已成为巩固、壮大村级集体经济、加大城市化进程,构建和谐社会的重要途径之一,是一项实实在在的"惠民"政策。

二、杭州10％留用地政策实施过程中存在的问题

应当指出的是,留用地及项目的开发与利用、留用地总量与指标立项、人员管理、资金筹措与管理、产权与股份办理和周边环境与设施配套等方面仍存在一系列不容忽视的问题,应引起高度重视,归纳起来有十个难题需要破解。

问题一:留用地总量偏大,指标立项落地难

由于区域之间不均衡,主城区部分核发的留用地指标难以落实。一些土地在政策出台前已被征用或收购,造成大项目建设单位规划和本村范围土地受限,建设单位和本村集体"有地无指标"的格局。从布点规划与落实看,指标数量多、立项落地难等问题尽显,如西湖区蒋村街道因1700亩指标中有近600余亩无法落实规划布点;从股权买卖的现状看,多数村民不愿出售股权,部分城区撤村建居后的用地也存在指标落实难等问题。

问题二:项目同质化严重,招商定位统筹难

部分村经合社缺乏统筹管理,使留用地项目从策划到后期管理处于被动。周边经营性出让地块,直接造成项目定位难的多重矛盾。从招商角度分析,部分社区存在价格、成本"双高"问题,一些大商、外商不愿介入。拱墅区康桥、半山等区域因环境和基础设施欠缺,留用地招商面临巨大竞争压力,项目实施难度大。从业态定位分析,多数村存在业态选择、二次招商和经营同质化、供给过剩现象。全市留用地开发主要用作商务办公楼、商场卖场、宾馆酒店等现代服务业项目。西湖区转塘镇在建留用地项目中,就有九个在建电影院项目。

问题三:资金使用存风险,建设管理规范难

在按规定招标的基础上,项目建设单位存在设备购置、配套设施建设违反招投标制度的情况;部分项目建设和管理不规范,导致产权办理难等问题;各种用章管理制度不规范,导致违反财务管理规定的行为屡次出现;三类用地合作建设项目资金的进出缺乏规范的"审、核、批"程序。全市已出台的多项留用地政策尚未形成贯通"区、镇街、村"的管理、服务体系,各地尚未设立留用地建设一站式服务窗口和专职管理服务岗位,留用地建设流程缺乏有效规范。

问题四:土地资源闲置多,项目开发调控难

全市各区、县(镇街)未形成统一的信息互通机制和招商平台,资金整合力度、项目宏观调控不足,招商机制和资源共享难。一是村级开放资源共享难。村集体经济组织缺乏信息等资源共享,各区、街道(镇)对项目引入缺少统一指导,指标、资金整合难。留用地项目的产业定位、空间布局缺乏统一市政规划,使部分村用土地的使用与城市总体规划不符。二是项目宏观调控难。部分村因项目盲目招商,使项目用地存在档次、层次、设计等短板,缺乏政策宏观调控;大多数村集体经济组织缺少财力,无法承担开发成本及贷款利息,增加了经济风险。三是招商缺乏统一规划。各镇(村)各"规划"的现象频频存在,"小、散、乱"的格局造成"村村冒烟、无序招商"的态势,缺乏统一招商合作机制。

问题五:周边基础设施滞后,项目竣工验收难

杭州市部分村(镇)未能及时了解项目规划验收等政策动态,受道路贯通、基础配套、公共设施等因素制约,构成留用地项目开发、招商、验收的"三难"矛盾,面临一系列竣工及投运制约。三墩镇南阳坝股份经济合作社建设的商业综合用房就是典型案例。

问题六:税费政策不配套,产权股份"分证难"

在合作开发留用地项目时,部分村经合社以收益为先,而开发商则以效益为先,忽略了和产权等分证问题的解决。西湖区三墩镇剑桥公社、裕华大厦等5个合作开发项目陆续因税费政策不配套等原因导致项目产权证无法办理;虾龙圩社区项目在已办理产权登记和析产申报的基础上,依然存在项目合作方"三证"未领、"分证难"的严峻问题,析产难以解决。

问题七:合作开发环节变更烦琐,项目落地推进难

有的项目涉及拆迁户和众多单位,面临"谈判难、安置难"等问题;有的项目存在拆迁代征周边基础设施用地等需求,但因部分镇(村)经合社存在"等、盼、靠"的倦怠心态而耽误了问题的解决;有的项目由于合作方调整设计方案,导致村经合社重新物色合作对象;有的项目在报批后调整了土地利用率,变更了容积率后又再审批,直接造成了工程延滞现象。

问题八:合同签订不够规范,法律风险化解难

部分村存在少数留用地合作主体为规避一些强制性控股要求而签订"阴阳合同"或改变控股比例的条款,实行项目物业"以租代售"等充满风险的行为。"阴阳合同"容易被法律认定无效,企业可能因分配比例违反强制性要求而影响项目开发和利用,出现基建停滞、瘫痪、"半拉子"、"烂尾楼"等工程事故。"以租代售"易因租赁期过长而使合同部分无效,物业产权证办理手续也会产生产权主体不稳定、租赁期满后使用权归属等一系列问题。

问题九：拆迁腐败频频发生，村干部涉贪监管难

全市各区部分县、村社区基层干部违纪违法重点领域主要集中在村级财务及公共信息不透明、集体财产被侵占、征地拆迁款、工程建设等现象中，涉及农村用地、征地拆迁、股权分配、财务管理等问题较为普遍。一是土地征用腐败人群范围广。在土地征用过程中，村、乡镇政府和区县国土部门干部、房管部门及"拆迁办"人员，特别是村党支部书记、村委会主任、财务会计等人员，均为土地征用腐败案件中"小官大贪"的高危人群和主要群体。据有关部门统计，截至2013年年底，杭州因土地征迁而被查处的案件数量为83件，占所查案件的8.5%；2009年至2014年上半年因征地拆迁环节中接收行贿的领导干部和关键岗位的一线人员共389人，主要包括政府机关人员、事业单位人员、农村党员干部等其他社区党员干部，基层人员占60%以上。他们表现出法律意识薄弱、专业管理水平不高、项目监控能力缺乏、对合作项目操作不规范和资金信息掌握不全面等不足，导致了利用签订征地安置补偿协议和经手土地补偿款等途径贪污挪用公款的违法违纪行为。江干区四季青街道三叉村前三任书记都涉及征地拆迁腐败案。二是违纪违法重点领域广。部分村经合社项目开发不规范，监管手段和模式不健全，导致其在农村用地、征地拆迁、股权分配、资金分配、财务管理等领域中出现违纪违法行为。

问题十：迅速致富冲击价值观，"拆一、二代"出现"就业少、就业难"

随着全市征地补偿安置机制的完善，相应村集体资产剧增，作为村民的股民直接分红颇丰。"迅速致富"使被征拆农民因出现价值扭曲，不愿从事苦、累的基层工作；由于自身技能不足，从事临时服务性工作的农民占比上升，增加了失业的可能性；"拆二代"因生活富裕和环境影响，不愿上学和就业，甚至出现了赌博、吸毒、家暴等社会不良现象。

三、优化杭州留用地政策实施的对策建议

面对留用地建设过程中导致的一系列经济社会问题，各有关职能部门应结合地方实情，完善相关政策，加强对留用地的规划、使用、经营、管理和监督，使其发挥出最优化的经济、社会效益。为探索新常态、新形势下村级集体经济发展壮大的有效机制和实现形式，全面总结成功做法和经验，现提出以下十条对策建议。

建议一：明确留用地监管职责，规范项目全程化管理

抓紧明确全市有关部门监管职责。建立各区政府（开发区管委会）留用地建设质量、安全生产、财经法规和廉政建设"监、管、查"制度。在开发过程中，村级集体经济组织应实行集体决策，镇街应履行监管和资金运管的主体责任，避免权力寻租和牟取不当利益。建议建设、规划、房管、工商、财税和监察等部门

加强对留用地项目的指导、监管。规划、建设部门应加快项目优化业态定位,避免房产变相开发;工商部门应对涉及股权变更的项目进行实质审查,避免随意变更;财税部门要制定出台涉及项目析产的税费优惠政策,畅通其产权明晰路径;房管部门要严查项目违规销售和"以租代售"行为;监察部门应严肃查处村、镇、街道、区政府和部门人员违规、渎职行为,优化全市留用地地块招商、工程招标、项目资金运作,实现村级经合社法制化管理,避免集体资产与村民利益缺失。

建议二:优化项目规划与布局,推进管理模式多样化

全市城乡规划部门要会同各区政府(管委会)、发改委、国土局等部门做好留用地专项规划的编制和控规,从全市产业发展战略高度定位项目规划,结合土地利用、单元控制、地区产业等综合性规划,合理布局、错位竞争。建议可采取自主经营、跨村界经营、承包经营、租赁经营、合作经营以及使用权入股等多种经营方式。一是优化项目规划布局。因地制宜地进行项目布局,加强土地资源的开发管理和综合利用;加大闲置土地回收和监管力度,提高土地利用率,科学设定项目规模与功能,与周边规划的商住设施相配套。合理分析业态分布区块的差异性,避免项目开发同质化。二是聘用专员管理。聘用高资质的工程师和律师等专业人才,跟踪、指导、监管留用地项目的规划、设计、立项、招商等各环节。三是加快产权归属。杭州市的留用地建成项目多数没办理产权证,给招商、资产增值保值、固定资产入账等带来诸多弊端,要加快办证速度。四是加强工程合同管理。严格把关工程建设合同,规避"开口"合同和集体损失。

建议三:加快市政基础建设,推进专项规划落地

杭州市、区发改委、规划局、国土局及房管局等有关部门要结合全市重点规划,加快留用地项目周边市政基础设施布局,完善交通和商务配套;加快快速路与主干道路整治建设,完善商业服务、金融邮电、行政管理、市政公用等公共设施,优化留用地项目的建设配套条件,强化规划的刚性。建议规划部门应以组团、镇或街道为单位统一规划,加快编制工作的规划进程,灵活推进需调整或布点的项目,把最好、最适宜的地块留给村集体组织。

建议四:优化项目业态和招商,推进高端化发展

一是抓业态优化。根据街道、镇、村的产业特征,制定并完善留用地项目导向性意见,错位发展。建立业态准入机制,引导各区留用地项目的准确定位,把关项目和投资规模。二是抓招商引资。一方面,要完善招商信息发布平台,招优招强。坚持"重点产业大项目带动大商优商和强商",建立健全区级招商信息发布平台,拓宽信息发布与项目推介渠道。另一方面,要强化项目论证,设立准入门槛。由各区留用地办牵头组成评审团队对意向合作商进行研判,把关项目和投资规模审查;设立经合社市场准入门槛,履行监管职能。三是完善资源储备,推进项目开发建设。完善杭州市区、镇街、村留用地项目数据资源库建设,以指标、项目进度和招商情况为准,安排和出让有潜力、有实力、有前景的"三有"土地。由村集体经济选择货币化或自行开发,优化评估价公开等出让规则,选择竞物业面积方式竞得留用地项目,有序推动项目业态高端化发展。坚持"统一管理、围绕重点、集中力量,储备一批、开工一批、续建一批、竣工一批、投用一批"的原则,加快项目推进力度。四是建立逐级联动的村集体管理服务机构。从杭州市、区、镇街、村社抽调熟悉城建、国土等部门办理流程和项目前期、招标程序的干部,建立村级集体经济开发服务中心,组建一支经验丰富、责任心强的"智慧"团队,将经济开发用地纳入土地利用规划,规范和管理留用地项目的合作、规划、定位。

建议五:明确土地所有产权归属,合理维护各层权益

明确杭州市、区、镇、村街道的土地所有权归属,通过法规和承包经营合同明确具体权能。建立统一村级集体所有权的主体,完善承包经营权登记,建立承包经营权证书制度,使不同层次产权人的利益得到维护,真正体现村级留用地政策的本义。

建议六:立法规范用地安置行为,明确"三证"办理政策

由于相应规范性文件缺乏权威性,一些规定不够合理,迫切需要通过立法规范留用地安置行为。一是解决析产问题。部分城区拥有相当一部分留用地项目(包括合作社独资建造和合作建造)已竣工或进入建设期,未析产的项目居多。建议杭州政府协调财政、税务等市有关部门,完善留用地相关配套政策,明确析产办理程序和政策等实施细则与操作规范;对早期协议出让的合作开发项目,建议析产后经济合作社所得 51% 的部分办理房产土地权属证等证书时,不视同销售,直接办至经合社和合作方名下;如不能直接办理,建议合作开发商按当时的土地市场价作价并全部投入建设成本,计入经合社项目开发、计税成本,降低析产税负。二是规范缴税问题。坚持城建配套等费用"能免则免,不免则减"的原则,规范税费缴纳,减小村资金压力,保障地方各级村级集体经济利益。建议出台扶持政策,合理解决合作开发项目产权办理的缴税问题。促进营业税、城建税、租金税等各种综合税赋和手续合理化,适度免缴营业税、土增税、所得税等各项契税。

建议七:统筹现有用地指标,优化报批与兑现方式

坚持以核发、预支和调剂指标为主,优化留用地报(审)批方式,出台拆迁补偿政策,加快兑现历史留用地欠账指标和留用地报批工作,如九堡镇蚕桑社区因科技园区三期项目征地和丁桥镇建塘社区 2005 年征地指标赊欠和报批的问题。一是实行跨区调剂,落实预支政策。《杭州市区村级留用地管理办法(试

行)》(杭政函〔2014〕35号)明确,撤村建居村剩余农用地面积不足200亩(含)的,可由村集体经济组织对有征地任务和开发项目的非撤村建居村申请一次性预支15亩留用地指标,给予一次性规划落地。但由于区域指标不平衡,实行过程中困难较多等问题,建议应明确国资局等部门"指标跨区调剂"原则,折算不同土地等级指标,适度增减,避免破坏用地布局平衡。二是统筹"零、散、小"地块和指标的开发。建议制定出台相应政策,借鉴江干区零散留用地整合成块的经验,统筹小地块和指标的协调与开发。三是推广富阳区"限额留地"的做法。按行政村撤并后实际用地大小和土地等级核定面积。坚持"留用地"向"留房、留物业、留产业"转变的原则,逐步解决有限指标和使用空间落地难、留底经营难、与周边规划衔接难、开发层次低等问题。四是尽快出台析产政策。主要解决留用地项目占股不达标等问题。五是简化延期开工手续,免缴土地闲置费。收回村经合社无力开发的土地,返还指标并重新确定项目开发模式。

建议八:继续加大融资扶持,建立项目激励机制

积极推动各区、镇街的村级留用地项目开发建设进程。一是指导留用地开发建设的融资工作。建议各级政府的金融机构继续支持融资,指导规范合作社扩股和留用地开发建设,利用村外资金合作开发,放宽入股比例限制政策。二是建立项目成效激励联动机制。建议相关财政部门奖励和扶持建设成效好的项目招商和开发部门,按比例对建成、见效的项目给予投资、收入额度的专项奖励。

建议九:推进经济股份制改革,构建人才吸引与培训体系

推进杭州各区已撤村建居和城市化较快社区的股份制改革,把关清产核资、资产评估、改革方案和章程制定等环节。一是推进村级股份制改革。"杭改十条"提出要积极深化撤村建居社区股份制改造。应推广拱墅区等地已有运作模式,完善市场主体地位,加强各村经合社内部管理,鼓励股民投资创业,完善激励机制,缓解股权分配性矛盾、资产化不彻底和股份制运行不规范等一系列发展弊端。二是构建人才吸引机制。引进高层次运营、管理人才,强化培养力度。三是建立综合培训体系。以镇街、村社为主,构建村级集体经济发展综合培训体系,畅通信息与招商渠道。邀请杭州市、区发改、国土、规划等部门相关业务处室负责人和对报批程序、指标管理、土地出让、用地业态和规划报批等知识经验丰富的项目合作开发运营商讲解政策、传授经验。

建议十:促进"拆二代"再就业,做好"拆二代"教育引导

重点关注征拆农民再就业和"拆二代"教育问题。一是打造多层次、多形式的职业培训体系。由市政府主导,人事局、教育局、国土局等有关部门分头负责,构建市、区、镇街、社区"层层贯通"的就业创业培训、就业促进服务和援助等机制,做好理财投资、技能培训、就业安排等一系列保障措施。二是建立城乡统一的劳动力市场服务网络和就业服务机构。构建市区级人才交易市场、劳务输出培训基地。加大以职业技术、岗位技能为主的职业培训,改善就业状况,提高就业技能和择业能力。

关于杭州乡镇政府地方债务风险防范和融资方式创新的对策建议

浙江工商大学课题组*

2014年1月1日起,新《预算法》正式施行,此前,中央已明确对地方政府债务实行"不救助"原则。加强地方政府债务风险防范成为当前一个严峻问题。杭州市决策咨询委员会办公室委托浙江工商大学陈宇峰教授对杭州乡镇政府地方债务的风险以及融资方式进行了专项调研,并组织有关专家进行研讨,征求了杭州市财政局、杭州市农办的意见。该专项课题分析了杭州乡镇债务的矛盾特点,提出了创新融资方式的三条建议和预防乡镇政府债务风险的三条路径。

一、杭州乡镇政府地方债的主要特点

随着杭州新农村建设的加快,各地乡镇政府融资规模迅速扩张。据国家审计署与浙江省各级审计机关统计,截至2013年6月底,浙江省负有偿还责任的债务余额5088.24亿元,年均增长13.84%,其中市级、县级年均分别增长14.98%和15.10%。根据杭州各乡镇经济发展的特点以及政府融资管理现状,杭州乡镇政府性债务具有以下特点。

1. 乡镇政府债务主体不够明确

针对乡镇公共基础设施建设的筹资,乡镇政府通常通过融资平台进行融资。尽管融资平台所发行的是企业债券,但这类企业债券往往是由政府信用作担保。由于其强大的政府背景,这些企业债务常常会被看作政府性债务,债权划分混乱。

2. 乡镇政府融资渠道和偿债渠道单一

乡镇政府债务多以银行借贷、项目直接融资为主。国家审计署2013年第24号公告表明,在2012年年底债务余额中,银行贷款占债务总额的78.07%。

---

* 课题负责人:陈宇峰,浙江工商大学经济学院教授。

以富阳为例,2012年年底其银行贷款占债务总额比例达81.14%,到2013年年底,这一比例则达到90%以上。商业银行贷款是现阶段地方政府融资模式中最为普遍的一种方式,虽然商业银行贷款便捷快速,但贷款成本较大,利率较高。由于乡镇政府贷款大多是回收期较长的乡镇基础建设项目,而银行贷款偿还期较短,造成风险在银行体系中不断累积。杭州乡镇政府债务的偿债渠道较为单一,以政府持有所有权的资产抵押为主要偿债来源。据省审计局统计,浙江政府性债务以土地出让收入作为偿债来源的占81.73%。

3.乡镇建设的压力较大,负债规模逐步扩大

现阶段,杭州乡镇地区的公共设施、教育卫生等公共服务设施仍然相对比较匮乏,需要大量资金支持。但由于乡镇区域的经济发展本身较为落后,财政收入较少,乡镇政府的财政缺口日趋膨胀。可以预见,在国家倡导新农村建设的政策导向下,各地乡镇政府在未来五年乃至十年期间的财政压力非但不会下降,反而会上升。这就迫使乡镇政府不得不以各种方式进行融资,弥补财政缺口。其中,以富阳为例,其融资平台2013年债务余额为85亿元,比2010年增长91.43%,三年时间增幅近1倍。

4.政府债务风险多集中于中等发展程度的乡镇

对于经济发展良好的乡镇政府,其财政收入相对充足;对于经济发展落后的乡镇政府,往往更多获得上级政府的补贴和帮助;对于经济发展中等的乡镇政府来说,在片面地追求任期内政绩的错误观念下,当地往往不惜代价借债,给将来的发展埋下巨大的债务风险。

5.缺乏严格的监管和统计制度,透明性较差

我国《预算法》于2014年8月31日修订通过,修订前《预算法》规定除法律和国务院规定以外,地方政府不得自行发行地方政府债券。为解决建设资金短缺问题,各级乡镇政府相继构建自己的融资平台或通过其他方式进行举债,其中,违规借债的情况较多。调研发现,由于地方政府对乡镇政府地方债务管理力度较弱,杭州乡镇政府债务结构复杂,各类隐性债务、负债现象大量存在,债务信息透明度较低,很难对乡镇现阶段债务进行严格的整理和统计,各地乡镇政府存在较大的隐性债务风险。

6.政府偿债兜底保障少,未建立债务风险预警机制

杭州各地政府债务偿还方式以资产抵押为主,最典型的是土地融资。2013年,审计署对36个地方政府本级债务审计结果发现,70%以上的贷款是通过土地抵押,而地方政府偿债资金主要来自土地出让金、房地产开发收入和财政收入。对于乡镇级政府来说,可用于抵押贷款或者变卖的国有资产较少,没有强大债务兜底的保障,没有建立良好的债务预警机制。

二、应对杭州乡镇政府债务须重点关注的三对矛盾

2008 年,中央政府为了应对国际性金融危机,拉动内需,采取了宽松的货币政策和积极的财政政策,各地也纷纷建立地方性融资平台。政府性融资平台数量短时间内急剧增加,并呈现出无序而盲目的特点。《预算法》在修订后,规定"经国务院批准的省、自治区、直辖市政府可以适度举债。政府债务只能通过政府及其部门举借,不得通过企事业单位等举借",剥离融资平台公司政府融资职能。由于政府融资平台风险的禁止,政府需要科学、有序地退出融资平台的举债模式,过快或者过慢的退出政策,都可能产生爆发性的债务风险。在处理乡镇政府地方性债务的风险时,必须关注以下三对矛盾。

1. 乡镇有限财政收入与公共产品需求之间的矛盾

面对经济社会的快速发展,仅凭乡镇政府的财政收入和上级政府的转移支付,远不能满足人民日益增长的公共产品需求。乡镇政府控制融资规模的同时将无法满足乡镇居民公共需求的增长。要有效处理这一对矛盾,应尽快地对乡镇政府融资模式进行创新。

2. 乡镇政府财权与事权不一致的矛盾

乡镇政府的财政收入较少,需要获得县级、市区的财政支持。据相关报道统计,中央本级只需全国财政收入的 20%,却掌握着 53%的财力;地方需要80%的财力,而手中却只有 47%的财力;此外,分配到县级、乡镇的财力更是少之又少。随着新农村建设的不断推进,分摊给乡镇政府的经济建设重担更加艰巨,严重的财权与事权不匹配等现象,是现阶段乡镇政府地方债务不断扩大的主要原因。

3. 乡镇区域发展与稳定之间的矛盾

在当前的政绩考核机制影响下,出现了片面追求经济快速增长,进而大规模举债的现象,对乡镇稳定和发展造成威胁。找到一种合理的债务融资模式,既可以保障短期乡镇经济建设的资金需求,又能维持乡镇区域发展的长期稳定需求,这是当前乡镇政府亟须解决的重要任务。

三、杭州乡镇政府地方债风险防范和融资方式创新对策

2014 年 9 月,国务院发布的《关于加强地方政府性债务管理的意见》(以下简称《意见》)中指出,建立规范的地方政府举债融资机制和"借、用、还"相统一的地方政府性债务管理机制。为了加强地方债务风险的防范,推进政府融资平台的改革发展,更好地应对和解决中心镇建设的资金需求,减少乡镇政府财政缺口,专家提出了创新融资方式的三条建议和预防乡镇政府债务风险的三条

路径。

1. 以政府债券融资为主体,积极争取政策性银行资金支持

《意见》中明确指出地方政府举债采取政府债券方式,经国务院批准的省、自治区、直辖市政府可以适度举债,市县确需举债的只能由省、自治区、直辖市政府代为举借。也就是说,乡镇政府未来的举债方式,主要以通过向上级政府申请代为举债为主。而近几年,随着国家大力支持新农村建设,政策性银行对浙江省乡镇建设的支持力度不断增加。2012年,中国农业发展银行浙江省分行累计投放贷款352亿元,对杭州乡镇"三化同步"的余杭崇贤向阳区块土地收储整治、淳安青溪新城农村居民安置房、萧山湘湖应急备用水源保护等多个建设项目大力支持。因此,根据国家政府性债务融资管理的改革要求,以政府债券融资为主,积极争取政策性银行贷款支持是非常重要且切实可行的途径。

2. 以项目作为融资载体,积极引进民间资本和外来资本

浙江省民营经济发达,民间资本规模庞大,应适度引入民间资本进入乡镇建设项目。其中,最典型的模式就是BOT模式和PPP模式。BOT模式即政府与企业签订长期合约,在合约期内将市政建设的责任归于私营企业,而私营企业接下该项目后,对该项目进行合理的规划和运营,并取得一定的收益,合约期满后项目归于政府所有。而PPP模式是对BOT模式的创新,将部分公共服务设施建设直接交予私营企业代理,并给予一定优惠政策,保证公共服务设施的正常运行,构建企业与政府的互惠模式。这一模式在浙江省乡镇建设中已有不少成功的案例,如常山县引入外资建立城市污水处理工程项目,解决了常山县以及周边乡镇的经济建设与环境保护的两难问题。

国家财政部《关于推广运用政府和社会资本合作模式有关问题的通知》(财金〔2014〕76号)指出,应积极推广政府与社会资本合作的PPP模式,加快促进新型城镇化建设。结合杭州民间资本丰富的经济特点,应积极调动当地的民间资本,引入外来资本、技术,推进乡镇经济项目建设的快速发展。将乡镇建设中大规模项目,如水电、公路的大型基础设施的建设通过项目资金的引入,与私营企业合同协作(PPP模式),既带动私营企业的发展,也支持了地方经济的建设。

3. 以保险资金为补充,积极拓展乡镇政府的融资渠道

随着我国保险业的快速发展,保险资金已大量聚集,越来越多的保险资金开始注入地方基础建设项目,并逐步向县市级以下的融资平台项目转移。近期,保监会出台《债权投资计划投资县级政府融资平台监管口径》,以鼓励并规范投资县级政府融资平台的行为。如:浙江舟山跨海大桥有限公司和嘉兴市交通投资集团与中国人寿签订建设城市基础设施的债券投资计划书,引入保险资金,增加了保险资金的收益性,同时也满足了地方政府经济建设的融资需求。

4.尽快完善乡镇政府存量债务及新增债务的债务管理制度

2014年3月,杭州市出台了《杭州市地方政府性债务管理实施办法(试行)》,对全市存量债务及新增债务均按月统计在地方政府性债务系统中,但执行情况并不乐观。由于乡镇政府对债务资源长期缺乏系统性的管理和统计,应尽快完善对债务的统计整理工作,将债务种类进行分类,对存量债务分类分管、区别对待、逐步化解,形成系统全面的地方债务常规性统计制度。一是合理区分政府借债与融资平台借债,权责分明,对债务级别进行轻重缓急的甄别,完善相应的债务危机处理机制;二是对银行部分债务选择展期,通过盘活市场中的不良资产,减轻债务压力;三是对严重紧迫的债务可以选择资产抵押贷款等方式进行紧急性处理;四是对新增融资项目实行分开管理,不同的项目建立相对应的债务偿还机制,并且在项目持续过程中做到合理的安排预算,明晰融资资金流向。

5.尽快实现乡镇政府融资项目透明化

乡镇政府管辖区域较小,政府和乡镇企业关系密切,政府的违规融资现象严重,普遍缺乏严格的审计制度和监管机制。建议应加强乡镇政府人大的监督职能,对政府性债务融资方向,使用方式采取一定的监督和防范措施,保障乡镇居民的公共利益以及乡镇经济发展的稳定进行。同时,做好乡镇政府债务的审计工作,做到及时了解情况,及时监管,对风险做出及时的应对,便于本级政府以及上级政府的监督和审查。

6.尽快建立地方债预警机制

《意见》提出,应给予政府适度举债的权限,地方政府通过融资平台大量举债的"宽松期"已基本过去。建议应加强乡镇政府融资模式的系统化和程序化管理;加快现阶段政府融资平台的转型,降低乡镇政府的债务风险。同时,对杭州市政府融资系统应建立相应的管理机制,要加强监管力度,使地方政府在推进乡镇经济建设的同时,具有较为严格的融资程序,使融资操作更加系统和规范,并对各项融资项目建立相应的预警机制。

新形势下杭州农民职业化培育机制对策建议

浙江省农业科学院课题组[*]

习近平总书记在 2014 年 12 月 9 日召开的中央经济工作会议上指出:"要造就一支适应现代农业发展的高素质职业农民队伍。"推进农民职业化是加快农业产业化、现代化,切实保障农产品有效供给、增加农民收入、保障食品安全的有效途径。职业农民培育是当前"三农"工作中急需破解的一个前瞻性问题。为此,课题组进行了专题研究,对杭州农业劳动力现状进行分析,就杭州如何做好农民职业化培育的基础性工作,构建长效激励机制,提出若干对策建议。

一、杭州农业劳动力和新型职业农民现状

2013 年杭州农业产值约 400 亿元,就业人数 70.07 万人,已形成了一批具有地方特色和影响力的农业品牌。从未来农业发展的趋势和都市型现代农业发展的要求来看,农民职业化是杭州实现农业现代化的必由之路。但目前,杭州农业劳动力现状,特别是农民职业化发展的基础薄弱,有待进一步提高。

1.农业劳动力呈现出绝对数量下降、总体受教育程度低、老龄化程度高的"两低一高"特征

根据《杭州统计年鉴(2000—2012 年)》,杭州农业劳动力 2012 年较 2000 年下降了 42.27%,年均减少 4.46%;农业劳动力比重从 2000 年的 46.96%下降到 2012 年的 26.04%。杭州农村平均每户人口从 2000 年的 3.61 人下降到 2012 年的 3.45 人,农村平均每户劳动力从 2000 年的 2.59 人下降到 2012 年的 2.5 人;杭州劳均耕地面积从 2000 年的 2.45 亩上升到 2012 年的 4.86 亩,增加幅度达 97.79%。根据《杭州市第二次农业普查主要数据公报》可以看出:从年龄构成来看,杭州农业劳动力主要分布在 41~50 岁(28.6%)和 51 岁及以上(52.7%),30 岁以下的只占 4.4%,老龄化程度较高;从文化程度构成来看,全市农业劳动力受教育程度主要分布在小学(56%),高中及以上的仅占 4.1%,总

---

* 课题负责人:朱奇彪,浙江省农业科学院副研究员。

体受教育水平有待提升。

2. 新型职业农民的现状特征、成长路径和政策需求

对杭州各县（市、区）283 个职业农民培育对象进行问卷调查，得出以下结论。

（1）现状特征

从个体特征来看，41～50 岁的占 45.42%；高中或中专文化的占 46.25%。从家庭情况来看，家庭务农人口较少，家庭经济总收入主要集中在 10 万～40 万元，农业收入占家庭总收入比重集中在 50%～75%。从生产经营情况来看，66.84% 的农户进行了土地流转，表现出较强的规模化经营意愿、投资意愿、新技术采纳意愿以及现代农业经营模式创新意愿。90.56% 的新型职业农民参加过各类培训，从培训需求角度出发，新型职业农民最需要的培训内容依次是生产关键技术、经营管理与品牌建设、市场营销、农业优惠政策。

（2）成长路径

第 Ⅰ 类："投资农业的企业家"。在 51～60 岁的经营者中，有创办企业经历的主体占比达 15.78%，包括一部分早期外出创业的农民企业家。

第 Ⅱ 类："返乡创业的农民工"。在 30 岁以下和 61 岁以上的经营者中，有过打工经历的主体占比相对较高，这个群体主要是放弃（或失去）在第二、三产业就业机会而返乡创业的农民工。

第 Ⅲ 类："基层创业的大学生"。受国家近年鼓励大学生"村官"政策以及城市就业形势严峻的影响，毕业后到基层创业的大学生越来越多。

第 Ⅳ 类："农村种养能人"。在 51～60 岁的经营者中，70.20% 的没有任何外出打工、经商或创办企业的经历，这个群体主要是那些借助近年政府农业扶持政策逐渐发展壮大起来的农村种养能人。

第 Ⅴ 类："农村干部带头人"。有村干部任职经历的经营者集中在 31～60 岁，这些农村干部带头人凭自己对国家农业政策的了解和当地农村情况的熟悉，逐渐发展为各类专业大户，或领办合作社、注册企业，并担任这些组织的负责人。

（3）政策需求

新型职业农民培育对象对政策需求最强的五项依次为：政府资金扶持、金融信贷支持、农业信息和技术服务推广、解决设施用地以及土地流转服务。

二、国内新型职业农民培育的创新实践与杭州面临的主要问题

职业农民培育近几年已受到各级领导和相关部门的重视，杭州萧山、富阳也在培训制度、内容和平台建设上形成了一定的模式，但总体上仍处于试验和探索的起步阶段，应及时总结、推广先进经验，加快杭州职业农民培育进程。

1. 国内职业农民培育的基本经验

2012 年农业部启动新型职业农民培育试点,在全国遴选 100 个县,杭州富阳市入围(省内另有江山市与云和县入围)。2013 年浙江省农业厅将萧山、鄞州、乐清、长兴、嘉善、新昌、义乌、开化、仙居、松阳等 10 个县(市、区)设为省级新型职业农民培育试点,试点工作重点围绕主导产业和优势产业,探索建立教育培养、认定管理和政策扶持互相衔接的新型职业农民培育制度。综观全国各试点经验,有以下四方面共性做法:一是建立协调机构,制订试点工作方案。二是确定培育对象,开展培育对象调查建档工作。种养大户、家庭农场主、农民专业合作组织带头人等,因具有一定规模、产业基础和投资能力,从而成为各试点县(市、区)首批培育对象。三是创新培训模式,分级分类制订培训计划,制订新型职业农民教育培训方案。四是围绕试点任务,探索长效培育机制,对认定条件、认定程序、教育培训、准入及退出机制、扶持政策等都做了明确规定。省内做得较好的如宁波鄞州区,通过强化职业农民认证工作,强调农业项目实施要与职业农民挂钩,积极引导农超对接,订单农业的用人单位优先聘用持证人员,扶持持证农民外出租地开展农业生产,或成为"农业管家"为其他农户和企业提供技术指导,使职业农民收入显著提高。该做法通过职业农民从业资质认定,不仅确保宝贵的农业资源让高素质的职业农民来使用和经营,同时真正提高持证农民收入,使农民成为有吸引力的职业。

2. 杭州职业农民培育目前遇到的问题

目前,杭州新型职业农民培育遇到三方面的问题:一是存在培育等同于培训的倾向。富阳试点目前确定了新型职业农民培育两年试点期,但总体而言,更多地停留在培训而非培育。二是认定对象难、标准分类难、规模认定难。杭州农村劳动力分工分业日益明显,劳动力服务对象分类、细化要求越来越高,给新型职业农民培训分类增加了难度。新型职业农民的认定标准应把握什么原则,个体性还是组织性,农业企业中的雇工是否属于认定范围等问题都亟待解决。三是缺乏职业农民独享性长效激励机制。杭州试点对新型职业农民的激励政策仍是普适性优惠政策,既没有职业农民独享性政策,也没有针对职业农民领办的农业产业化组织给予不同阶段的差异性政策,对新型职业农民培育对象缺乏吸引力。

三、进一步推进杭州新型职业农民培育的对策建议

习近平总书记在中央经济工作会议上指出:"要完善职业培训政策,提高培训质量,造就一支适应现代农业发展的高素质职业农民队伍,并为他们创业发展创造良好的素质条件和外部环境。"对照兄弟城市先进经验,结合杭州工作实

际,专家建议从"主体认定""准入机制设立"入手,以建立覆盖面广、信息精准的人才库和确立土地流转和稳定的土地使用权制度为当前主要目标,为未来建立和完善职业农民培育机制、助力农业现代化,打好基础铺好路。

1.推进土地确权、合法流转

新型职业农民的成长需要特定社会环境,就目前来看,一是重点稳定承包关系和确权,使农民承包地的权属更加清晰。各地可探索赋予农民抵押权和继承权,及对承包地占有、使用、收益、流转和承包经营权抵押、担保权能,实现土地经营权长期化和固定化,以稳定新型职业农民农业经营的预期。二是建立健全土地流转机制。鼓励发展出租、转让、托管、入股等多种流转形式,允许新型职业农民以承包经营权入股发展农业产业化经营。

2.明确培育主体

从杭州都市型现代农业定位来看,要重点培育三大类新型职业农民:一是新型职业农民的"白领",即农业经营管理者,主要包括农业龙头企业老板、农业合作社社长;二是新型职业农民的"蓝领",即种养能手;三是社会化服务型职业农民,主要包括贩销大户、农民经纪人、农机手、植保员、防疫员、沼气工等各类生产经营和技能服务人才。

3.设定准入机制

一是新型职业农民"生产经营规模定量认定"。以生猪产业为例,以杭州城镇居民人均可支配收入为标准,结合不同规模生猪养殖大户(公司、场)成本收益调查,倒推计算出能达到城镇居民人均可支配收入的生猪养殖出栏及存栏数。二是新型职业农民认定指标体系——门槛法。对生产型(种养能手)、经营型(合作社、农业龙头企业经营管理者)、社会服务型职业农民从从业年龄、能力素质、经营规模、产业效益等方面,构建新型职业农民认定门槛。三是新型职业农民认定指标体系——打分法。设计涵盖新型职业农民基本素质、能力水平、创业业绩三个一级指标和若干二级指标的认定指标体系,对职业农民的能力进行综合评定,以此作为职业农民登记、认定的重要依据。

4.健全人才档案库

富阳试点已建立了新型职业农民信息管理系统,实行定期考核评估和动态管理,区域内已建立较完善的农村实用人才档案库(实用人才包括生产型、经营型、技能带动型、技能服务型和社会服务型五类)。目前,市农业局正牵头对市域内职业农民情况进行全面摸底调查,下一步应尽快建立与"门槛法""打分法"相结合的分类别、分层次的职业农民档案库、动态信息管理系统,并由此制订差别化的职业农民培育和农业龙头企业的扶持计划。

5.明确培育的路径

新型职业农民职业化培育应以实现农民现代化为最终目标,紧扣职业农民自身培训需求,分类型、分产业进行灵活多样的培训、培育机制,实现职业农民培育工作从临时型、短期型、技能型、就业型向长远型、规范型、职业型、创业型转型。一是分类型。对于"生产经营型"和"社会服务型"农民,可以政府扶持半市场化运作的形式,依托农业园区、推广机构或科技项目加以培育,提升农民的农业科技知识、职业技能水平、经营管理能力,培养科技型、推广型、服务型新型职业农民。对于"种养殖能手",可依托农民合作组织、协会、农业企业来培育满足自身需求的新型职业农民,重点培训与主导产业相关的农业科技、农业标准化生产、农产品流通、经营管理等知识和技能,培养适应当地农业产业化或企业发展的产业工人。二是分产业。土地密集型、劳动密集型、资金密集型等不同的农业产业类型,决定了其技术特性、土地依存度、产业链等环节均具有自身特性,因此在相应的培育、培训中应体现差异性。

6. 构建新型职业农民激励的长效机制

建议由农业部门牵头,会同国土、财政、银行(保险)、社保等相关部门,尽早谋划长效机制,配合国家试点工作,省、市、县各级政府配套制定近期、中期、远期职业农民群体培育目标。出台新型职业农民独享性的涉及创业兴农、风险支持、信息服务、劳动保障等综合性扶持政策体系,促进试点范围内的职业农民比例和职业农民创造的农业生产总值比例有明显提升。

(1)明确新型职业农民享受独享性扶持政策的条件。建议将通行的大中专学历证书和农业职业资格认定或农村实用人才认定相结合,作为准入条件,分初、中、高三级认定。已达到某一级别要求的可继续参加高一级别的培训。对青年创业务农和返乡务农的,建议采取"基础教育+职业教育+实训时间"三方面条件准入认定,即"老人老办法,新人新办法"。科技示范户、家庭农场主、农民专业合作社社长必须是新型职业农民。在农民专业合作社和农业龙头企业中,新型职业农民也应占一定比例。引导农超对接、订单农业的用人单位优先聘用持证人员。

(2)对新型职业农民实施"五优先"。未来,在杭州新型职业农民认证体系建立并初见成效后,应进一步对持证职业农民实行政策扶持,建议采取"五优先"政策,即:鼓励成片土地优先向新型职业农民流转;在新增惠农政策上,新型职业农民优先享受涉农优惠扶持政策;在编制和申报项目上,优先安排新型职业农民申报中央、省级农业项目扶持;在金融信贷和保险上,新型职业农民优先享受金融信贷扶持政策和提供农产品保险支持;在财政安排强农资金上,优先扶持新型职业农民相关项目产业。

天津职业技术教育经验对杭州的启示

杭州职业技术学院课题组*

城市建设和产业发展转型,离不开高技术产业人才的培养。过去,人们对此一直存在误区,教育体制改革普遍存在片面追求建设综合性大学,而忽视职业技术教育的弊端。2014年印发的《国务院关于加快发展现代职业教育的决定》要求:引导100多所地方普通本科高校向应用技术型高校转型,教育部也将这个目标作为"十三五"高等教育改革的主要任务。2015年3月,国务院召开常务会议,部署加快推进实施"中国制造2025",将职业教育提升到了国家战略的高度。

近年来,天津作为国家中心城市、北方经济中心,在城市建设和产业转型中取得重大成就,一大批民用航空、生物医药、石油化工等工业新项目落户天津,提升了其作为环渤海地区经济中心的经济实力和国际影响力。深入分析其成功的原因,重视技能人才培养,在天津现代制造业发展迅速过程中起到了重要引领作用。为此,杭州市决策咨询委员会办公室组织杭州市职业技术学院和相关部门专程赴天津考察。现将有关经验汇报如下。

一、天津重视职业技能人才培养的主要经验

作为我国近代工业发源地之一,天津职业教育有比较深厚的历史积淀,较早提出了"工学并举"的职教理念。新中国成立后,天津成为全国"半工半读"试点城市,天津国棉一厂诞生的我国第一所半工半读学校,得到了中央的重视和推广。主要经验可归纳为以下四个方面,值得杭州借鉴和学习。

经验一:始终坚持把职业教育摆在重要战略位置

天津历届市领导都反复强调:"高端人才可以引进,但百万产业大军无法引进,要靠职业教育来培养。"天津市建立了由分管教育工作的副市长牵头、各相关部门负责人参加的全市职业教育联席会议制度,统筹协调解决改革发展中的

---

* 课题负责人:安蓉泉,杭州职业技术学院党委书记、教授。

智汇钱塘

152

重大问题。将职业教育改革试验区、示范区建设和职业教育综合改革试点工作纳入全市"十二五"经济社会发展规划纲要,并以市政府文件形式印发《关于进一步推进职业教育改革创新的意见》,强化各相关部门责任。2005 年教育部在天津召开工学结合座谈会,教育部与天津市政府签署协议,将天津滨海新区作为全国唯一职教改革试验区;2010 年教育部和天津市人民政府在京再签协议,共建国家职业教育改革创新示范区,实现了由试验区到示范区的升级换代。

天津市与教育部共建 8 个"滨海新区技能型紧缺人才培养基地",按照滨海新区重大项目建设要求,超前培养技能型紧缺人才,满足重大项目实施需求;天津市教委组织职业院校与市人力社保局贴近市场需求,联合开发了"技能培训包",与滨海新区、示范工业园区签署职工培训协议,开展了多种技能培训;同时启动相应岗位的就业资格准入,支持职业院校广泛开展再就业培训和农村劳动力转移培训。

经验二:始终坚持政府主导、行业主办、教育主管、社会参与的办学体制

20 世纪末,在国有企业和政府机构改革中,各地相继把企业中专及职工大学划归教育部门主管。但天津市委、市政府顶住各方面压力,做出了"依靠行业办学不变""教育经费渠道不变""教育行政部门加强统筹规划宏观管理"的决策,不仅保持了职业教育紧贴行业发展的办学特色,也发挥了政府主导和行业主体作用。天津市委、市政府明确提出"两不变、一不减、一加强"的原则,即依托行业企业管理的体制不变,财政性教育经费的渠道不变,经费额度不减,由教育部门加强统筹规划和宏观管理。目前,天津市 50% 以上的中职和 85% 以上的高职由行业、企业主办。

目前,天津市组建了以"行业组构集团式""企业集团带动式""城市郊区结合式""社区联合组合式""面向农村网络式"等五种模式为主的 17 个职教集团,集团内部将学生培养、职工培训、技能鉴定融为一体,统筹使用校舍、师资、经费、设备。

在人才培养模式上,天津市深化"工学结合"改革,严格落实中职学生到企业顶岗实习 1 年、高职学生到企业顶岗实习半年的教学要求。深化"双证书"一体化教学改革,加快实现学历证书与职业资格证书对接,专业课程与产业、岗位对接。

经验三:始终坚持大投入,统筹、优化资源配置

天津市目前将全市 430 多所中职学校调整为 100 所,高职学院调整重组为 26 所。按照"一个行业、部门集中办好一所中等职业学校;一个行政区、县集中办好一所中等职业学校"的原则,未来计划将中职学校调整到 50 所以内,全日制在校生校均规模达到 2000～2500 人。重点支持建设 40 所天津市中等职业教育示范学校和 20 个优势特色专业。

另外，建设海河教育园区，规划总用地 37 平方公里、办学规模 20 万人和居住人口 10 万人，分三期建设。目前已经完成两期建设。其中职业教育培训园区是集职业学校教育、职业培训、职业技能鉴定、职业技能竞赛为一体，"产学研"相结合的职业教育培训综合基地。投资 5000 万设备经费，建成了由 11 个实训室和 1 个教学工厂组成的职业技能公共实训中心，面向海河教育园区内所有职业院校开放。同时，天津市各有关部门、各行业企业所属技能实训基地也在政府的统筹下，实行开放式管理，面向社会承担技能培训任务。"十二五"期间，天津市财政用于职业教育基础能力建设的专项资金达到 11.5 亿元。目前，天津 94% 以上企业新增技术工人来自职业院校。

经验四：推行技能人才培训福利工程和双师资质

2014 年 12 月 5 日，天津市政府第 43 次常务会议审议通过《关于实施百万技能人才培训福利计划的意见》，明确从 2015 年到 2017 年，天津将投入 34 亿元资金，计划覆盖城乡所有劳动者：企业职工、失业人员、农村劳动力、院校学生等。参加《职业市场需求程度及培训成本目录》所列职业和等级技能培训者，可享受培训费补贴、鉴定费补贴、职工培训津贴、生活费补贴、实习补贴等。最终使 120 万人取得相应职业资格证书，持有国家职业资格证书的人员增加到 276 万人，占技能劳动者的比例提高到 70% 以上。

二、杭州职业教育机构现状和发展中的问题和矛盾

杭州现有中职、高职院校共 79 所，在校学生 23.62 万人。其中，中职学校 59 所，在校学生 10.52 万人；高职院校 20 所，在校学生 13.1 万人。在高职院校中，市属高职院校 4 所，在校学生 2.94 万人；省属高职院校 16 所，在校学生 10.16 万人。这些职业院校为杭州的产业转型升级提供了大量技术技能人才。近年来，随着市政府对中职、高职等职业院校的支持力度的不断加大，杭州各职业院校的发展步伐明显加快，市政府还陆续出台了《关于促进中等职业教育校企合作工作的若干意见》《市属高校产学对接工作实施意见》等文件，在专项经费投入、实训基地建设、专业结构调整、校企人才互通等方面为职业教育的快速发展创造了条件。职业院校的整体办学质量得到社会好评，毕业生一次就业率多年保持在 95% 以上，对口就业率达 80% 以上。但由于宏观政策和体制制约因素，杭州职业教育还存在一些发展中的难题，严重滞后于产业升级。杭州的产业以传统产业为主，城市外来流动人口约 400 万人，且低端劳动力比例偏高，给城市治理带来极大难度。

矛盾一：与产业衔接不紧密，人才供需脱节

目前，杭州职业教育和产业转型对接距离较大。在 2013—2014 年进行招

生的 165 个专业中，长线专业比例较高，如会计专业有 12 个学校招生，市场营销、计算机等专业有 10 个学校招生；而与杭州产业对接的纺织服装只有一所院校开设了专业，食品轻工和精细化工也分别只开设了 2 个专业。与新兴产业和现代服务业对接的新能源、新材料、节能环保、半导体照明等方面的专业处于空白状态。专业设置与杭州经济发展没有形成高度融合的对应关系，造成了技术技能型人才的结构性短缺。

再者，产业转型对技术技能型人才的需求，要求专业设置与产业发展相对接。在产业快速转型升级、市场急剧变革的条件下，职业院校的专业建设，应该是在政府宏观调控下的市场需求驱动模式。这就需要政府产业发展部门推动相关行业协会、企业与职业院校紧密联系，经常性动态提供技能型人才各类需求信息并筛选整理和提炼，为职业院校的专业设置、课程设计及课程内容和标准提供参考。目前政府部门的统计工作多集中在月度、季度和年度经济数据的搜集和分析，对于决定中长期发展的各行业人才需求的有效研究和分析不足，导致职业院校的专业设置调整，主要由各院校自发进行。而职业院校由于信息把握、师资结构及办学条件的制约，往往根据招生和就业情况来确定专业设置，缺乏整体市场需求的预见性。

矛盾二：职业院校面临软、硬件条件不足难题

职业教育是一种高投入的教育。现代化国家职教平均投入是普教的 2～3 倍。在经费方面，杭州总体投入不足，部分技校和民办、企业办中职学校因投入不足，缺少场地和设备，有的学校不得已把办公室、自行车棚改为基础实训室，部分教学设备只能露天堆放。杭州尚未建立统一的中职教育生均经费标准。在师资方面，杭州职业教育缺口较大。教育部《高职高专院校人才培养工作水平评估指标体系》规定生师比 18：1 为合格，16：1 为优秀。目前杭州大部分高职院校的生师比都大大超过 20：1，教师超负荷工作，影响了实践能力提高和教学质量。从普通教育改行过来的专业课教师实践能力低，实践课教师专业理论水平不高，建设"双师型"教师队伍任重道远。此外，教师数量不足、知识结构单一，一些新兴专业因缺乏教师无法开设。在生源方面，杭州职业院校面临危机。从当前的现实来看，绝大部分学生会优先选择接受普通高等教育，只有上不了普高或本科的学生才"退而求其次"选择职业教育。职业教育作为与普通高等教育平行的教育体系，缺乏足够的上升空间和社会尊重，从而面临生源质量上和数量上的双重困境。

矛盾三：校企合作缺乏保障，企业参与热情不高

首先，因为校企合作培育人才需要大量和长期的成本投入，这与企业的逐利本质相抵触。因此，校企合作的"企"必然是已有相当规模、历史和社会责任

感的企业。浙江省是一个以民企"小而活"为特色的地区,与北方重工业、大国企为主要支持的地区相比,校企合作先天条件不佳。其次,调查显示:企业负责人普遍反映,在实质性合作中,限于政策,大多存在企业支出多、牵涉精力多而回报少、要求高、责任重、风险大的客观现实,企业的切身利益难以保障,因此积极性不高。第三,在合作中,校企的沟通十分重要。双方不仅要熟悉自身的长处,也要了解对方的语言,才能相互理解、配合。在目前形势下,校企合作中学校显然处于弱势地位,双方地位的不对等,为良好沟通增加了难度。这对学校和政府最终能促成校企实质性合作,都提出了很高的要求。

矛盾四:社会对技术技能人才接受度较低

受到传统文化影响,目前家长和学生普遍认为到企业则被看作"低人一等",现行教育体制又导致职业院校学生与普通高等教育学生相比,上升空间狭窄。加上职业院校自身软硬条件的短板和走上社会后技能人才工资待遇或社会地位不高等现实,加剧了重学历文凭、轻职业技能的社会观念,使职业院校成了工农子弟学校。公务员、事业单位选拔人才,甚至许多大型企业选用人才,本科文凭是先决条件,高职生被剥夺了参加竞争的权利。

三、推动杭州职业教育改革发展的政策建议

天津成为中国先进制造业的领跑地区的一个重要原因,是一直把职业培训作为"党管人才""政府主导"的重要战略任务,在营造由政府主导的职业培训工作格局,设计超前政策、发挥各方力量和加大培训投入等方面,做出了独步中国的创新实践。发挥政府在顶层设计、整合资源、加大投入、方向引导、提高效能、普惠全体劳动者等方面的主导作用,是下一步杭州要进一步强化的观念和努力方向。综合中央关于职业教育发展精神和天津的经验,课题组对杭州推动职业教育发展提出以下政策建议。

建议一:为职业教育理顺体制、健全制度

一是建立由市政府领导牵头,杭州市发改委、财政局、人社局、经信委等部门和职业院校、行业协会、职教专家组成的杭州职业教育领导小组,组织力量研究出台相关推进政策,近期需要抓紧研究的包括:技能型人才培养中的政府、企业、行业协会和职业院校的具体职责分工;地方"企业培训中心"的试点单位和运作机制;不同行业技能型人才的培养计划;技能型人才培养质量的评价和认定办法;推动各类职业技能证书考核与实际需求接轨的改革办法等。从天津的经验来看,依靠行业主管部门为主,教育主管部门为辅,是保障职业教育有针对性和有效性的重要条件。二是制定相关规章条例。制定《鼓励企业参与技能型人才培养的若干规定》和《校企合作促进条例》,在法律层面进一步规定政府、企

业、行业协会、职业院校四方在协同完成技能型人才培养过程中的权利义务,特别是企业在参与人才培养中的权利义务和保障,为企业参与人才培训、推动校企合作提供基本的法律前提。

建议二:提高政府对职业教育的公共服务水平

(1)建立高技能人才劳动力市场指导信息

由市人社局牵头,建立杭州高技能人才劳动力市场工资价格指导价,动态调整和发布《杭州高技能人才紧缺工工种目录》《杭州技能人才工资指导意见》,定期在网站公布更新。开放社会了解技术技能人才用工薪酬待遇的途径,增强技术技能人才用工的公信度和吸引力。

(2)依托行业协会引领骨干企业和职教集团

成立职业教育评估第三方机构,制定包括人才培养匹配度、人才培养满意度、人才培养绩优度、人才培养前瞻度等为主要内涵的职业教育评估标准和指数体系,定期、动态发布评估结果,引导职业院校"以评促改、以评促建",提高职业院校的市场跟踪能力和社会对职业教育的认可度。

(3)完善职业资格证书制度

根据国家人社部从2013年起三年基本完成取消一批职业资格许可事项的精神,对没有法律法规依据的准入类职业资格一律取消。有法律法规依据的准入类资格,如果与国家安全、公共安全、人民生命财产安全关系并不密切,或者自身不宜采取职业资格方式进行管理的,按程序提请修改法律法规后予以取消。水平评价类职业资格由政府部门制定职业标准和评价规范,具体认定工作逐步移交给行业协会和学会承担。

(4)逐步确立"就业准入"观念和相关制度

在德国和澳大利亚等发达国家,就业准入制度被视作至高无上的"高压线"被严格执行。正因如此,才有了名闻遐迩的"德国制造",才有了被视为全球职教法宝的学徒制(双元制)模式。要尽快改变一些用人单位只看学历不重技能,甚至提出非"985""211"学校毕业生不录取的极端做法,既要推动高校根据经济社会发展需求和自身条件重新定位,同时也要引导大学生树立在高等教育大众化阶段人才需求必须应用化、多样化的观念,确立技术技能人才是宝贵人才、掌握技术技能就是掌握发展基础的理念。

建议三:进一步推动校企合作,提高企业参与职业人才培育的积极性

一是挑选有办学特色、专业实力和社会声誉的职业院校与杭州有较强职业人才培育意愿的大企业建立校企合作。政府首先需要找准校企双方的利益融合点,特别是打消企业的顾虑,例如:如何保护企业商业秘密、共同承担学生安全风险、保证订单学生进入特定企业工作等。建议通过校企双方的磨合,取得初步成效后,可建立"企业技能型人才培训中心"等紧密型联盟合作机制,既承担企业员工的进一步技能培训,又承担职业院校学生的实训任务,加强教师与企业技术骨干的交叉兼任与交流。经验表明,企业骨干兼任教师时在与学生交流中更加热心,也更愿意把自己的经验教训与学生分享。政府与学校应当为这类人员提供制度上和教学上的便利。

建议四:加大对职业教育的资金扶持力度,调整教育经费结构

职业教育的地方性、技术技能性与市场导向性等办学特点,决定了杭州教育经费需加大力度、调整结构。建议尽快出台杭州教育经费向职业教育、应用型人才培养倾斜的具体目标和政策措施。凡通过国家、省级示范(骨干)职业学校或省重点技工学校、省级示范专业等验收的,同级财政按省补专项经费的1:1给予配套奖励。同时,改变高校"软硬"专业投资"一刀切"的方法,在充分调研和科学核算基础上,按专业类型调整生均拨款、实训基地、师资培养等方面投入的比例和数量。

(1)建立培训补偿机制

建议参照德国的做法,明确所有企业都按员工工资总额的一定比例上交培训基金;建议尽快出台培育基金使用办法,明确参与技能型人才培训企业的职工教育培训经费返还比例(或减免教育附加费)、培训费用分摊方式及学员津贴和培训非本企业员工的资助方式等补偿机制。

(2)建设市级统筹的职业教育实训基地

职业教育实训设备价格高、淘汰快,为各校建立高硬件水平的实训实验室带来较大经费压力。可借鉴天津的做法,整合杭州各校资源,建立统一管理,共同维护、利用的实训基地,从而节约成本,提高资源利用率。

(3)加大对软性建设的投入力度

针对目前职业教育出现的"软件发展跟不上硬件发展""内涵跟不上规模"的现象,通过设立课程开发专项基金、教学改革专项基金、科研转化培育基金、师资成长专项基金、德育精品工程专项资金等,加大对中高职院校软性建设的投入力度。

建议五:传播培养"能力本位"的成才观

通过政策创新、企业改革、媒体传播等手段,引导全社会树立多元化的成才价值体系,推动"行行出状元"社会氛围的形成。宣传优秀技术技能人才的成长经历和高超技艺,激励和提高技术技能人才的社会认同感,让技术技能人才走入社会人心,使优秀技术技能人才成为社会学习的标杆。政府部门要带头转变观念,引导开展"走基层、职校行""技能杭州""技术技能人才大比武""技术技能文化节"等系列活动,营造崇尚技能、能力本位的社会氛围。

上城区以"三社"模式扶持社会组织成长的经验

浙江省公共政策研究院原副院长、研究员　蓝蔚青

随着社会结构的转型和社区治理的推进,单位人变成社会人,居民多种多样的社会需求希望能在社区得到满足;而社区工作站人力财力有限,承担上级下达的任务很多,往往爱莫能助;社会组织和志愿者有积极性,但需要发展空间和经费资助;爱心企业和爱心人士有投身慈善事业的愿望,迫切需要了解社会需求。上城区民政局创造出"三社"模式,通过区社会组织服务中心建立起沟通上述各方的"交通枢纽",发现社会需求,整合多元社会力量,推进社区公益创投,促进社区社会组织成长,催生多元复合的社区治理创新,使得全盘皆活。

一、"三社"模式概述

2012 年 5 月,上城区成立社会组织服务中心,以该中心为基础性平台,向街道和社区辐射,建构 6 个街道的社会组织服务中心和 54 个社区社会组织联合会;同时引入明德公益事业发展中心、至善社会组织评估中心、支点社会工作发展中心等一批培育社会组织的组织,在这些组织之间建构起密切的合作网络关系。以社会组织网络作为枢纽,在政府部门、企业、社区自治组织、其他社会组织和党群组织、社区工作者、社区公众和大量的社区草根型社会组织之间,建构起沟通与合作的桥梁,以灵活多样的形式,促成这些主体之间的合作伙伴关系。

这个枢纽型社会组织网络凭借合作伙伴关系,以发现社区需求为内生动力,引入公益创投为外在动力,推进社区社会组织成长,形成了"三社"模式(见图 1):以社区居民的社会需求为导向助推社区社会组织成长;整合社区内外的多元社会力量,促进社区社会组织发展;以社区社会组织的发展支撑社区治理创新。枢纽型社会组织网络与社区社会组织是系统与个体的关系。社区需求发现和社区公益创投是车之两轮,枢纽型社会组织网络是整个车厢,社区社会组织则是车厢中的包厢;社区治理创新则是多元社会力量整合和社区社会组织成长后的成果。

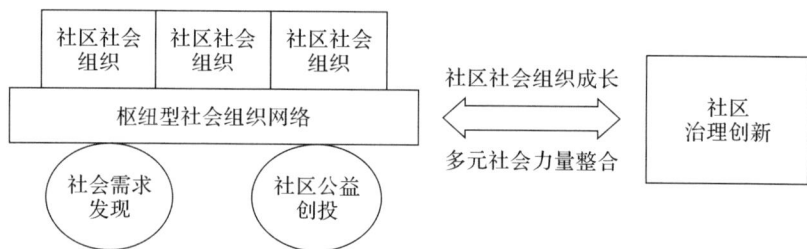

图1 "三社"模式

二、"三社"模式的实践经验

1.社会需求的发现机制：社区社会组织成长的内在驱动力

社区社会组织的健康成长，建立在社会需求的发现机制基础上。首先，组织社区社会组织调研考察。上城区依托枢纽型社会组织网络，组织社区社会组织以实地走访和观察等形式，共同调研国内社区文化与社区社会组织的成功经验，研究和考察上海、北京、南京等大城市的社区社会组织发展经验，在调查研究中发现社区社会需求。其次，提升社会组织发现社会需求的能力。开发社会组织管理等课程，组织社区社会组织共同讨论，以集中培训、一对一辅导、小组沙龙、案例分析、同伴教育、参与式项目设计、开放式讨论、体验式观察、组织研讨会、经验交流会、优秀社区社会组织成果展示等形式，提升社区社会组织服务和发现社会需求的能力。最后，开展多渠道的专项调查。依托枢纽型社会组织网络，组织社区社会组织以发放问卷、走访调查、网上征集、专题座谈研讨等形式，共同收集和分析分散的、个性化的民众需求。社会需求的研究和发现，为上城区社会组织的成长提供有效的内在驱动力。

2.社区公益创投：社区社会组织成长的外在驱动力

面对政府财力支持不能满足日益增长的社区需求的矛盾，上城区以枢纽型社会组织网络为依托，在发现社区社会需求的基础上，推进社区公益创投，以项目整合多元社会力量，使社区社会需求和社区公益创投成为社区社会组织成长的内外驱动力。首先，研究设计社区公益项目。以社区民意需求分析为基础，组织和辅导社区社会组织依据各社区的条件，研究设计公益项目。其次，组织社区公益项目创投"相亲会"。上城区社会组织服务中心与街道社区社会组织服务中心、社区社会组织联合会，共同组织社区、街道和全区范围等多层次的公益项目创投相亲会：作为申请方的社区社会组织提供优秀的设计项目，吸引支持方，包括政府部门、企业、党群组织、高校等事业单位、社会组织等主体参与，并对优秀的社区公益项目提供资金、知识、信息、人才等支持。最后，组织绩效评估。聘请中立的第三方评估组织和专家,结合社区公众的评价,评估公益项目的运行绩效,对绩效良好的项目予以持续性推进和扩展。

3. 社区公共空间激活社区公众参与:社区社会组织成长的根基

以枢纽型社会组织网络为支撑,建构社区公共空间;以社区公共空间为载体,既承载社区社会组织的公益项目,也激活和吸纳社区公众参与,为社区社会组织成长找到根基。首先,根据各街道的具体条件,重点设计和构建场馆化的公共空间。如小营市民生活广场、望江红港·睦邻驿站、清波幸福·家综合社区服务中心、湖滨街坊会所等。其次,在场馆化的公共空间中引入基于社区民生需求的重点公益项目和相应的社区社会组织。如小营市民生活广场容纳 50 多家社区社会组织的公益项目。再次,以公益项目激活公众参与,落实公共空间与公益项目的公共性。公众作为公益项目的受益者和参与者,利用公共空间,实现公共需求,使空间和项目的公共性得以落实。如小营市民生活广场自开馆以来,平均每月接纳公众约 7000 人。最后,社区公众借助公共空间和公益项目,参与拓展和再生产社区公益。在受益于社区公共空间和公益项目过程中,社区居民或作为志愿者,或将自己的资源分享到社区公益项目,或以现有公益项目为基础组织新的合作交往形式,使其得到持续性拓展和再生产。

4. 增益社区治理的社会资本:社区社会组织成长的目标定位

枢纽型社会组织网络服务社区社会组织成长,并在社区公益的直接和间接参与者之间,连接起多重的合作网络,吸引多元主体和各种潜在的资源进入社区治理空间,增益社区合作互助的社会资本,催生多元复合的社区治理。①枢纽型社会组织网络与社区社会组织之间在社区调研、社会需求分析和社区公益创投过程中形成合作网络关系;②在调研公众需求,组织多层次的社区公益项目设计和培训过程中,在社区自治组织、社区工作者、社区社会组织之间建构合作网络;③社区公益项目创投,使政府部门、企业、高校等事业单位和其他社会组织、党群组织等与社区社会组织结成灵活多样的社区公益服务的合作网络;④社区公共空间和公益项目激活社区公众参与,建构社区公共交往网络。

三、"三社"模式的成就与推广价值

"三社"模式扎根社区并向社会回归,发现社会需求,整合社会力量,吸引公益创投,服务社区社会组织成长。其具体成就表现在如下几个方面。

(1)汇集多方资源,繁荣社区公益事业,满足社区需求。社区公益创投相亲会使多方资源汇集社区公益项目的服务。2013 年,仅望江街道就组织街道范围的 50 多个公益创投项目,筹措金额 138 万元;全区社区层级的公益创投共入围 100 多个项目,筹集资金 470 多万元,惠及居民 11 万人。

（2）培育了30多个成熟的、可持续性发展的社区公益项目。如废油生态炼皂的社区生态环保项目、青少年"Do都城"实践体验项目、大爱无疆帮扶中心的临终关怀项目等，这些项目涉及社区的青少年教育、心理健康、社区文化保育、残障与弱势群体帮扶、邻里互助、社区生态保护等方面。

（3）拓展社区公众参与渠道。以小营红巷生活广场为例，场馆中图书角的数百册图书都由公众捐赠；场馆自2013年年底运行至今，已开展140多场活动，公众参与5000余人次；场馆中还形成了每天参与管理的30多个居民参与的志愿者队伍。

（4）在学习研究、社区需求发现、社区公益创投与绩效评估等过程中，提升了大批社区社会组织服务社区的能力。目前，上城区100多个能人工作室正在社区中发挥着稳定的服务功能，并形成了社区服务的七大品牌，如南星益家、小营红巷等社区社会组织服务品牌；同时还形成了可持续发展的社区社会组织亮点工程，如紫阳街道的"寻找下一个凡·高"项目和小营街道的"公益大篷车"项目等，都在社区民生需求服务中发挥了重要作用。

"三社模式"使上城区社会组织发展取得显著实绩。截至2014年8月，上城区已有注册社会组织366家，社区社会组织832家，服务社区的社会组织数量也增长较快。上城区2013年被确定为"省级社会组织建设综合改革观察点"，2014年年初被列入民政部"全国社会组织建设创新示范区"。

上城区服务社区社会组织成长的经验在以下几个方面值得推广。首先，以枢纽型社会组织网络为依托，探索多元社会力量互助合作基础上的社区社会组织成长路径。枢纽型的社会组织网络建构起沟通合作的桥梁，使政府、社会与市场的多元主体、信息和资源汇集社区，既促进社会组织成长，又繁荣社区公益事业，且承接和拓展政府服务，催生政府、企业、社区和社会组织等多元合作共赢基础上的社会组织成长模式。其次，以社区民生需求发现和社区公益项目创投整合多元社会力量，建构社区社会组织成长的内外驱动力。以公共服务和社区治理为目标定位，实现供求对接，探索了一种不依赖于公共财政资助，有效吸引社会资源，在社会根基中推进社会组织成长的方法，使社会组织获得持续不竭的动力。再次，以社区公共空间为载体，激活公众参与，使社会组织在社区扎根。枢纽型社会组织网络支持和带动社区社会组织，建构社区公共空间，吸纳和拓展公众参与，这是社区社会组织扎根社区的有效路径。最后，"三社"模式以多元复合的合作过程推进社区治理创新。社区公益创投、公共空间建构和公众参与的过程同时催生政府、社会组织、居民自治组织和企业等多元社会力量在社区公共空间的合作，改变以社区和街道为主体的社区行政化管理体制，催生多元复合的社区治理体制。

借助自媒体传播形成良好的社会心态

——关于杭州市应对网络舆情的对策建议

杭州市社会治理研究与评价中心副研究员　俞春江

近年来,杭州市出现多次网络舆情风波,不理性的网上舆论与失衡的社会心态交织在一起,快速发酵,造成了社会面的负面影响。在互联网背景下,自媒体正全方位地将社会大众带入信息和新闻事件的收集、整理、报道、分析、点评和传播的全部过程之中。自媒体个性化的自我参与、自我表达、自由发声、互动演绎,广泛而深刻地影响了社会心态,并且正以井喷式发展渗透到政治、经济、社会、文化各个领域。如何运用新媒体、自媒体等传播工具,引导社会舆论,调适社会心态,化解社会矛盾,已成为困扰各级党委政府的难解之题和必解之题。

一、当前社会心态失衡的主要表现

社会心态是某一时期社会群体普遍存在的共同心理状态,是社会心理对当下社会关系、社会生活的即时回应。社会心态失衡的主要表现有以下几种。

1. 公众的不信任情绪较为普遍

根据中国社会科学院社会学研究所 2011 年 12 月下旬的问卷调查,杭州城市总体信任得分为 60.3,略高于及格线,总体信任程度不是很高。在接受调查的 8 个城市中,杭州名列第五,低于重庆、广州、郑州、武汉,高于西安、上海、北京。当政府失去公信力时,无论说真话还是假话、做好事还是坏事,都会被认为是说假话、做坏事。这种被称为"塔西佗陷阱"的现象在一些地区、一些时期严重困扰着公共治理。

2. 公众的被剥夺感日渐强烈

随着经济体制深刻变革、社会结构深刻变动、思想观念深刻变化,社会呈现出"利益多元化、价值多元化"的局面。利益格局的重新调整使一些人的心理失落感日益增加,贫富差距的不断扩大使人产生被剥夺感。人们比较多地将自己定位为底层和利益受损的弱势群体,把被剥夺感归因于社会制度不公与权力腐败。多数人站在被欺凌、被掠夺的受害者立场,审视那些他们想象中的"迫害者",不满情绪持续发酵。

3.公众的仇官、仇富心态蔓延

近年来,某些社会不公现象、干部腐败行为、富人阶层为富不仁行为等大量曝光,引发了强烈的公众逆反心理,甚至滋生反社会倾向。民众在"仇富"心理下对"杭州飙车案"给予高度关注,在"仇官"心理下对各种与干部身份职责、品德能力相关的案件紧盯不放。权力和财富在舆论中受到了前所未有的仇视。"司法不公、机会不公平,底层老百姓没有前途"等极端化认知在一些社会群体中直接导致盲目仇官、仇富情绪。

在以上三种社会心态的相互作用下,怨恨、疑忌、冷漠、暴戾、投机、浮躁、迷茫以及自我弱势现象等失衡的社会心态蔓延,不仅导致了民众与政府之间的不信任,也增加了社会运行成本,影响了居民生活幸福感,甚至危及社会稳定。

二、自媒体传播对社会心态的影响

截至 2013 年年底,我国微博用户数量已达 13 亿,微信用户数量已达 6 亿。作为普通大众经由数字科技、与全球知识体系相连,分享其真实看法、自身新闻的途径,自媒体自身发展迅猛。相关统计数据显示,目前微博、微信、移动终端客户端成为使用人数最多、传播力最强的三类新媒体形态。由于疏于管理,加之对自媒体传播规律认识不足,目前自媒体舆论场已经成为负面情绪发泄的渠道,自媒体在社会心态调适中产生了消极影响。在社会治理中的各种复杂矛盾、大量敏感信息的刺激下,自媒体传播成为影响社会心态失衡的主要因素。

消极影响 1:自媒体的随意性表达,诱发社会心态失衡

自媒体比较多地采用匿名表达,具有很大的随意性,容易产生极端化言论,诱发社会心态失衡。非理性的极端言论流行于网络,又会强化被剥夺情绪,加剧社会心态的失衡,加深国家与社会、政府与公众之间的对立,产生网络舆论安全等非传统安全问题。

消极影响 2:自媒体的碎片化表达,放大消极情绪宣泄

自媒体通过跟帖、转发、评论等功能,以网络恶搞、网络道德审判、道德化政治抗争等形式,对各种热点事件进行宣泄,传递各自观点和立场。网络是现实社会矛盾的扩大版,多对多的互动传播再加上普遍存在于底层群体的不满情绪,不仅加速了有关"政府"负面舆论的传播,并且通过互动传播加深彼此的认同、共鸣,产生网络舆论群体极化现象,加剧了政府与公众之间的鸿沟。

消极影响 3:自媒体的多向度传播,加剧社会心态失衡

与早期的微博自媒体一枝独秀不同,微信用户增速迅猛,并在社会舆论格局中发挥杠杆效应。微信的朋友圈间更易获得及时的信息资讯,垃圾信息较少，熟人圈传播具有信息互动快捷，可信度、到达率、转发率高等特点。意见领袖将微信舆论场的信息传播至微博等其他舆论平台。这些自媒体用户在生活中或者网络上是熟人关系，其言论和情绪一经表达就会迅速得到关注和信任，汇聚成统一意见，极具情绪感染性，加剧社会心态失衡。

但是，我们应当看到，自媒体传播也是一把"双刃剑"，只要把握自媒体自身的特点，运用好自媒体传播工具，完全可以在社会心态调适中发挥发挥积极作用。其积极作用主要体现在以下方面。

作用1：借助自媒体，有助于形成党委政府全方位舆论场

自媒体打破了传统社会舆情的地域空间，实现了社会舆情的广覆盖、全方位的"民间舆论场"。传统媒体虽然覆盖范围广泛，但是并不适应现代高效、快速的生活节奏和数字化生存方式。许多来自草根、碎片化、即时性的表达无法通过传统媒体实现。自媒体是现阶段一个相对比较开放的表达空间，可以更多反映百姓真实的声音。同时，党委政府也应该借助自媒体舆论场，发出自己的声音，这对于引导社会舆论、减少信息误读、涵养社会理性、调适社会心态，均具有积极作用。

作用2：借助自媒体，有助于拉近政府与百姓的心理距离

建立信任，是自媒体运行的基础。以微博为例，粉丝关注与否，简单触碰屏幕就可以完成。赢得粉丝的关注和认同，依靠自媒体本身在运行中体现出来的魅力与诚信。成功运行的政务微博，对于化解不信任的社会情绪具有十分重要的作用。面对社会公共现象，政府若能通过政务微博、微信发出声音，澄清事件真相，表明政府观点，就能主导舆论走向，拉近与公众心理距离，稳定社会公众情绪，凝聚传播正能量。

作用3：借助自媒体，有助于降低突发事件引发社会心态失衡

当前，因征地拆迁、企业重组、分配不公、医疗事故、环境污染等引起的突发性群体性事件，正处在多发时期。在这种社会环境下，自媒体应成为政府舆论的"传播器"和公众情绪的"减压阀"。自媒体作为重要的利益诉求渠道，是各种社会情绪的集聚点，也是社会公众危机的引爆点。一旦社会性突发事件出现，政府除在传统媒体上进行舆论引导外，第一时间通过政务微博、微信发出声音，澄清事件真相，就能主导舆论走向，调适社会心态，降低社会维稳成本，甚至化解社会矛盾与冲突，避免和减少群体性事件的发生。

三、运用自媒体调适社会心态的建议

在当前的社会治理中，由于矛盾的复杂性和特殊性，许多措施往往投鼠忌器。而重视"人"本身的感受、注重社会心态的调适则是减少阵痛、推进发展的明智之举。在互联网背景下,运用好自媒体传播手段促进社会心态调适,可以起到"四两拨千斤"的作用。各级党委政府应积极构建社会心态调适的传播平台,自觉运用自媒体传播手段,发挥自媒体在社会心态调适方面的巨大作用。

建议 1:完善多渠道政务发布平台,让政府工作在阳光下运作

官方微博、机构微信公众号是党委政府介入自媒体传播的有效途径。应根据国务院《信息公开条例》,建立和完善公共机构,尤其是政府部门的信息发布制度。目前,杭州"全市政务微博、微信全覆盖"已形成横向到边、纵向到底的"1+100+1000"微博、微信矩阵集群。以此为契机,强化政务发布的经常化、制度化、完善在互联网上的政府信息发布机制、舆情反馈机制,完善政务自媒体功能。通过制度化发布,让政府权力在阳光下进行,落实公众对公共决策、公共项目和公共工程的知情权、选择权、监督权和参与权,提高政府工作的透明度和政府公信力。

建议 2:打造网络亲民信形象,让党员干部主动参与自媒体传播

当前政府部门做工作、办事情不注重与公众沟通、不善于跟媒体打交道的情况普遍存在,导致了公众对政府工作不知情、不理解、不支持。对此,除了建立必要的政务微博、微信公众号外,重点应建立共产党员和干部参与自媒体传播制度,以自媒体为手段,塑造亲民、平等的干部形象,传递网络正能量,要通过机关干部的"朋友圈""微信群",敢于发声、善于发声,发挥在政策解说、情绪疏导、矛盾化解、谣言应对等方面的"个体"作用,以此调适社会情绪,化解社会矛盾。

建议 3:重视精品"网文"制作,让正能量进入并主导自媒体传播

社会舆论的导向能够直接引发社会心理发生变化,从而对群众的思想情绪产生重大影响。针对社会热点、难点问题,应编发具有正面引导价值的、适合自媒体传播特点的"网络文章"。围绕积极舆论氛围的形成,主动发送符合社会主义价值观的"段子""网文"。应强化自媒体的自主表达功能,把社会主义核心价值体系贯穿和渗透到社会公众的日常生活中去。充分利用重要时间节点和重大事件开展相关主题活动或者创建活动。

建议 4:借助自媒体沟通平台,构建重大社会事务协商机制

影响面广的重大社会事务往往是舆论热点,民间舆论热烈。简单地对网络意见进行干预,甚至删除的做法,只会使群众意见逃离到微信等更加私密的媒介渠道中,更加不利于健康社会心态的培育。应该建立政府与公众的协商机制,使利益主体充分表达各自的要求和意见,使"看不见的舆论"重新看得见,从而在相互沟通中相互理解、减少冲突、达成共识,为社会心态培育创造良好环境。

建议5：建立政府网络新闻发言人，构建自媒体官方发言和回应制度

国内目前在"表达渠道"和"互动平台建设"方面存在失衡——在强调开放表达渠道的同时，互动平台的建设相对滞后。党政机关应建立网络新闻发言人制度，面对网络舆情和网民需求，第一时间、第一现场，以第一权威的姿态发声。各级政府部门工作人员都应成为"政府新闻发言人"，在各自的"朋友圈""QQ群"等自媒体群中发声发言，并主动回应网民、朋友们的关切和疑问。

建议6：发挥公众人物网络影响力，建立与自媒体意见领袖的沟通机制

近年来，国内微博发展迅速。据2013年统计数据，当时在新浪、腾讯两大微博平台上，拥有10万以上粉丝的账号数超过1.9万个，100万以上的超过3300个，1000万以上的超过200个。这些网络意见领袖是重要的自媒体传播资源。应充分发挥重点人群、社会公众人物在自媒体粉丝群里的关注度和影响力，传播党委和政府的声音。可借鉴新加坡领导人与当地网络意见领袖"午餐会"的形式，定期、定向吹风，加强信息沟通交流，通过更丰富信息的交流和人际互动影响自媒体意见领袖传播行为。

建议7：注重自媒体与传统媒体互动，全方位多平台引导社会舆论

传统媒体与新型媒体各具有不同的舆论引导功能，要发挥全媒体的整体传播优势。以微信为代表的新型自媒体更具有私密性，情绪感染力更强，理性程度更少。以微博、博客为代表的自媒体则具有公开性，情绪感染力稍弱，理性程度稍高。主流媒体等媒介情绪感染力相对比较弱，但是公开性最强，理性程度高。应重视自媒体与传统媒体的互动，让不同媒体优势得以发挥，使理性的声音在舆论场得以广泛传播，进而有效引导公众舆论，调适社会心态，化解社会矛盾，弘扬社会正气。

第四部分　城市"4＋1"治理

治水、治气、治堵、垃圾处置等城市"四治"和食品安全难题。

加快完善杭州"五水共治"长效机制的建议

杭州市决策咨询委员会生态组

自浙江省做出"五水共治"重大决策以来,杭州市委、市政府迅速而全面推进"五水共治"各项工作,初步成效明显。"五水共治"倒逼了杭州市产业转型升级,推进了治理体系和治理能力的现代化和"两美"浙江的建设。杭州市决策咨询委员会"五水共治"课题组立足现有实践和经验,以政府、市场、社会公众等多元主体协同共治为理念,从协同机制、法治完善、资金保障、产业转型、科技支撑、文化自觉等多个维度进行审视探究,提出构建杭州"五水共治"长效机制的对策建议。

一、加快构建政府、市场、社会三位一体、共管共治的协同机制

1. 充分发挥政府在"五水共治"中的主导作用

"五水共治"是具有全局性、系统性、公益性特点的庞大的系统工程,这些内在特质决定了政府是重要的行动主体,发挥着主导作用。政府要通过规划计划和政策制度,因地制宜统筹布局治水工程项目,强力实行空间管制制度、总量控制制度和标准控制制度"三制并举",对"五水共治"整个推进绩效与过程进行掌控与监督。同时要加强市县、乡镇各级政府之间以及相关职能部门协同配合,特别是一些跨县、跨乡镇、跨部门的项目,建立人员、资金、组织的协调机制。

2. 充分发挥市场在"五水共治"中的调节作用

要有效发挥市场机制在资源配置中的决定性作用。一是要加快环境资源价格市场机制改革步伐。杭州市可全面开放环保基础设施运营市场,涉及污染企业要按照"谁污染、谁付费"原则,鼓励国内外各种资本积极投入环保产业和企业,形成污水处理市场和价格形成机制、第三方治理机制。二是要创新污染治理市场机制,在水污染治理领域引入"特许经营"模式,将污染治理特许权进行招标、拍卖或委托给专业化污染治理公司,加快污染治理市场化进程。三是要进一步健全生态补偿机制和制度,加大补偿力度,促进水环境流域治理成果巩固。

3.充分发挥社会在"五水共治"中的协同作用

"五水共治"是一项事关全社会福祉的公益性社会工程,需要协同政府、企业之外的社会组织、社区及全体城乡居民共同参与、形成合力、协同治水。通过联户整体承包、分段承包到户等手段,将居民纳入"五水共治"具体活动;可通过有奖节水、有奖打捞水面垃圾等"五水共治"微型活动,将"五水共治"信息、知识普及到城乡居民个体,并提升居民的环境意识,改变居民的环境行为。建构网上网下畅通无阻的信息共享和社会监督平台,鼓励社会公众的监督、参与,形成"人人关心五水共治、家家参与五水共治;五水共治大家治、五水共治靠大家"的良好氛围。

二、加快完善依法治水的法治体系及其机制

1.修订完善治水专项法规规章

深入贯彻2014年修订的《环境保护法》,加快推进企业排污、农业面源污染防治等专项法规规章的修订工作,不断提升环境监管的效能。推进排污权有偿使用和交易制度试点,探索建立与污染物排放总量挂钩的财政收费制度及与出境水质和森林覆盖率挂钩的财政奖惩制度。

2.落实政府环境责任的问责机制

将水环境指标纳入政府官员考核指标体系,以2014年修订《环境保护法》为法律依据,通过问责机制推动地方各级政府严格执行排污许可证制度和规范排污行为。对于未完成水污染防治目标责任制的,由上一级政府或者监察机关,对其主要负责人进行诫勉谈话或者通报批评;不能尽职尽责,使辖区内水环境质量恶化,造成严重后果或者恶劣影响的,主要负责人应实行严格的"引咎辞职"制。

3.优化涉水违法行为的行政执法法律机制

根据"五水共治"的现实需求,将水污染调查与处理程序的现场处理、调查和报告,依法处理、结案归档等程序进行合理优化,通过执法联动、信息互通等措施,简化审查环节,缩短审理期限。从重从快打击非法排放、倾倒、处置危险废物对水环境造成重大污染,以及偷排废水、废液,污染河流和地下水资源等严重破坏水生态环境的犯罪行为,严格控制对水污染犯罪分子的缓刑适用,一般应判实刑,形成强有力的威慑;严肃查办在环境项目审批、水污染防治领域中的贪污受贿、挪用公款等职务犯罪,为"五水共治"提供强有力的司法保障。

4.建立健全行政执法与刑事司法衔接机制

拓宽行政执法监督渠道,对相关职能机关在水环境监管中存在的乱作为、不作为、慢作为以及执法不严、执法不公等问题,通过检察建议、纠正违法等手

段开展行政执法监督,督促相关部门履行职责。环境行政执法部门应严格遵守相关法律法规,达到移送条件的案件必须移送公安机关,严禁以罚代刑;检察机关应加强对环境民事诉讼和行政诉讼活动的监督,严防出现有案不立、有罪不究、以罚代刑等现象。

三、探索多元化筹措资金的投入保障机制

1.建议设立"五水共治"专项资金

"五水共治"资金主要分散在各部门,为了资金整体使用效果,建议进行优化、整合、归并,特别是加大对农村整治以及农业、水利、环保等部门专项资金的整合力度,优先保障"五水共治"项目建设。政府可以设置"五水共治"财政专项基金,多元化筹资,专款专用,建立健全财政投入长效机制。

2.利用水价调整补充建设基金

"五水共治"是一个巨大的民生工程,惠及杭州市民,可提高水价以及设置调整阶梯水价来筹措和补充基金。目前是调整水价较好的时机。建议可在阶梯水价调整的基础上完善水价调控机制,若每单位立方米提高 0.5 元,按 2013 年杭州市区(不含萧山、余杭、滨江区)售水价格总量初步匡算,可增加水费收入约 2 亿元。若把萧山、余杭、滨江区以及各县(市)用水价格普遍上调,则可增加更多的治水专项经费。

3.发行债券等其他筹措资金的新机制

一是利用杭州民资丰裕的特点,积极探索向社会发行有一定收益率的用于治水的短中长期政府债券。为了便于发行以及考虑偿付成本,可考虑收益率与一般债券利率水平相当,发行一年、三年、五年等多种期限的杭州"五水共治"债券。二是争取各类金融机构低利率支持。政府可设立污水处理的专项担保基金,促使银行低利率贷款向企业贷款,推进环保工程的尽快实施。三是充分发挥好财政税收和补贴政策的杠杆作用。对区、镇(街道)、村、企业"五水共治"工作实施财政政策引导,并制定相应减免税率、低息免息贷款、"以奖代补"等政策措施,激励企业、村集体、个人参与"五水共治"的积极性。四是引入社会资金参与治水。创新投融资方式,选择合适项目,借鉴一些地方"五水共治"中公共私营合作(public-private-partnership,PPP)融资的经验,开展 PPP 融资来支持"五水共治"建设。

四、加快形成杭州工农转型升级的倒逼机制

1.优化工业、农业总体布局和综合规划

要进一步对杭州市工业、农业产业空间布局进行优化,加快工业的园区化

进程,加快杭州一级水源保护区上游的污染企业进行搬迁。对农业养殖业进一步明确禁养区、限养区以及加快推进畜禽养殖规模场进园区的步伐,扎实推进畜牧业转型升级。

2.完善工业、农业转型升级的奖惩机制

要加大政府对工业污染治理技术的投入与支持,设立项目资金推进工业、农业产业主体采用新技术,促进技术引领创新驱动的产业升级;要对遵循政府倡导的标准和规范进行奖励支持,在信贷、税收等方面提供政策优惠,促进工业、农业减少污染排放;要完善提高污染防治标准的政策法规,并加强工业、农业的执法力度,严厉处罚污染物排放不达标的行为。

3.健全工业、农业污水的监管监测体系

要进一步完善区、县(市)工业、农业污水排放等生态环境监测网络体系建设,要重点在印染、造纸、化工等重污染企业建立信息联动的溯源体系,第一时间掌握企业的动态信息,在农村加快建立土肥检测信息体系,加强农业面源污染的监管监测工作。

五、加快促进科技创新驱动"五水共治"的机制

1.做好控源—截污—疏浚—调水系统治水

(1)控源

着力消减工业污染源,促进企业清洁生产。控制城镇及广大农村面源污染,着力提高废污水处理技术水平及污水治理设施的运行效率。

(2)截污

进一步提高工业废水、城镇及农村污水纳污接管率,改造城市纳污管道,减少渗漏现象。

(3)疏浚

有效处置河流底泥,要避免淤泥的不当堆放造成水系以及土壤等周边环境的二次污染。

(4)调水

加强科学调水,将涝水、洪水变为资源。适当从水质较好的钱塘江等水系调水,增大污染水系的净污比,稀释污染物,改善水质。

2.探索在杭高校的治水科技协同创新机制

目前,大多数环保企业松散、规模较小、聚集度不高、市场竞争力较弱,大量水处理技术研究形成的技术成果应用和推广受到制约。为此,要利用在杭高校的科技优势、人才资源,组建水污染控制与治理技术等方面的协同创新中心,产学研有机结合,探索协同创新机制,通过联合研发、技术引进、消化吸收、集成改

良,形成产业集群,推动杭州治水产业的科技进步,促进本地环保产业加速转型升级。

3.切实完善治水科技成果研发推广应用机制

在立项环节,围绕"五水共治"过程中存在的技术难题,以问题为导向,引导科研机构和水处理企业加快推进黑臭河治理、饮用水深度制水工艺改造等领域的科研攻关;在研发环节,建立环保企业主导的产学研合作机制;在转化应用环节,建立多方参与的中试工程化机制和社会资本多元投入机制,全面推进科技治水。积极推进各种治水技术及设备的应用,如城镇河道污水净化处理技术、农村生活污水资源化利用技术、竹林固碳与环境修复技术、淤泥的集中处理、堆肥和固化焚烧技术等相关技术和研究成果应积极推广运用。

4.建构高层次治水专业人才的培育机制

紧扣杭州市对"五水共治"人才的长期需求,多方式、多渠道引进和培养治水科技人才,打造治水创新团队。对在杭治水科技成果转化中做出突出贡献的企业、机构和人员,纳入市科技进步奖给予奖励。通过治水人才的培养和集聚,为杭州"五水共治"提供强有力的人才支撑。

六、加快建立杭州水文化的传承与创新机制

治水是一场生活方式、生产方式的大变革,要以确立人水和谐的理念为核心,以加强水文化遗产的传承、保护和现代先进水文化的创新、弘扬为抓手,积淀杭州水文化,讲好杭州水故事,全面强化杭州"五水共治"的文化自觉功能。

1.传承保护杭州水文化

杭州要加强关于水的历史文化遗产保护,做好杭州西湖和京杭大运河世界文化遗产的水文章。要提升水工程的文化品位,将工程建设与展示水文化内涵有机结合,使水工程充分体现杭州特色,成为集文化性、观赏性于一体的靓丽的人文景点和精品工程。建议成立杭州水文化研究院,开展水文化理论和实践研究,逐步构建当代杭州水文化体系。

2.凝练弘扬杭州治水精神

杭州在长期的治水实践中,形成了具有不同时代特色的治水精神。建议开展征集"杭州治水精神"的活动,收集、归纳、提炼出符合新时代杭州"五水共治"的精神,培育水生态文明,并为广大治水工作者所接受并内化为自觉行动,激励、影响广大市民,从而发挥文化的自觉功能。

3.建立杭州水文化宣传教育的常态化机制

一是继续通过报纸、刊物、电视、网络等各类媒体多角度宣传杭州"五水共治",推动杭州百姓对"五水共治"的再动员、再宣传、再认识,加强杭州节水型社

会的建设,使"五水共治"成为杭州的一种新常态。二是积极开展丰富多彩的各种水文化主题活动,普及水文化知识,弘扬水文化精神,营造杭州全社会水文化氛围。三是加大校园治水和水文化教育。在杭中小学和大专院校设置水文化课程,培养学生水资源的危机意识、责任意识等,提高学生对水文化的认知度,将治水节水内化为广大青年学生的自觉行为和自发行动。

附:课题组成员

课题负责人　周国模　浙江农林大学校长、教授

课题主要成员　沈满洪　宁波大学校长、教授

　　　　　　　包志毅　浙江农林大学风景园林与建筑学院、旅游与健康学院院长、教授

　　　　　　　谭湘萍　浙江省环境保护科学设计研究院副总工、教授级高工

　　　　　　　朱利中　浙江大学农业生命环境学部主任、教授

　　　　　　　鲍健强　浙江工业大学政治与公共管理学院院长、教授

　　　　　　　宋建明　中国美术学院原副院长、教授

　　　　　　　董　鸣　杭州师范大学生命与环境科学学院教授

关于借鉴国外成功经验发展杭州电动汽车共享系统(EVSS)的建议

浙江工业大学政治与公共管理学院院长、教授　鲍健强

探索新能源汽车商业运作模式,是现阶段杭州新能源汽车推广应用的关键。根据市领导关于深入研究新能源汽车应用模式的要求,结合杭州交通运行现状,提出杭州应该倡导以"共享"作为市场化推广的主要商业模式,提前布局、重点规划,进一步推动电动汽车产业发展,使之成为全国新能源汽车应用推广领域的领跑者。

一、EVSS 在国外的普及情况及优势

2013 年上半年,杭州出现"微公交"汽车共享模式,逐渐形成了"以租代买"的运营格局。但此种运营模式主要以康迪企业推动为主,尚不能在全市范围内进行普及,无法融入公共交通体系。国内外相关运作经验则提供了重要参考。

电动汽车共享系统(electric vehicle sharing system,EVSS)是一种以绿色无污染的纯电动汽车为载体,分时短途、即租即还、高效便捷、低碳智能的新型公共汽车租赁模式。近年来,美国、法国、德国、韩国等国家已相继投入电动汽车共享系统的应用并形成了一定程度的运作规模。该系统主要体现了以下几方面的优势。

优势一:分时租赁,通租通还

EVSS 是以小时为单位出租汽车的使用权,用户可在一个租赁点租车,开到城市的任何一个网点归还,再供其他用户使用。此租赁模式有效提高了车辆的利用率,减少了对停车资源的占用,同时从总量上减少汽车保有量。

优势二:低碳、便捷、智能

EVSS 的使用非常个性化和具有灵活性,以人为本,主要以"实现中短距离的低碳、快速出行,填补公共交通的空档"为定位,让汽车回归交通工具的定位,让使用者将电动车用到极致。同时,整个系统非常智能化,对车辆、车库、充换电设备等都能进行实时监控,可实现全智能租车和智慧服务。

优势三:保险理赔简便化

EVSS 电动汽车保险全由运营方负责,用户无须为此操心。同时,租车前的信用卡预授权可作为用户交通违章罚款的保证金,如发生违章罚款则从其中扣除,无须用户另外缴罚单。

二、杭州推行 EVSS 的可行性和必要性

当前杭州"治堵""治气"等工程正在深入展开,新能源汽车产业发展势头良好。抓住时机,开展新能源汽车的应用模式创新不仅必要,而且可行。

可行性之一:推广目标为 EVSS 提供实现途径

杭州作为全国第一批新能源汽车推广应用城市群的核心城市,在三年推广一万辆新能源汽车的目标中,私家车的比重占四成。《杭州市 2014 年新能源汽车推广应用工作计划》中明确提出 3050 辆的目标,而私人领域用车 1000 辆。

可行性之二:"双限"政策为 EVSS 提供机遇

自 2011 年起,杭州在主城区道路实施"错峰限行"(限号),2014 年起,杭州在全市实行小客车总量调控管理(限牌)。但对新能源汽车不予限制,并明确规定和鼓励市民使用新能源汽车。

可行性之三:停车收费为 EVSS 创造契机

随着汽车保有量的快速增长,陆续出现停车难、贵等问题。2014 年 8 月 25 日,杭州停车收费新标准开始正式实施,这是杭州市解决主城区停车难的重要举措。在收费手段影响下,私家车及传统汽车出行方式受到制约,城市交通对 EVSS 系统的需求得以提升。

必要性之一:是缓解城市雾霾的需要

据杭州市环境监测中心站的监测,2013 年,杭州雾霾的内源式排放中,机动车尾气占 39.6% 左右。截至 2014 年 3 月 25 日(限牌新闻发布会当天),全市机动车保有量已达到 259 万辆,每千人机动车保有量居全国各省会城市之首。由此可见,传统汽车的尾气排放过量是造成雾霾加速形成的核心因素之一,而 EVSS 以电动汽车为载体,其无污染、无排放,绿色低碳的环保特征与传统汽车对环境的影响形成鲜明比照。

必要性之二:是助力城市治堵的需要

杭州市交通拥堵实时监测平台数据显示,2013 年杭州严重拥堵的天数为 35 天,早晚高峰时间段市中心地段平均车速接近国际拥堵警戒线水平。德国不来梅汽车共享模式的数据显示,EVSS 可使每个乘客减少 40% 左右的驾驶时间。初步测算,一辆"EVSS 电动汽车"大约可以替代 4~6 辆私家车。这说明,EVSS 电动汽车在运营得当的情况下对拥堵地段碎片化的使用率可以大幅提

升,从而减少城市拥堵地段私家车的使用需求,减免私家车对市中心区域所带来的主干道压力和市中心交通压力,适度缓解潮汐现象。

必要性之三:是解决主城区停车难的需要

目前,杭城停车位为 40 万个左右,跟主城区 100 万辆机动车保有量形成了鲜明的对比(2013 年 4 月数据)。同时,杭州交通最拥堵的时段是在早晚高峰以及节假日,私家车作为通勤工具,每天实际使用时间仅仅是 2～3 小时,降低了城市停车资源的有效利用率,加速了城市停车无规律、无秩序、无定点、无时间等“四无”问题的形成。根据初步测算,每布点一个“EVSS 电动汽车”公共停车位,每天可周转 5～8 次,相当增加 5～8 个公共停车位。可见,EVSS 能使单个车位进行反复使用,有效提升停车空间的使用率。

必要性之四:是促进出行方式转型的需要

福特公司 CEO 比尔·福特预言:未来的出行方式必定是公共交通、汽车共享、私家车。EVSS 可以很好地连接起杭城私家车和公共交通的使用,部分替代私家车和公共交通功能,提升出行方式的低碳环保性,实现市民出行方式的低碳转型。

必要性之五:是推动新能源汽车产业发展的需要

全球汽车整个产业链的产值占据世界 GDP 的 15%,我国汽车产量占据全国 GDP 的 10%。杭州电动汽车产业起步早,起点高。万向、众泰、吉利、康迪等企业具备了电池等电动汽车关键零部件和动力总成系统及整车产业的研发制造能力,通过电动汽车共享系统(EVSS)的推广和应用,增大新能源汽车的普及率和使用率,有效推进关键技术的突破和运用,在推动产业发展的同时逐步实现汽车产业的弯道超车的发展诉求。

三、推动与发展 EVSS 的相关建议

作为公共交通体系的重要组成部分,EVSS 涉及运行、规划、服务等诸多方面,需要政府推动和企业参与。目前,杭州市已有公共自行车运作经验和“微公交”试点基础,可据此升级发展,争取更好的社会效益。

1. 政府规划引导,市场化运作推进

EVSS 作为一个新兴事物,其硬件配套、设备维护成本,运营模式探索机会成本、技术创新压力等相对较高,需要政府规划引导和政策支撑。政府应出台相关政策,鼓励相关产业发展,降低准入门槛,引入多元化市场竞争机制,形成良性竞争。杭州市必须以政府引导、顶层设计、规划为辅,以企业参与、市场化运作作为主,整体对 EVSS 进行合理规划,逐步推进。

2. 以企业为主体,鼓励民营资本进入

EVSS 作为一种电动汽车应用推广的商业模式,应坚持以企业为主体,发挥

市场在资源配置中的决定作用。鼓励支持民营资本以独资、合资、合作、参股等多种方式进入该领域，如：与其相适应的微型电动汽车及相应的动力电池的生产、销售、维护、维修、回收，充换电站、充电桩的建设，车辆保险业务等，最终形成投资主体多元化、融资渠道社会化、投资方式多样化、项目建设市场化的发展格局。

3. 整合现有资源，建立联动机制

构建 EVSS 不是另起炉灶，而是建立联动机制，实现资源整合。首先，整合产业资源。充分利用省、市的电动汽车产业，如众泰的整车生产、万向的动力电池以及相关汽车及零部件厂家。其次，整合公共资源。与现有的充换电站及其设施、公共自行车租赁系统以及公交系统，实现技术衔接、地点共享、设备共用。最后，整合社会资源。出台政策，鼓励相关企业在商业中心、交通枢纽、高教园区、高密度住宅区设置租赁点，在酒店、社区等地设置充电桩，或为以上相关设施预留空间。

4. 坚持开放、兼容、标准化战略

EVSS 应该与各种类型和品牌的电动汽车兼容，积极研究和推进标准化充换电模式，不能自我封闭式地推进电动汽车充换电模式和标准，要从战略的高度、长远的角度把握电动汽车发展，把 EVSS 商业模式与电动私家车的发展有机结合起来，互融互通，提高电动汽车城市基础设施的使用效率。

5. 出台"微政策"，提供完美的细节体验

建议政府出台一些方便 EVSS 电动汽车出行的"微政策"，提供完美的用户体验，让家庭从购买家用轿车，尤其是针对限号而购买的第二辆家用轿车，转向与他人"共享一辆 EVSS 电动汽车"。

(1)使用 EVSS 电动汽车不受限行(高峰限号、景区限行)政策影响；

(2)允许 EVSS 电动汽车行驶 BRT 车道，以体现电动汽车共享系统(EVSS)的"准公共交通"性质；

(3)停车免收费或收费优惠；

(4)设立专用充电桩停车位，方便停车充电，体现低碳优先。

同时，明确鼓励企业参与 EVSS 建设，并将"微公交"系统整合一体，制定具体的 EVSS 补贴政策，对参与基础设施建设的企业给予补贴等内容，如充换电站、充电库、充电桩、维修服务等，基本形成布局合理、充换电方便、无后顾之忧的电动汽车运行的支撑体系。

6. 加强宣传，夯实 EVSS 的社会舆论基础

企业、相关政府部门以及社会组织可以通过网站、电视、广播、纸媒、微博、微信等媒体，以及公交站牌宣传板、社区宣传栏等载体加强宣传力度，提高EVSS 的知名度和认可度，发挥社会舆论作用，鼓励 EVSS 共享汽车的出行方

式,普及绿色出行,宣传环保理念,推广新能源汽车,引领低碳出行新时尚。

7.用好国家新能源汽车推广鼓励政策

2014年2月,国家发改委等单位联合发布《关于进一步做好新能源汽车推广应用工作的通知》,尽管政府每年递减5%的补贴,但5万～6万元/辆的补贴仍能为纯电动汽车的推广提供支持。在补贴政策明朗化的环境下,杭州应通过推动与发展主城区EVSS,加快电动汽车数量和规模的增长,为杭州新能源汽车产业的发展注入活力,也为杭州电动汽车进入家庭提供必要的充电基础设施。

关于加快杭州新能源汽车发展和推广的对策建议

杭州市决策咨询委员会办公室课题组

新能源汽车在未来几年中将迎来井喷式发展。作为新型战略性产业和新商机,它既是汽车工业的新方向,又可有效缓解环境问题,成为各大城市竞争的新制高点。杭州市决策咨询委员会办公室邀请浙江大学教授、国家"863"现代交通领域专家方攸同等,对现阶段发展新能源汽车所具备条件、基础和矛盾问题进行了深入分析,结合上海、深圳等地的做法和经验,提出相应的对策建议。

一、杭州新能源汽车发展的现状

杭州新能源汽车的发展不仅具备一定的产业基础,还形成了有效的市场运营模式,社会消费认可度不断提高,已呈现全领域推广应用的态势,具有相对的比较优势。

现状一:基础设施先行,实现充换电站大覆盖

杭州已建成70座充换电站、620余个充电桩,27个充换电站已投入运营,形成"以充换电站为主、交流电桩为辅"的全方位、立体化、信息化的智能充换电服务网络。市区充换电站(配送站)平均间距约4.5公里,基本形成了15分钟充换电服务圈,初步实现充换电站全覆盖。

现状二:换电模式广泛应用,不断完善服务网络

首创在纯电动乘用车领域和国家电网合作开展"换电模式",使新能源汽车真正进入市民生活,进入公共领域。结合换电模式,扩大投放领域,现已覆盖警用、邮政、物流、电力、酒店、公交、出租等多个公商务领域,并应用于汽车租赁、私人购车等领域。就"换电模式"的基础配备上,杭州基本形成以古翠路等为主,交流充电桩和电池配送站为补充的一体化服务网络。

现状三:因地制宜,探索多样化运营模式

立足市场,杭州电动出租车开发了"电动汽车-车联网"商业信息平台,形成多模式并存的运营格局。主要体现为:充换电并举模式,解决电动汽车购车成本高、充电时间长等难题,提升电力供应效率。"裸车+电池"双租赁运营模式

主要推行"以租代售"的出租汽车整车长期租赁业务,新能源出租车购买裸车,电池由电力公司购买,统一集中管理。"微公交"模式积极推广"分时租赁",提高车辆使用率,解决城市公交最后一公里出行问题。

现状四:加强市场管理,促进运营保障

杭州组织成立了节能与新能源汽车发展协调小组,并建立联席会议制度,下设办公室,具体负责协调推进工作。每年定期组织对试点推广单位和企业的关键技术、产品安全规范以及监控和运营安全等方面的检查,建立新能源汽车示范运营监控平台,形成安全管理措施及应急突发事件处置机制,实现安全有保障、管理更便捷。

现状五:出台配套政策,给予政策扶持

制定《关于加快节能与新能源汽车产业发展的实施意见》《杭州市节能与新能源汽车产业发展专项资金的管理办法》《杭州市私人购买新能源汽车财政补助资金管理办法》等政策,提供租金和电费补贴,免除上牌税、车船税、高速公路缴费,给予换电池及充电费用和各种保险费用、维保修和车辆购置补贴。

二、杭州新能源汽车推广的问题、难点

与兄弟城市相比,杭州新能源汽车发展起步早,但推进程度慢,规模小,存在不少问题和难点。这些问题和难点,既有政府管理层面和政策支持层面的,又有技术和市场运营模式层面的,两者互为影响,成为新能源汽车发展和推广的瓶颈和障碍。

首先,从政府管理层面分析,主要存在以下问题。

问题一:政策扶持力度偏弱,应用和推广规模偏小

一定规模与数量的充电站、桩等设施是新能源汽车发展和推广的关键因素。从外地推广实践看,上海市通过了《上海市新能源汽车推广应用实施方案(2013—2015年)》,明确2015年推广应用13000辆新能源汽车,新建充电桩6000个左右,并考虑在校区、公共停车场及迪士尼、虹桥商务区等重点区域,推进充电桩的配套。深圳将按照国家补贴1∶1的配套比例,制定新能源汽车使用环节、充电桩投资等方面的鼓励补助措施,继续推广应用新能源汽车25000辆,积极探索融资租赁、充维结合的商业化运营新模式,推进公交车、出租车碳排放权交易试点。相较于以上城市,杭州新能源汽车产量偏小,在充换电设施及网络布局的覆盖、运营创新等方面存在滞后性。

问题二:监管机制不健全,市场认证缺乏统一标准

出租车与电池的自燃事件,在某种程度上反映了产品的技术研发和质量监管存在不足。作为新兴行业,建立产品准入等市场监管机制,统一认证标准,完

善质量体系认证的任务十分迫切。

问题三：制造水平相对低下，产业技术链有待完善

杭州主城区及周边县(市)在新能源汽车的实际推广应用上仍存在瓶颈，没有对产业及技术资源进行有效整合。市域企业与其他知名品牌车企的技术合作不足，造成新能源汽车制造技术重复、水平低，难以形成产业链和技术链的良性循环和协同发展。

问题四：基础设施配套布局有待健全

一方面，充换电站的分布与使用不均。2012年后的充换电站使用频率持续上升，部分已开始不能完全满足充换电需求，高峰时段供不应求，时常有故障产生，影响充换电效率和电动汽车的使用。另一方面，充换电站运行效率较低，闲置率较高。主城区充换电站共有45个，闲置率高达66.7%。部分充换电站和配送站的电池和存储仓处于完全空闲状态，没有合理利用。此外，充电站运行时间不合理。杭州充换电站在晚上10点后停运，而充换电站下班时间正好是"谷电"开始时间，无法有效利用谷电资源。

问题五：存在能耗增加、环境污染等潜在风险

与国外电能结构不同，杭州的电能主要以煤电为主。在新能源汽车的普及推广和应用中，充换电设施布局不完善，充电时间不匹配，没有恰当地利用峰谷充电，使电能增加，导致资源浪费、能耗大。同时，新能源汽车的普及必然带来电池消费大量增加，如缺乏引导和立法管理，对电池的处置不当，会造成环境污染等潜在风险。

其次，从技术层面分析，主要存在以下难点。

难点一：电池等关键技术制约产业发展，亟待突破

一是电池续航能力差。除国产比亚迪E6续航能力较好之外，部分本地品牌汽车充电电池受到均时速80公里左右续航里程限制，未到目的地电池能量耗尽的情况时常发生。二是电池成本较高。锂电池在电动汽车总成本中占30%～50%。裸车价格加上电池价格，整车价格明显高于普通燃油车，增加了整车成本。三是电池质量良莠不齐。电池单次充换电里程时长时短，直接影响出行运营效果，对路程远、地域偏、辐射范围广的电动汽车使用者来讲，直接影响电动汽车使用率。

难点二：创新研发体系不完善，缺乏核心技术支撑

杭州整车及关键零部件的研发制造未形成统一的经济规模，电机、电控、电池技术，基础配套设施等领域的关键技术未有效攻关，研发和创新不足。特别是电池质量和安全性能不均，充电标准与接口不统一，裸车和电机的故障率和返修率高等核心问题有待技术突破。

难点三：行业发展欠规范，市场运营体系有待创新

杭州汽车产业的发展模式和整合力度不够，整车生产和关键零部件研发链和产业链不完善，部分社会资源无法有效配置，致使基础性设施建设滞后。充换电站虽采用市场模式，但缺乏有针对性的市场竞争，市场售后服务、投融资、信息技术的创新和应用不足，产业链发展不完善。

难点四：维保修体系尚待完善，维修人才严重不足

汽车维保修业务主要由 4S 店及少数电动汽车维修网点承担，存在网点分布不均，维修厂地、车辆、零部件供应、维修时间不均，技术人员短缺等问题。像 4S 店可以同时维修多辆一般性问题的电动汽车，但如果新能源汽车遇到复杂性问题，则会降低维修数量，延长周期，直接影响服务水平。

三、对杭州发展推广新能源汽车的建议

杭州已在上一轮传统汽车产业的城市竞争中错失了良机。针对新一轮的城市赛跑，要切实抓住发展先机，抢占战略制高点，跻身于新能源汽车产业的领先行列。为此，我们提出以下建议。

建议一：适度超前布局，完善城市规划

制定节能与新能源汽车产业推广与应用规划。借鉴外地经验，将充电设施和配套电网建设纳入城市规划。加快形成以企业自有充电网点、4S 店、维修维护站、停车场为主，移动充电车、加油站网络和临时停车场、立体停车库等公建项目为补充的充供电设施服务体系和智能充电网络。制定出台杭州电动汽车有关基础设施、技术研发、人才培育等领域的专项规划。

建议二：完善配套政策，加强制度保障

制定鼓励杭州新能源汽车，特别是纯电动汽车应用发展的财政税收政策。对关键技术与产品研发、基础配套设施及网络构建、维修维护服务等实行结构化补贴和倾斜性优惠，带动社会资本投资。明确新能源汽车的车船税优惠、停车费减免、不限号出行等政策补贴与优惠细则。创新社会金融主体支持政策，支持技术研发、检验检测和推广应用。完善金融服务体系，鼓励银行等金融机构建立信贷管理和贷款制度，创新金融产品，拓宽融资渠道。制定完善企业及产品准入政策。

建议三：推进产业融合，构建整车及关键零部件生产基地

借鉴比亚迪与余杭区、西湖电子集团合资合作，建立新能源大巴车及专用车生产基地的经验做法，整合杭州现有 40 余家新能源汽车整车、关键零部件、车载充电机、充换电设备等研发制造企业和整车租赁、电池租赁及融资等服务性企业，推进众泰、吉利、康迪、浙大等车企和中航、万向等电池制造商的产业融

合,组建一体式生产基地,推进汽车零部件工业与汽车整车工业同步发展。

建议四:推进"微公交"模式,完善交通体系

构建以有轨交通为主,新能源汽车代步为辅,其他传统汽车为补充的综合交通体系。合理规划微公交运营布局,增设立体车库和平面租换站点,完善线路规划,广泛应用于社区、市政、学校、银行、商场、酒店、超市、机场、物流等公共场所和社会领域,减缓主干道交通阻塞。

建议五:加大科研攻关和人才培养,健全产学研体系

以技术驱动为主,联合研发企业及科研机构,重点突破储能技术、整车控制、信息系统、充电加注、试验检测等核心技术攻关。制定新能源汽车人才激励制度,整合万向、中策等高职院校、科研机构的教育资源,完善新能源汽车检测与维修技术等相关专业的增设,培养产品技术研发、规划建设及维保修类人才,组建技术研发和标准检测平台,形成一批具有自主知识产权的核心产品、汽车生产运营商和专业人才队伍。

建议六:加强服务创新,完善服务体系

一是完善服务设施建设。合理规划和调整电动汽车 4S 店的现有布局与建设,扩大维修维护场地的使用空间。增强机动服务能力,提升更换和维修时效。培养一批兼具汽修专业技能与电子电路专业技能的技术人才,提升客服人员的汽车维护技能。二是构建完善的售后服务体系。加强体验环节设置,完善车辆质保维修体系。完善汽车专属保险,明确赔付细则,出台合理、实用的保险条例,规范售后索赔处理。加强售后服务站格局规划。推进市电力局、浙江电力公司和新能源车企合作,增设提供晚间充换电和纯电力系统的售后服务功能。

附:课题组成员

执　笔　人	沈金华　李　艳
课题参与专家	王宝根　浙江工商大学信息与电子工程学院研究员
	方攸同　浙江大学电气工程学院教授、高速铁路研究中心主任,国家"863"现代交通领域主题专家
	叶瑞克　浙江工业大学政治与公共管理学院讲师、绿色低碳发展研究中心副主任
	朱仁学　杭州万向职业技术学院副院长、教授
	齐　羽　浙江工商大学管理学博士、人文社科重点研究基地办公室主任
	陈　明　浙江工业大学政治与公共管理学院讲师,日本足利工业大学博士
	姚如青　杭州市委党校市情研究所副研究员
	雷良育　浙江农林大学教授

对杭州出租汽车经营体制整体改革的深层思考及对策建议

杭州市决策咨询委员会办公室课题组[*]

　　杭州出租汽车行业的矛盾与问题已成为城市发展中的"顽疾",有损于杭州精神文明城市的形象,引起了省市领导的高度关注。杭州市决策咨询委员会办公室邀请了浙江工业大学吴伟强教授、省交通科学研究所许云飞总工程师等7名专家,对杭州出租汽车行业的现状进行了深层次剖析,结合国内外的经验、做法,提出了独立、客观和有针对性的政策建议。

一、杭州出租汽车行业问题矛盾及成因分析

　　近几年,杭州的出租汽车行业数次成为社会舆论关注的焦点,从司机集体罢运到凤凰卫视名嘴微博点名批评,杭州出租汽车行业面临双重困局:黑车猖獗,"宰客"、挑客现象频发;民众抱怨打车难、服务差,司机抱怨工作强度大、收入低。这一问题已经陷入屡犯屡治、屡治屡犯的恶性循环,成为杭州这座美丽城市脸上的一道"疮疤",与"美丽杭州"的公众形象极不相称。(外地游客直言:尚未欣赏到西湖的美景,却已遭遇出租汽车宰客。)从表面看,导致这一现状有两方面原因:一是市场供不应求,乘客多、出租汽车少;二是杭州城区道路拥堵,出租汽车运价低,特别是拥堵情况下的收费偏低,使得出租汽车的周转率降低,影响司机的收入和积极性。这一矛盾在交通高峰时段表现得最为明显。专家深入分析发现,杭州出租汽车行业这种双重困境,既有全国大城市的共性矛盾,又有杭州的个性问题,是多年来历史矛盾的积累和管理失效造成的。一言以蔽之,当前出租汽车行业问题的深层次根源是杭州一直采用"治标"的修补策略,而非治本之法,最终演变为整体行业经营模式的畸形和错位,主要表现在以下三个方面。

　　1. 形成复杂的产权状况

　　截至2014年年底,杭州市区有出租汽车9973辆,在岗司机22220人。在

---

　　* 执笔人:沈金华、朱文佳、俞春江。

出租汽车的发展历史中,形成了6种合法经营模式,其中:企业自营1357辆、承包经营3672辆、买断经营2380辆、半买断经营543辆、挂靠经营990辆、个体经营1031辆。与国内外其他城市相比,明显存在"经营模式复杂"和"产权关系不清"的弊端。

2.形成了固定的食利阶层

出租汽车行业属于政府特许经营行业,实行牌照的总量控制,有总量控制就必然形成牌照交易市场。一是政府以拍卖等方式向市场发放牌照,在历史上出现了每块牌照从3万元到38.7万元不等的交易价格。二是民间自发的牌照买卖行为,目前的交易价格在每块牌照60万元左右。作为稀缺资源的出租汽车牌照,形成了天然的垄断,牌照拥有者凭借垄断优势将经营权层层转包,成为"食利阶层"。这一现状的另一恶果就是司机作为这个行业的最底层,无奈成为最辛苦却收入偏低的现代"包身工",从而导致司机行业的人才流失、素质下降、低学历、低职业技能的务工者,使杭州出租汽车司机的"外地化"超过80%,主要以河南人和东北人为主,同乡、同业、同居的"三同"现象突出。他们的城市归属感和行业荣誉感低,服务态度差成为影响杭州城市文明形象和社会稳定的不利因素,最终导致了城市文明秩序、乘客和司机"三输",食利阶层"一赢"的局面。

3.形成巨大的改革阻力

从杭州出租汽车行业的几次群体性事件来看,食利阶层彼此已结成了利益联盟,成为出租汽车市场改革的最大阻力。从一定程度上说,他们是最大得利者,又往往是群体性事件的策动者。这些事件表面看来是政府没有照顾到辛勤工作、收入微薄的出租汽车司机的合理诉求,实质却是食利阶层以司机为筹码,要挟政府提高运价、收紧牌照总量,继续巩固他们的垄断优势,掩盖了矛盾的源头与真相。杭州市委、市政府出于维稳的考虑做出让步,却埋下了更大的隐患和矛盾。

二、改革的方向和原则

针对杭州出租汽车行业体制的历史矛盾和弊端,参照国际城市和兄弟城市的经验,专家认为为保证改革规划的科学性和有力性,打破主管单位"修修补补"的惯性思维,需要相对独立和超脱的主体单位牵头。建议由市政府研究室组织专门调研组,对这个问题进行系统、独立的调查,提出切实可行、科学合理的改革方案。专家也从建议的角度提出以下设想:以出租汽车行业作为公共交通体系的补充部分,具有一定公益性的规律,为改革的起点和前提,切忌一味市场化;明确出租汽车行业体制改革的总体目标,选择最佳路径,制定相应的配套措施,即"一个总体目标、四项基本原则、一条改革途径、八项具体措施"。从总体目标上来说主要是实现"五化",即以产权关系的统一化、政府监管的技术化、市场主体的精简化、公司管理的人性化和从业司机的本土化（即适当增加本省籍，特别是杭州周边山区城乡户籍司机人数，降低外省籍司机比重）为总体改革目标，兼顾行业和社会公众的利益，通过顶层设计，理顺产业关系，为市民提供安全、高效、环保、优质的出租汽车服务。同时要具体把握好以下四个方面的原则。

1. 减少经营模式，理顺产业关系

从投资人、经营权、产权这三要素来分析杭州现有的 6 种营业模式，三者主体完全一致的模式是企业自营和个体经营，另外 4 种营业模式都存在不同程度的"错位"。以占比最高的承包经营为例，表面看来是公司化经营，但从承包伊始，公司就将经营权和风险下放给承包人，所以实际的投资人和经营者是承包人，但产权仍归公司所有，公司成为以收代管的食利阶层，政府希望通过公司监管出租汽车的目的也无法达到。所以必须建立责权统一的行业生态，鼓励发展企业自营和个体经营模式：实行扩大企业自营、规范个体经营、取消挂靠经营，逐步转化承包、买断、半买断经营的整体改革方案。

2. 坚持总量控制原则

从国际经验来看，出租汽车行业作为特殊群体的消费和出行方式，政府进行总量控制是主流方式，以引导提高公车出行率。虽然根据杭州目前的实际情况应当进一步投放运力，但仍要坚持总量控制原则。国际上，存在部分国家和地区采取出租汽车牌照完全放开政策并运行良好的案例，但其共同特点是面积小、人口少、经济发达，经验不宜复制到杭州市。如果全面放开经营权，必然造成车辆井喷式增长、恶性竞争、拥堵进一步恶化等问题。

3. 设立从业者准入、淘汰机制

在总量控制的前提下，应对从业者（主要为出租汽车经营主体和司机）设立门槛，从过去的管车为主转变为管人为主的监管模式。出租汽车服务存在偶然性大的特点，乘客几乎不具备"货比三家"的可能性。从国际经验来看，充分的市场竞争不一定能促进行业服务水平的提高，甚至有不升反降的案例。因此，目前由政府制定以服务为导向，相对严格的从业者准入机制，特别是以全面监管为基础的淘汰机制是保证乘客安全，提升行业服务水平的主要手段。从杭州的现状来看，应当淘汰小、弱公司，改善目前行业内主体多、散的问题，整合资源，树立几家规模较大、经营规范的龙头企业作为标杆。

4. 调政府资源，加强监管力度

从杭州现有的的行政架构来看，出租汽车行业的监管涉及交通运管、交警、城管、物价、工商等多部门。因此，要协调各部门建立统一的监管平台，利用高新科技丰富监管手段。同时，抓住出租汽车管理地方立法的契机，坚持依法监管，促进行业的良性竞争。

三、实现路径及相关改革措施

(一)实现路径

出租汽车行业的改革,必须要杭州市委、市政府下定决心、顶住压力,设定总体目标、明确时间表,彻底根除矛盾,否则将被利益集团裹挟,无法掌握主动权。专家们就实现改革总体目标的路径进行了热烈讨论,提出三种改革路径。

1."休克"疗法

所谓"休克"疗法,即短期内一次性解决问题,通过政府强制赎买的方式,收回买断、半买断、挂靠的所有牌照。这个做法的好处是快刀斩乱麻而一劳永逸;缺点是必然引起食利阶层的反弹,行业群体性事件难以避免,矛盾集中爆发,政府财政压力和维稳压力大。

2."止痛"疗法

尽力解决出租汽车行业目前呈现出的各类问题,以"解表"的方式防止矛盾再次爆发。这个做法的可取之处是不激进、较温和、行业的接受度高且有利于维护社会稳定;缺点是不触及食利阶层的垄断利益和根本问题,存在巨大隐患,同时政府表现出的畏难情绪也使食利阶层逼迫政府的伎俩屡试不爽。

3."时空转换"疗法

政府出台时间表和具体政策,明确3年内收回目前的所有牌照(目前已发的所有牌照将于2025年前陆续到期)。将3年内正常到期的牌照全部收回改为企业自营和个体经营,这在法理上是站得住脚的,要坚决顶住压力。对于3年内牌照未到期而自愿提前被政府赎回的额外给予奖励,3年期限一到则强制赎回剩余的所有牌照。这种方法政府需要付出一定的改革代价,但可避免前两种方法太刚或太柔的弊端,逐步推进行业洗牌,尽可能避免集中的群体性事件爆发,实现平稳过渡,给行业人员一个合理的过渡期和矛盾缓冲期,为改革化解矛盾提供空间。第三种方法得到绝大多数专家的支持,从政府角度来看也更具可操作性。

(二)改革措施

以下根据第三种改革路径,提出相应的配套措施和政策建议,分成短期目标和长期规划两部分。

1.短期目标:削弱"食利阶层"、建立产权清晰的行业生态,是当前出租汽车改革的重中之重

(1)扩大企业自营规模

首先,以投放运力的方式,扩大企业自营。从目前打车难的实际出发,新增

运力势在必行。建议以少量多次的形式投放,一为投放的谨慎性,二为缓解维稳压力。杭州自2007年起,投放市场的运力已要求全部实行公司化经营,不得买断经营。但在当前的形势下,应该进一步明确新增运力只能以企业自营即参照上海采取"公车公营"模式——公司与司机签订劳动合同,实现员工化管理,公司承担所有营运成本,并为司机缴纳社会保险,司机上缴营收,以"基本工资+业务提成"的方式获得报酬。其次,政府进一步扶持,克服企业自营的困难。企业自营对比承包经营,优势是司机工作压力与强度都降低,企业真正成为经营者,政府监管有抓手;劣势是司机工资降低(主要原因是缴纳社保),对于家庭负担重又不愿在杭州缴纳社保的外地司机吸引力较低。以目前杭州外地司机占比超过八成的情况看,可能会遇到招工难的问题。另外,企业的成本增加,也会影响积极性。但从总体的社会效益而言是利大于弊,政府应给予扶持政策保障行业的长远利益。

(2)规范个体经营

从杭州的具体情况出发,保留个体经营模式是尊重业主权益、增加市场竞争的必然需要,未来应作为除企业自营模式外的重要补充。温州是国内发展个体经营的代表,可为杭州提供借鉴:必须避免层层转包,明确只能采取"自营自驾"或"自营他驾"的形式,即可以雇用司机,但不得转包其他中介或个人,以此规范个体经营模式。

(3)取消挂靠

挂靠模式是历史遗留问题,不合理性最为突出。投资人作为产权、经营权的拥有者,却被迫将管理权交给出租汽车公司,公司凭借政府特许经营权坐收渔利,所以必须尽快取消。目前挂靠经营共计990辆,占比9.93%,即便全部转为个体经营,与原有个体经营户相加共占比约20%,也在市场和政府的可控范围内。挂靠取消的方式,应本着自愿原则,转为个体经营或由政府有偿赎回。

(4)逐步取消承包、买断、半买断的经营模式

承包、买断、半买断三种模式是杭州的主流经营模式,总占比达66.13%,同时也是目前矛盾最集中、维稳压力最大的群体,需要逐步淘汰退出市场。首先,到期的牌照政府一律收回转为企业自营模式。自2014年年底第一辆出租汽车牌照到期开始,目前市场上的牌照将陆续到期直至2025年。近几年内到期的牌照,政府要坚持一律收回,再以企业自营为必要条件,重新投入市场。其次,采取逐步赎买。在3年的时间内采取渐进式的改革,从易到难、从少到多、逐步赎买,最终全部转化为"企业自营"。目前预估,如以政府出让价赎回需资金约3亿~4亿元,以目前市场价赎回需60亿元以上,耗资较大,因此需要进一步调研,在精确测算的基础上,确定合理的时间表和赎买政策、步骤,保证全行业平

稳过渡。

(5)设立统一的指挥调度中心

普及车内视频监控、行车记录仪、GPS定位等电子设备,设立统一的指挥调度中心,运用物联网技术和大数据思维,将电召调度、行业监管、执法等职能融于一身,最终在出租汽车行业实现智慧服务、智慧交通。

2.长期规划:以市场为主导,构建政府监管、行业自律的良好业态

(1)进一步推进市场化

在当前政府简政放权、国企深化改革的大背景下,出租汽车行业进一步推进市场化是改革的必然趋势。坚持以市场为主导,发挥市场在资源配置中的决定性作用,逐步淡化政府在出租汽车行业的行政干预,鼓励良性竞争,最终形成一个自由竞争、自由出入、多元、公平的市场。以目前政府对出租汽车司机的补贴为例,表面上是政府补贴司机,实质却是政府替乘客买单,但乘客并不属于社会弱势群体,不应该成为政府补贴的对象。因此,提高运价是比政府补贴更符合市场规律和改革方向的方式。

(2)引导社会力量参与决策、管理

政府管理的内卷化和行业垄断是造成出租汽车矛盾问题的主要原因。要充分吸取教训,管监分离。逐步培育以行业组织、工会、相关领域专家为代表的第三方社会力量,使他们参与到行业未来发展的决策与管理当中,畅通政府与行业的信息渠道,广泛听取社会意见,做到科学决策、民主决策,将矛盾化解于萌芽状态。未来政府主要承担制定法规和行业运营规则的责任,减少具体的行政管制,以总量控制、准入机制、运价协商为三大抓手,由政府管理转向社会治理,以此缓解政府监管压力、降低监管成本和减少行业腐败,维护合法经营业主和社会的总体权益。

(3)提高从业人员的本土化水平

减少外地司机特别是外省司机的数量,有利于增加整体行业从业人员的稳定性和服务的提升。对于"公车公营"后招工难的问题,政府应适当予以政策倾斜,如为省内户籍人员提供免费的职业培训和就业的便利条件与扶持措施。可考虑通过"山海协作工程",结合城乡户籍制度改革的契机,先在省内定向试点5000人,在他们执业后给予部分"市民化"待遇,以提供社会保障特别是提供公租房为重要手段吸引本省籍司机,提高出租汽车司机的社会福利和收入,维护和保护其切身利益。避免外省籍司机同行同乡聚居一地,拉帮结派的现象,增加从业人员的"本土化"比重,降低政府监管难度,最终达到提升行业服务水平的效果。

促进互联网与出租车行业融合发展的对策建议

杭州市决策咨询委员会办公室课题组[*]

近来,各种打车软件异军突起引发普遍关注。上海、广州等地正在积极酝酿出台规范措施。杭州在出租车管理体制改革中,应"借力使力",采取"开放、规范、稳定"六字方针,促进互联网与出租车行业融合发展,为全国探索新路。

2014 年以来,以网络约租车(即"专车")为代表的互联网用车在杭州等全国大中城市出现。这一创新业态引领了互联网与智慧经济相结合的潮流,也与传统行业管理产生极大冲突。据最新统计,杭州市现有出租车 10003 辆(截至 2015 年 5 月 31 日)。而杭州市区网络约租车数量已达 10 万辆,经常性运行的约 1.4 万辆,超过巡游出租车数量。城市管理者应正确认识网络约租车本质,直面网络约租车"怎么看"与"怎么办"两大命题,把握趋势、顺应潮流、调整政策、大胆改革,促进互联网与出租车市场融合发展,有效解决市民打车难问题。

一、怎么看:杭州网络约租车发展现状及问题分析

目前,在杭专车平台主要有 Uber(优步)打车、滴滴专车、一号专车、神州专车和易到用车等 5 家。"专车"服务经营模式主要有两种:一种为私家车从事"专车"服务;另一种为"1+1+1"模式,即打车软件对外宣称的由打车软件提供信息、租赁公司提供租赁车辆、第三方劳务公司提供驾驶劳务组成"专车"服务。由于方便、实惠,网络约租车服务受到市民认可,其总量和运营范围正不断扩大,自身实力也不断增强。"滴滴快的"市场估值约 100 亿美元,Uber 最新估值达 500 亿美元。在资本推动下,各专车平台均加大补贴额度,继续抢占出租车市场份额。

网络约租车通过大数据分析,采用"众包模式"对接供需双方,盘活社会车辆存量资源,实现运力有效配置;以"乘客司机互相评分方式"实现双方良性互动,满足市场高品质、多样化、差异性需求。综合分析其表现,主要有"三利三弊"。

---

[*] 执笔人:俞春江、吴伟强等。

利之一：整合资源，有利于缓解高峰期打车难

"高峰时段用车"刚性需求不能得到满足，是杭州出租车行业群众不满意的主要因素之一。网络约租车出现一年来，市场需求得到有效释放，高峰期打的难问题得到基本缓解。网络约租车的运营有效减少乘客街边无效等待时间，减少车辆巡游揽客产生的空驶。据某用车平台统计，杭州市区均在 5 分钟之内可顺利用车。

利之二：创造需求，有利于促进就业

网络约租车提供相对高端的"好而贵"的服务和"比传统出租车更便宜"的服务，改变了市场结构，细分了市场。根据杭州主城区公共交通客运量统计，2014 年出租车全年客运量为 17844 万，比 2013 年仅下降幅度 2.59％。在小汽车出行市场，网络约租车抢占部分传统出租车市场份额的同时，开辟了新市场，降低了燃油、人力和污染排放，创造了就业机会，直接拉动经济发展。

利之三：培育主体，有利于出租车体制改革

由于缺乏竞争，长期以来出租车行业凭借其垄断优势，将收取"份子钱"作为主要经济来源，对消费者个性化需求及要求改进服务的呼声无动于衷，甚至以"罢运"等行为消极应对政府监管。网络约租车出现后，作为一种新的主体提升了服务水平和效率，引入了市场化机制，撼动了传统的、不合理的、垄断的资源配置规则，在一定程度上为出租车管理体制改革营造了氛围，提供了条件。

在产生积极影响的同时，由于相关制度不配套、管理不到位，网络约租车也带来了不利影响，杭州出租车行业正面临着改革前的阵痛。

弊之一：突破边界，尚不符合法律规范

依据《杭州市客运出租车管理条例》(2007 年 5 月修订版)等法规，网络约租车服务"1＋1＋1"(打车软件＋租赁＋代驾)混合模式尚不能纳入法律规范的范畴；以"拼车"为概念的私家车介入网络约租车行业涉嫌私家车非法营运。由于缺乏有效的法规依据和制约手段，政府约谈和查处行为并未起到震慑作用。在市场竞争中，专车平台大量吸引私家车接入，并为受到非法营运查处的私家车承担罚款。

弊之二：风险显现，不利于行业监管

作为新生事物，在"野蛮生长"阶段网络约租车缺乏应有的规范，存在多方面风险。一是安全风险。Uber 平台服务器架构在国外，在中国市场运营所采集的相关城市地理信息、车辆信息、用户信息、支付信息、社交信息以及路况信息等均直接回传到国外服务器进行数据留存，信息安全隐患极为严重。各专车平台在乘客乘车记录隐私保护、对司机背景的筛查程序等方面均存在隐患。由于一些用户绑定信用卡支付，Uber 直接以美金扣款汇出境外，与国家外汇管理

制度也会形成冲突。二是运营风险。网络约租车平台经营主体责任不清晰。为了规避非法营运的法律风险，专车平台需要与劳务公司和租赁公司合作，皮包公司、零资产公司参与其中，劳务企业之间存在层层委托、转包行为。与此同时，不少职业"黑车"司机专门买新车用于加入专车平台非法运营体系，形成了利益共同体。三是乘客权益保障风险。不规范的网络约租车经营行为尚未杜绝：专车司机准入门槛低；审核存在漏洞；预约车辆和实际服务车辆不一致；驾驶员之间车辆随意调整⋯⋯在"1＋1＋1"模式中，乘客由消费者变成了车辆承租人和代驾服务雇佣人。《浙江省道路运输条例》（2012年7月起施行）第五十八条规定："车辆租赁期间，因承租人、驾驶人员过错发生交通违法、交通责任事故以及其他因承租人、驾驶人员行为造成租赁车辆被扣押、丢失等后果的，由承租人依法承担责任。"也就是说，乘客作为消费者的合法权利得不到有效保障。四是理赔风险。目前网络约租车一般按照"非营运"车辆进行投保，发生事故后，如果被认定为从事商业营运，保险公司可以依法拒绝理赔，杭州已经发生此类案例。

弊之三：矛盾激化，不利于行业稳定

网络约租车冲击了现有利益格局，分流了部分出租车市场需求，导致出租车营收和企业利润下降；引发出租车驾驶员"离职潮"，部分出租车缺少驾驶员。在司机流失和客户流失的双重压力下，出租车公司和出租车牌照持有人资产缩水。据调查，在出租车使用权证的民间交易中，100万元左右的买断价格已经下跌到80万元左右，一些出租车企业和承包人出现亏损经营。半年来，在网络约租车等因素冲击下，出租车行业累计出现群体性事件20多起，市场处于不稳定局面。

毋庸置疑，交通运营结构和方式正在发生根本性变革。科学看待网络约租车业态的利弊，是促进互联网与出租车行业融合发展的关键。从总体来看，网络约租车的"三利三弊"是新旧市场冲突中的发展性和阶段性问题，"利"大于"弊"，其"弊"是发展中的"弊"。

从互联网对实体经济的改造来看，互联网对于出行市场的影响速度和深度，远远超过其他行业（如：电商对零售业的冲击，团购网站对于本地餐饮的改造）。网络约租车进入道路运输市场，是当前市场经济和互联网经济驱动下的创新产物。目前杭州市区公交分担率仅为35.7％，4公里以内私家出行率为47％。更高的承载率、更高的巡航小时数、更低的停泊时间与费用、基于实时交通状况设计的动态最优路线，将使"专车"比私家车更具经济性。长期来看，打车软件在拥有规模经营优势后，必然会降低私家车使用频率，从而降低经济与环境成本。

从传统出租车市场自身发展来看,传统出租车行业通过"政策性垄断""资本"和"驾驶技术"获得比较丰厚的利润。随着汽车价格下降和驾驶技术的普及,在几乎人人都会驾驶、家家都买得起汽车的今天,出租车行业必然失去核心竞争力,无法再凭借一般性资本投入和相对低端的技术获得高额利润,该行业受到冲击在所难免。运用潮汐经济学模型分析发现,特大型城市出行市场是需求潮汐涨落式的交易市场,存在明显的高峰期和平峰期,高峰期出行需求是平峰期的 10 倍以上。如投放更多出租车以满足高峰期运力需求,则平峰期会出现明显过剩。在解决"打车难"问题上,不应主张简单投放"高峰期出租车",而应该借助市场和网络的力量,鼓励各种营运模式进入市场。应该看到,客运市场不可能永远独家垄断,各种营运模式进入市场后也并不是非此即彼的对立关系,完全可以通过开辟新的市场需求来推动市场发展。

从政府对出租车行业管理角度看,出租车行业长期存在"乘客不满意、社会不满意、司机也不满意"的现象,出租车行业管理、服务体制及相应法规已不适合当前发展需要。技术进步无法阻挡,由此带来的生产经营方式变革不应受到法律的阻碍。制定和执行法律时,应该充分考虑原有的相关法律是否符合"自然法",是否有利于"保护自由交易"等公民基本权利,体现市场灵活性。网络约租车的监管问题是新业态对政府传统管理服务的颠覆性挑战,完全可以通过规范和创新方式来解决;专车的出现是出租车市场主体发育成熟的直接体现,出租车行业改革条件已成熟,过去不符合"自然法"的规则并非一成不变,完全可以通过改革使其真正变成法律。

二、怎么办:促进互联网与出租车行业融合发展的对策

对网络约租车规范与发展,中央和地方均高度关注。2015 年 5 月 8 日,国务院发布《关于 2015 年深化经济体制改革重点工作的意见》。作为 2015 年深化经济体制改革重点之一,国家层面将出台深化出租汽车行业改革指导意见。网络约租车问题成为改革的重要内容。6 月 1 日,上海出租车信息服务平台上线,出租车企业与滴滴打车实现信息互通、资源共享。此前,浙江省义乌市出台出租车改革意见,明确"三年内取消出租车总量控制"。与此同时,就"网络约租车合法化"问题,上海、广州、成都、南京、合肥等城市正密集调研,积极筹备。传统出租车市场垄断的"坚冰"正在被打破,"市场化"改革方向正在逐步形成共识。借"专车"倒逼之机,改革现行出租车管理体制的社会氛围已经形成,出租车市场实现"互联网+"的愿景值得期待。

作为互联网发达城市,杭州具有相对开放的市场环境和更迫切的改革呼声,相对于义乌"三年内取消出租车总量控制"的改革目标,不应过于保守,错失

改革机遇。在网络约租车规模发展迅猛的情况下,应考虑顶层设计,设立必要过渡期,在一到两年内完成出租车行业改革。应通过改革,突破垄断利益阻力、化解稳定压力、形成制度动力,实现网络约租车与传统出租车融合发展。

城市出行市场的理想格局是"基本出行"与"个性化出行"分层次得以同时满足。市民"基本出行"依靠地铁、公交车等公共交通。而市民"个性化出行"的解决方案为:在平峰期,依靠出租车、专车等专业运力,通过网络平台提升效能,满足90%以上的需求;在高峰期,整合更多存量资源,以私家车公益互助出行等方式提供分级、分档、多层次出行服务。

在"互联网+交通"时代,政府领导和城市决策者应该清晰认识到出租车行业正在呈现"五大趋势"。

1. 产品分层化

高、中、低段产品将分层呈现,逐步形成拼车(成本收费或者公益出行)、传统出租车(廉价收费,满足基本打车出行需求)、网络约租车(较高收费,满足个性化出行需求)等不同层次市场格局。不同社会群体可根据各自经济条件和喜好选择不同出行方式。

2. 服务精准化

客户需求的时间、地点将无缝对接,各种个性化需求可得到满足。

3. 管理精细化

通过网络信息平台,所有车辆运行状况将得以具体呈现。基于大数据分析的行业管理呈现精细化。

4. 运营市场化

出租车行业逐步告别垄断,走向市场化运营。过去"管制型"的管理将难以适应,政府将只负责制定政策和行业监管,不直接管控出租车数量和价格。

5. 就业休闲化

网络约租车灵活、智能的接单派单方式缩短工作时间,降低工作强度,有效释放司机"碎片化"的时间以及车辆本身价值。业余做专车司机成为越来越多上班族、城市居民的新选择。

顺应"五大趋势"是出租车体制改革的前提,呼应愿景、增强群众获得感是出租车的立足点。当前应该从出租车行业的最痛点入手,从总体设计的角度看待网络约租车的管理。通过改革发挥"市场的资源配置决定性作用","将资源配置的权力放给市场",最大限度减少不当食利者。应打破行业垄断,还权于市场,放开出租汽车市场准入和数量管控。

对于网络约租车的监管应明显有别于巡游出租车,避免出现新的行业垄断和权力寻租。政府管理服务必须秉承开放理念,以"互联网+"的思维,积极转变职能,从过去"价格、数量双管控"的直接管理过渡为"充分发挥行业组织和企业作用"的间接管理;让更多的主体进入市场,多用法律手段,慎用经济手段,少用行政手段,及早从过多的管制领域退出。通过一系列法律法规的修改和完善,在"优化运力"和"规范市场"间做出界定,明晰互联网出行市场监管政策。应以融合发展为目标,采取"开放、规范、稳定"六字方针,实施以下政策措施。

(一)开放新兴市场领域

1.修订法律法规,明确"网络约租车"服务合法性

网络约租车的难题核心在于没有合适的法律规章可以合理界定。当务之急是契合专车业务的互联网特性启动立法,让其有法可依。《出租汽车经营服务管理规定》(交通运输部令2014年第16号)已经于2015年1月1日起施行。其中第二十条规定:"县级以上道路运输管理机构应当按照出租汽车发展规划,发展多样化、差异性的预约出租汽车经营服务。""预约出租汽车的许可,按照本章的有关规定执行,并在《出租汽车经营行政许可决定书》、《道路运输经营许可证》、《道路运输证》中注明,预约出租汽车的车身颜色和标识应当有所区别。"作为城市治理事务,杭州应通过地方立法的形式,明确网络约租车市场经营地位。可在现有出租车门类中增设"网络约租车"类型。其内涵应包括:由网络约租车平台组织供需信息;高品质高档次出租车服务。建议:对网络约租车不再实行总量控制,而是通过车辆档次、驾驶员资格来设置门槛。可借鉴美国纽约出租车及豪华轿车管理委员会(TLC)对"私人营运车辆管理"的做法,对司机和车辆分别审核,获得各自TLC资格证后才能从事营运。2015年1月以后,纽约TLC只接受五年以内新车辆的申请。营运车辆需要接受每季度一次、一年四次的强制性专门检测。

2.降低准入门槛,鼓励更多营运主体进入市场

以预约用车为基本特征的"专车"不需巡游揽客,对道路等公共资源占用相对较少,不再适用行政管控下的特许经营制度。应采用一般许可制度,放宽管控、开放市场,许可更多的经营主体以多种营运方式参与市场竞争,提升服务质量。网络约租车新业态应有一定数量支撑,否则在市场需求刺激下,网络平台必然会创设新的非法运力形式投入,使本轮改革陷入被动。建议:借鉴《义乌市出租汽车行业改革工作方案》(2015年5月出台),放松出租汽车市场公司化准入,放开出租汽车数量管控。

3.运用地方立法权,界定并鼓励"拼车"行为

"共享经济"是互联网社会的一大特征,其监管的关键就是要对共享与商业运营进行合理的划界,监管法规要对"共享"与"非共享"进行定义,对共享模式不设或少设限制。目前,对"拼车"等共享模式监管的法律方面仍属于空白地

带,杭州市地方立法权大有用武之地。借鉴北京市交通委《关于北京市小客车合乘出行的意见》(2014年1月施行),给予市民拼车合法身份,使"顺风车"收费不再违法。应立法明确"拼车是带有显著公益性和互助性的出行模式,不以盈利和服务为目的";在相对固定的时间和区间运行;认可合乘当事人合力分摊相应费用,对合乘与非法运营做出明确区分,使拼车车主免于"黑车"嫌疑。建议:应通过软件实现拼车功能,大力提倡"高峰期私家车合乘",进一步提高车辆的装载率,允许乘坐三人以上的小汽车进入公交专用道,降低单独打车产生的经济与环境成本,缓解城市交通拥堵。

(二)规范网络约租车业态

1.建立制度,明确网络平台主体责任

由于观念差异和逃避责任的本能,网络约租车打车软件商普遍认为其作为互联网交易平台"不受出租车监管法规的约束"。纠正这一观念是规范网络约租车市场的前提。建议:应通过地方立法明确打车软件平台作为"无车承运人"和"交通运输服务提供者"主体责任,而不是单一的信息提供方。打车软件平台主要应承担"准入"和"保障"两大责任:在车辆准入和驾驶员准入方面做出明确规定;在信息保障和保险保障方面做出明确规定,并向社会公示。

2.完善规则,规范网络约租车经营行为

打车软件在"野蛮生长期"的营运模式和经营方法存在缺陷。应从网络约租车的车型、保险、驾驶员资质、平台责任、投诉处理、淘汰机制等多个方面,对从事专车经营的车辆状况、保险类型及额度、驾驶员身份审核规程、计费标准、税收比例、纠纷处理方式等予以明确规定。应督促打车软件公司制定服务规范,上报交通管理部门备案。网络公司应明确、细化保障消费者权益的内容,公开承诺,并恪守告知义务。

打车软件平台做的是交通运输行业,应接受交通运输管理部门的监管;打车软件服务属于互联网信息服务,涉及信息化建设和国家信息安全,应接受工信部的监管和公安部网络安全保卫局监管;作为一家企业,软件平台还应接受工商部门监管。建议:上述监管部门应尽快出台相应规范,对新兴的网络约租车经营行为予以引导。

3.依法行政,维护约租车市场秩序

《杭州市网络交易管理暂行办法》(以下简称《暂行办法》)已于2015年5月1日实施,应利用现有法规,依据《暂行办法》规定,落实企业主体责任。一是要求平台对进入平台经营者经营主体资格进行审查、建立档案(第18条);二是要求平台对服务信息加强审核,发现违法行为,应采取措施制止,不能消除的,向管理部门报告(第20条);三是要求平台建立各类管理制度(19条)、消费争议和

和解、调解制度(32条);四是要求平台开放后台信息(第41条),平台应协助相关部门查处违法行为,提供网络经营者主题资格、交易数据等资料,不得拒绝、阻挠。

《暂行办法》中,就平台未对平台内经营主体资格进行审核,未按要求保存服务信息、发布时间、交易记录信息等行为,皆设置了行政处罚。建议:交通运输部门会同工商部门要求平台开放其后台数据,通过数据库查找、获取私家车从事非法营运的信息及证据。不落实责任的,由工商部门依据《暂行办法》对平台实施行政处罚。

(三)稳定传统出租车行业

1.统筹发展"传统出租车"和"网络约租车"

调查发现,传统出租车企业均有意利用互联网技术提升运营能力和水平。应赋予传统出租车平等的市场经营地位,引导出租车企业进入网络约租车市场,并畅通其渠道。建议:借鉴义乌市出租车改革经验,给传统出租车在数量、价格、经营权等问题上逐步松绑,允许企业参与专车经营,打通专车与传统出租车的通道,实现两者融合。引导"传统出租车"和"网络约租车"建立共享数据的统一信息平台,鼓励传统出租车利用互联网技术提高营运效率。引导其推出人工电话召车、手机软件召车、网络约车等服务方式。结合目前杭州市出租车汽车改革,鼓励专车平台或收购或股份合作与一部分出租车企业开展尝试性合作,使得专车平台获得道路旅客运输资质。

值得一提的是,出租车和网络约租车发展均以"公交优先战略"为前提。在人口密集的核心商务区,公共交通仍是最佳出行方式。专车平台应向交管部门开放数据,为交通决策提供帮助,共同解决拥堵和环境问题。

2.营造标准统一、公平公正的市场环境

营造公平的市场环境是政府管理的重点。应降低出租车运营准入门槛,改变对从业人员的管理模式。

一是统一报废标准。按照目前的交通法规,出租车作为营运车辆其最高报废年限8年为上限,实际上一辆出租车的平均折旧年限为5年。而专车目前多数属于非营运车辆。理论上,只要年检合格并没有强制报废年限要求,实际上平均折旧年限大致为10年,出租车的折旧成本大大高于专车。建议:应按照技术标准进行报废(而不是年限),相对于私家车,统一抬高营运车辆检测标准。

二是统一税收负担。出租车司机税负较重,每月近万元份子钱(不包括司机"五险一金")中相当部分为固定上交给政府的税费,其中包括堤围防护费、年票、计价器检定费、出租车智能管理系统服务费。建议:取消车辆经营权有偿使用金,降低或取消各种税费,建立网络约租车和巡游出租车统一的税负标准;同

时取消出租车燃油补贴。

三是探索驾驶员素质管理办法。出租车的服务水平取决于出租车司机自身的素质。仅仅以"考试"固定标尺去衡量出租车司机的优劣,明显是一种行政主导思想的产物,也无法适应市场需求。应结合"市场准入"与"双向匿名评价"两大机制,充分发挥企业自主性,在市场竞争中提升驾驶员素质。

四是探索定价机制改革。出租车价格调整最关键的变量是通过价格机制来对交易进行撮合。在美国大都市打车高峰时期,Uber 依靠极其复杂的算法和动态价格的调节机制,最高把价格提高到打车原价的 8 倍。应借鉴 Uber 价格调节机制,以科学的算法优化资源配置,充分发挥价格调节供需的杠杆作用,同时严格规范价格行为,杜绝恶性竞争。

3. 组织各界参与,尽量减少改革阻力

出租车是与广大市民工作生活休戚相关的行业。要清醒面对改革过程中的阵痛,积极稳妥地推进改革实施,赢得市民支持,避免因方向不明而在下一步发展中陷入被动。在出租车行业管理体制与运营机制改革的关键时期,建议:确立"公开公正、透明多赢"原则,营造良好的舆论氛围,减少出租车改革阻力。

将改革的过程动态化告知公众。让相关各方充分介入规则制定过程,以便于广开言路、集纳民智,在互动交流中赢得更多的理解和共识。

分层设计市场供应照顾不同层次需求。专车模式能满足"有车一族"的城市居民,或者富裕阶层以低成本享受个性化出行方式的需求。在出行市场设计中,应该考虑城市中坐不上专车甚至坐不上地铁的中下阶层,不能让少部分先富人群的利益侵犯了大部分后富人群的利益。

分阶段制定出租车体制改革和网络约租车规范管理过程中舆情引导意见。建议宣传部门介入,做好舆论引导工作。在敏感时期,舆论应当保持适当尺度,避免激化矛盾。

4. 严厉打击黑车,促其走合法正当渠道

调研发现,"黑车"经营者主要为本地居民,是出租车司机本地化的重点分化对象。随着出租车改革顶层设计的完成,应综合施策,采用"一进一出"的策略,根除"黑车"非法营运,消除监管风险,营造公平竞争的市场环境。

如前所述,应积极引导"黑车"经营者进入网络约租车行业,创造条件使其纳入合法从业者行列。与此同时,对于拒绝纳入法律规范范畴的,应该明确予以打击。建议:参照《上海市查处车辆非法客运办法》(2014 年 8 月实施),"经市交通行政管理部门认定客运服务驾驶员或者车辆不具备营运资格的,利用互联网网站、软件工具等提供召车信息的服务商不得提供召车信息服务"。"对于违反上述规定要求的,交通管理部门将对服务商处以 3 万~10 万元的罚款"。

总之,杭州应发挥互联网经济发达的优势,牢牢把握互联网出行市场趋势,积极探索具有本地特色的"网络约租车"管理路径。在政策设计上,既坚持"应有的刚性",又保留"足够的弹性";在制度设计上,既注重"传统出租车与网络技术融合",又保留"网络约租车市场化发展空间";在政策路径设计上,既注重指导性,又不过多纠结于"专车能否独立于出租车序列""私家车能否被允许从事专车业务"等复杂问题。杭州应该在开放的市场中寻找矛盾化解的新落点,促进互联网与出租车行业融合发展,在具体政策设计、管理方式、主体责任落实和政府职能转变方面为全国探索可行之路。

关于余杭区崇贤街道"二维码智能垃圾分类"模式的评估分析和推广建议

浙江工业大学政治与公共管理学院教授　吴伟强

垃圾分类和处置是城市治理中的一大难题。尽管各区（县、市）一直在探索，也有所创新、有所成效，但总体上，杭州的垃圾分类问题一直在"原地踏步"，效果并不显著。正如人民网在 2015 年 5 月的报道中所说："15 年后的今天，试点还在'试点'，但垃圾分类难言'分清'。"这其中存在垃圾分类宣传不到位，居民垃圾分类意识不强，垃圾分类工作监督不完善，社区和物业工作合力不强，缺乏制约手段等诸多矛盾，但更主要的问题是政策设计不科学、发力不精准。

2015 年 3 月，余杭区崇贤街道启动"二维码智能垃圾分类"项目，希望以智能技术应用破解垃圾分类处置难题。该项目在紫欣华庭和星海云庭两个示范小区成效明显。专家在深入剖析紫欣华庭小区实施情况后，得出的主要结论为：该系统具有一定的操作性和实效性，是一种新的创新和探索，特别是在前期的分类指导、宣传培训上肯下苦功，所以效果显著。但在具体操作层面，从技术、成本和保障这三大要素来看，目前该项目的"智能分类"技术尚不稳定，投入成本过高，商业盈利模式也有待探索。建议：当前，只适宜在一定范围"中试"实验，待条件成熟后再考虑大面积推广。下面从项目评价、存在问题和推广建议三个方面进行具体阐释。

一、"二维码智能垃圾分类"项目评价

专家团队对该项目从技术、社会效益、财务效益三个维度进行了客观数据分析，具体评价如下。

1. 技术评价

该项目的核心过程分为四个部分：

（1）二维码智能垃圾袋发放机；

（2）二维码智能分类垃圾箱；

（3）二维码智能可回收垃圾箱；

（4）基于二维码的实名制和积分制。

由于采用了二维码技术，对每户居民的垃圾分类情况可以实名对应，并在此基础上建立了奖励和约束机制。我们将这套系统，简单概括为"两项技术，两大平台，一根链条，三个支撑"（见图1）。

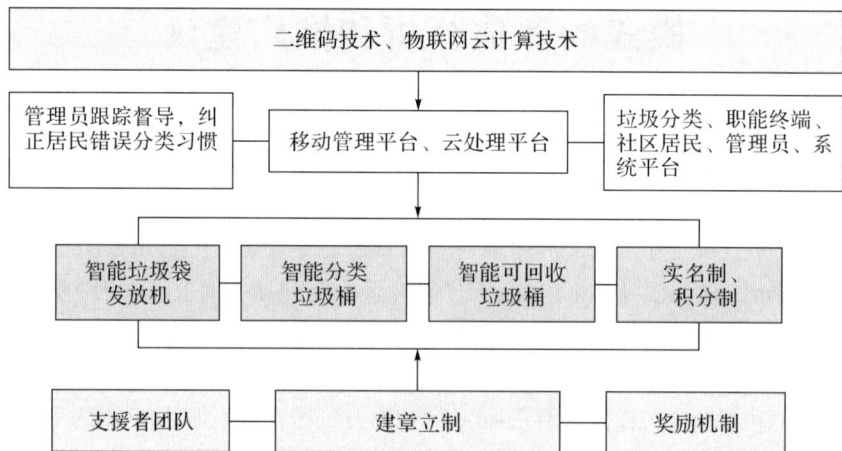

图1　二维码智能垃圾分类系统

该系统由杭州村口环保科技有限公司研发，据称具有完全自主知识产权（公司已独立开发了拥有自主知识产权的《二维码智能垃圾分类管理系统》《智能分类垃圾房》等六套应用软件）。这套系统的技术优势在于：

（1）采取实名制，能准确追踪监测每户垃圾分类实际情况，并在此基础上，建立了相应的激励机制；

（2）通过系统云计算，提升社区管理者的工作效率；

（3）随着用户数据的不断扩大和积累，技术数据平台的融资功能也会体现出来。

这套系统的缺点在于：

（1）此类技术的可替代性很高；

（2）故障率较高，居民反映服务器有时会出现瘫痪，而且手机信息提示系统有时也会出现问题；

（3）智能化水平较低，前期指导和事后监督都需要大量的人工辅助。

2. 社会效益评价

从紫欣华庭小区的实施效果看，总体上，小区每日垃圾总量从 1.52 吨降至 1.25 吨，下降比例约 18%，有效减轻后端垃圾焚烧厂处理负担。一是促进了垃圾减量。二维码智能垃圾分类平台的应用，在小区建立起了低价值回收垃圾的智慧回收体系,并通过积分反馈及奖励的方式,有效地提高了居民回收有价值垃圾的积极性,减少了每户日产垃圾量。二是提高了分类效率。通过垃圾分类宣教知识的平台推送、细致且系统的培训宣传及系列主题活动的开展,建立起了多维度的垃圾分类宣传体系,大大地增加了垃圾分类宣传的针对性、时效性与趣味性,在居民群体中宣传效果显著。二维码智能垃圾分类平台的应用使每袋垃圾都可以进行追溯。随着智能巡检、评优等考核监督体系的建立,特别是建立了垃圾分类奖励机制,极大地促进了居民垃圾分类的积极性和准确性。三是提升了监管水平。二维码智能垃圾袋发放机节约了垃圾袋的发放成本,与原先的社区发放相比,减少了人力、物力、财力。借助于该智能平台的巡检、统计与管理功能,有效地整合居民、社区、街道以及志愿者等监管队伍的力量,建立起了检查有设备、情况有数据、处罚有反馈、评优有根据的社区垃圾分类监管系统,是居民小区垃圾分类工作集中化、信息化、标准化建设的有益探索。四是提升了社区品质。减少了大型垃圾桶,增加小区的美观度和整洁度。社区内摆放二维码智能可回收垃圾箱,促进资源再利用,减少小区内回收垃圾的外来人员,增加小区安全性。

3.财务效益评价

以崇贤街道紫欣华庭小区(264 户家庭)为例,该试点已经累计投入资金11.83 万元,后续计划再投入日常巡检和社区管理经费 2.23 万元,全年总计投入为 14.06 万元,平均每户 532.58 元/(户·年)。人力投入方面,在前期筹备和设备运行初期(2 个月时间)共投入人员 265 人/次。总体成本过高,不具备普遍推广的价值。

村口公司根据专家要求,模拟了在滨江区全区 9 万户居民中推行这套系统,测算投资收益情况,具体如表 1 所示。

表 1　投资收益基本数据　　　　　　(单位:万元)

成本		收益		利润	实际利润
办公用房	60	废旧物资	1012.5		积分奖励725.5 由村口公司承担
仓储用房		信息服务费	135		
辅助设备	182				
人员薪资	455				
终端设备	1166				1116 全部政府购买
研发费用	150				
合计	2013	1147.5		−865.5	−475

从村口公司提供的模拟数据来看,该项目的财务效益基本不存在。但需要

指出的是,上述数据完全没有说明基于数据平台可获得各种融资渠道的投资收益。

专家结论:从居民的参与热情和分类的实际效果看,该项目在社会效益方面,有了较大的进步和可喜的成果。技术上的成熟度则有所欠缺。财务上,如果能实现规模化运作,那么投资公司的账面亏损是完全可以通过数据平台的融资性收益来弥补的。因此不主张政府大力资助该项目,而建议采取政策支持的方式。让承接公司自身从垃圾可利用资源回收和相关商业模式创新中寻找经济利益的平衡点。

二、扩大试点需要重点关注的问题

目前,杭州市各城区都在智能垃圾分类方面进行了有益探索,崇贤街道的两个示范小区是其中成效最显著的案例。另有下城区朝晖街道试点一年多的"废旧物资智能回收平台"项目,在可回收垃圾和有害垃圾的分类和处置中取得不错的效果。未来从市级层面出发,可以崇贤模式为主,借鉴、整合包括下城试点在内的各地优秀经验,实现综合创新。在杭州未来扩大试点的过程中,必须考虑以下几个共性问题。

1. 成本控制

紫欣华庭小区的成功是建立在崇贤街道制定的一系列考核补助政策及强有力的队伍建设之上的。平均每户 532.58 元/年的硬件投入;项目前期,投入了大量的人力完成入户登记、人员培训、宣传等工作;而正常运行期间也需要大量的志愿者、督查人员进行巡检。街道的积分补助、考核评优等政策是目前吸引居民投放的重要动力。余杭区反映:如在全区予以推广,其资金投入与人员保障等问题还需进一步研究。可以说,该项目的运营成本过高是阻碍其实现大面积推广的主要因素。

2. 软硬件配套设置需更加合理化

首先,从硬件来看,崇贤街道的两个示范小区中,紫欣华庭小区有 200 多户居民,设置了 2 台智能机器系统,星海云庭小区有 800 多户居民,却只设置了 3 台垃圾箱系统。因此,小区内智能机器系统设置不合理,没有充分考虑到居民数量的差异。未来应该进行标准化设置,充分考虑到居民数量、小区大小以及服务半径等多重因素,合理配置垃圾箱。由于垃圾箱配置不合理,调研组在小区中发现,智能垃圾箱旁边放置着几个大型垃圾桶,当智能垃圾箱里面的垃圾桶填满以后,工作人员便更换成旁边的空垃圾桶。但是两者位置过近,会导致居民偷懒直接把垃圾扔进大型垃圾桶中,降低垃圾分类率。其次,在管理体制上,一是太过依赖行政力量,二是缺少约束手段,有奖励政策,但没有惩罚性政策。

3.重视有害垃圾的分类

目前国内通行的垃圾分类法是"四分法",即分为可回收垃圾、有害垃圾、厨余垃圾和其他垃圾共四类。崇贤试点中,着重解决了"厨余垃圾"和"其他垃圾"的分类问题,将其中最难的两类进行了区分,但唯独对于"有害垃圾"没有进行有效分类,可以预想有害垃圾混入其他类别的分类垃圾对总体分类的准确性和环境的保护都非常不利。在居民的日常生活中,有害垃圾的产出量是非常有限的,远低于其他三种类别的垃圾,因此可以借鉴朝晖街道的做法,将有害垃圾的收集功能集成到可回收垃圾收集箱中。

4.技术攻关

居民反映,村口公司这套设备的技术成熟度较低而故障率较高。垃圾箱门无法正常开闭、垃圾袋发放机不发或少发现象时有发生,给居民的日常生活带来不便。街道则反映基本每周都会出现或大或小的机器故障。而村口公司目前在崇贤街道没有维修窗口,未来扩大试点,其公司是否有相应的维运能力值得商榷。另外,社区部分老年人不能很好地接受该机器,认为操作过于复杂,认可度低,从而降低了此类人群的分类意识和积极性。

当然,未来扩大试点甚至全面覆盖时,可采取招标形式,吸引更成熟的企业来运行,从而规避村口公司存在的弱点。

三、今后杭州深化垃圾分类试点的建议

1.总结、推广"崇贤模式"的先进经验

专家认为"崇贤模式"的优势在于:

(1)全方位的培训和教育

培养良好的垃圾分类意识和习惯,这其中,分类指导是重中之重。

(2)垃圾投放全时段

任何一个系统,采用垃圾不落地或者定时投放,都是理想主义的做法,不符合市民的习惯。

(3)最大程度方便居民

必须看到,国人的垃圾分类意识和习惯处于初级阶段,设置过于复杂的程序,采用过于烦琐的技术,难以为市民所接受。

(4)坚持全程控制

杭州的垃圾分类,从前期的分类指导、教育培训,到分类监测、监管,再到后续的激励和约束需要全过程重构,全过程控制。为了达到这一目的,可以适当培育和发展社区自治组织实现自我管理。

2.坚持渐进式推进

在杭州,指望"一招鲜"来解决垃圾分类中存在的问题,事实上已经证明是

不可行的,可以采取"小步快跑"的方式,步步为营,逐步推进。首先,通过对崇贤街道两个试点小区的剖析看到:该项目技术要求不高,达到财务平衡也不是太难,有一定的经济和社会效益,特别是两个试点小区居民的积极性和热情在新的模式下被调动起来,实际效果值得肯定。但也需清醒地看到,无论是前期指导还是运行过程的监管和维护,都需要政府投入大量的人力物力,如全部按照"崇贤模式"的两个小区投入来测算,想要在全市范围内实现,政府恐怕需投入财力十几亿元,将造成巨大的经济负担。其次,杭州市有效处理已精准分类的各类垃圾的能力有限。以厨余垃圾为例,全市日均产量为 600 万吨,但处理能力仅 200 万吨。一面是垃圾产量不断攀升,一面是分类处理能力捉襟见肘。在无法完全实现有效分类处理,无奈一埋了之的现状下,就算全体市民们都做好分类,也必然沦为"伪分类",且给市民的观感更差,将大大折损政府形象,因此必须采取分步推进。建议:在垃圾分类处置能力未提升的状况下,垃圾分类试点工作不宜大面积推广。各区挑选条件较成熟的 1～2 个社区进行类似的智能垃圾分类试点项目。崇贤街道则以完成一个再推进下一个的"攻坚战"模式,逐步实现全覆盖。

3.推行市场化运作

成本控制是推广的最关键因素,从财务成本收益计算的角度看,试点范围扩大后,企业如果能从全产业链的层面改进技术、提高管理水平、拓展收益渠道,完全可以获得良好的收益。建议:在垃圾分类中走市场化道路,让企业作为投资主体,政府主要做好政策支持和保障措施的工作。在垃圾分类及处理的全产业链中,特别是杭州市目前所处的起步阶段,"废旧资源回收"是其中的主要盈利点。以下城区目前正在推广的"废旧物资智能回收平台"为例,其运营成本基本依靠市场消化,政府直接投入的人力、物力较少。因此,建议政府将该业务与整条产业链中的其他部分,如垃圾的分类或处置,"打包"推向市场,实行总体的市场化运作。

4.政府出台政策扶持相关企业

政府培育、扶持全产业链企业,形成规模效益,显然比直接投入人力、物力更经济、有效。目前,杭州市的"废旧资源回收"业务主要还是依靠城市"拾荒者"的低效率、低效益模式进行运作。杭州市政府可适时关注废旧资源回收行业,改变目前小而散且大量无照经营的现状。崇贤街道和朝晖街道的垃圾智能分类、回收平台都在该领域进行了有益探索,标志着"互联网＋"运行模式的初步成型。在当前的推广阶段,政府应当有意识地扶持优质企业向规模化发展。企业规模化的运作模式既能激发市场参与的主动性,又能提高社区居民的便捷度和小区的安全性。在这个过程中,政府还应配套做好的服务包括:垃圾处多头管理的协调工作、明确垃圾分类方式以及相关的宣传引导工作。

5. 充分调动社会组织和居民的主动性

垃圾分类是一项民心工程,需要一定的过程和时间,要有足够的耐心,还需要平常心,急于求成往往事倍功半。以台湾地区为例,1990 年由社会组织首先提出垃圾分类的概念,2000 年从台北市开始以政府力量推动,最终于 2005 年出台强制分类政策,整个过程达 15 年。因此,政府必须沉下心来,从头做起,从点滴做起,给予市民清晰、有力的引导、宣传。目前有崇贤街道紫欣华庭和星海云庭的成功案例,可以点带面,让试点小区的居民以受益人角色,传播经验,把经验复制到周边社区。把多数人思想工作做通了,调动起市民的积极性、主动性,再实行强制分类,才能顺理成章。

杭州商业综合体建设的问题分析和
优化提升对策建议

浙江大学课题组[*]

  商业综合体过剩是中国城镇化房地产发展中的一个普遍现象,杭州近几年商业综合体呈井喷式增长,人均商业综合体纯商业面积已超过广州和深圳,面临着巨大的金融财务和社会风险,最终可能由银行和政府买单。为此,杭州市决策咨询委员会办公室委托浙江大学岳文泽教授对杭州商业综合体的开发布局进行了客观、深入的剖析,并提出了五条对策建议。现将课题研究成果编发,供领导决策参考。

  商业综合体过剩是近年来中国城镇化和房地产发展中的一个普遍现象,杭州也表现得较为明显,全市主城区(含萧山、余杭)人均商业综合体纯商业面积达 0.43 平方米/人,已超过深圳的 0.4 平方米/人和广州的 0.27 平方米/人。存在金融财务和社会稳定风险,最终可能由银行和政府买单。根据国际经验,一座大型商业综合体的服务半径为 3~5 公里,需 50 万~80 万的人口基数,以杭州目前已规划 42 个大型商业综合体的现状而言,就意味着需要至少 2000 万常住人口的支撑。综合体的过剩绝非只是电子商务异军突起一个原因,归根结底是城市规划导向和行政体制管理问题。张高丽副总理在杭召开全国城市规划建设工作座谈会时指出:"规划也是生产力,做好城市规划建设工作,对于推动新型城镇化、有效治理'城市病'、促进经济社会持续健康发展、提高群众生活水平至关重要。"城市综合体作为城市规划建设的重要组成部分,事关城市发展导向和人民宜居宜业,如何实现其科学规划、科学管理是当前的重大课题。

一、杭州商业综合体开发布局矛盾现状剖析

  商业综合体是城市综合体的主要形态,是将城市中商业、办公、居住、旅店、展览、餐饮、会议、文娱等城市生活空间的三项以上功能进行组合,并在各部分间建

---

 * 课题负责人:岳文泽,浙江大学公共管理学院教授。

立一种相互依存、相互裨益的能动关系,从而形成一个多功能、高效率、复杂而统一的综合体。它既是城市规划建设的主要内容,也是反映城市品质和管理水平的重要体现。杭州目前总体处于商业综合体过剩状态,这既与全国商业房地产的发展趋势有关,也与杭州的"服务业优先"和"对房地产倚重症"的政策导向有关。

1. 杭州城市综合体开发历程

2008 年,杭州提出"要做好新城和城市综合体的文章",规划建设 20 个新城和 100 个城市综合体。2009 年 2 月,杭州市委、市政府出台了《关于推进城市综合体建设的若干意见》,同年 5 月,杭州市委办公厅、市政府办公厅联合印发了《杭州市城市综合体规划建设管理导则(试行)》,进一步明确了项目的规划、审批、土地出让方式、地下空间开发利用、用地管理等实施细则。2010—2012 年,杭州市委办公厅每年印发《关于做好市域网格化大都市和新城及城市综合体建设工作意见》,对城市综合体的开发进行指导和任务分解。一系列扶持政策的出台,加快了杭州城市综合体发展的脚步。

但受经济大环境和电子商务迅猛发展的影响,随着近几年城市综合体集中建设,商业综合体需求过剩的趋势越来越突出。2014 年 6 月,杭州市政协十届十四次常委会提出建议,杭州应优化商业综合体布局,以商业网点规划和城市规划调整为手段,针对商业综合体布局的问题进行差别化调整。

2. 杭州商业综合体开发布局结构分析

杭州处于商业综合体开发高速期。截至 2014 年 10 月,杭州市八城区共有商业综合体 104 个,在开发布局上表现出以下三大特征。

(1)在建数量总量过大

104 个商业综合体中已开业运营的为 56 个,共 921 万平方米,而在建或规划的综合体为 48 个,共 1594 万平方米,面积约为已开业综合体总体量的1.7 倍。

(2)空间上分布不均

主要分布于城市新兴建设区域核心区块、地铁上盖以及主城区工业企业"腾笼换鸟"地块。2014 年 10 月杭州市区商业综合体数量统计如表 1 所示。区块上,主要包括祥符、东新、石桥 3 街道,城东新城、钱江新城和临平新城等区域,尤其是规模超过 20 万平方米的大型城市商业综合体,集中分布于各新城。

表 1   2014 年 10 月杭州市区商业综合体数量统计

行政区	商业综合体数量(个)
上城区	3
下城区	10

行政区	商业综合体数量(个)
西湖区	13
拱墅区	14
江干区	31
滨江区	10
萧山区	10
余杭区	13
合　计	104

(3)体量上以大中型商业综合体为主

10万平方米以下的小型商业综合体27个,约188万平方米,体量占比为7.5%;20万平方米以上大型商业综合体达到42个,约1844万平方米,体量占比达到73.3%;其余则为10万平方米至20万平方米的中型商业综合体。

二、当前杭州商业综合体开发面临的问题

根据建设进度,预测到2017年,新增商业综合体将超500万平方米,呈"井喷"式发展,过剩风险和财务危机加剧。据住保房管局统计,杭州主城区(包括萧山、余杭)2014年5月底商业用房(不包括写字楼和酒店式公寓)可售建筑面积为129.7万平方米,相比2013年同期上涨67%,而写字楼和酒店式公寓可售建筑面积达286.6万平方米,相比2013年同期上涨了76.1%。为此,专家分析:杭州商业综合体开发存在过剩风险,且更多地表现为短期集中供应和布局过于集中造成的阶段性、区域性过剩。主要存在以下四大矛盾。

1. 开发时序不合理,面临阶段性过剩风险

2009年以前,杭州商业综合体仅5个,主要分布于西湖、武林等传统核心商圈,如杭州大厦、湖滨商贸旅游特色街区综合体等,总规模约64万平方米。2009—2014年,杭州市八城区共新增商业综合体51个,例如城西银泰城、万达广场、西溪印象城、万象城等,新增体量达到约857万平方米,年均增长超过100万平方米,呈现"井喷式"增长。2014年至2018年,将新增48个商业综合体,新增体量达到1600万平方米,是2009—2014年新增量的近两倍。根据物业组合分析,除购物中心和写字楼外,居住功能被纳入是造成许多大规模商业综合体出现的重要原因。例如,115万平方米的创新创业新天地综合体的商住部分和酒店式公寓超过25%,而欧美金融城(90万平方米)也存在超过20万平方米的住宅规模,表现出明显的商住房开发冲动。

商业综合体项目的大规模集中上马不仅会造成市场消化压力的剧增,也将加剧商业亏损风险。根据杭州市国土局土地招拍挂成交统计,杭州市主城区2009年至2014年6月份出让的商业用地共计可建造1863万平方米商业设施。以3年为建设周期,仅主城区在2017年就将形成约1300万平方米的商业体量供应,根据"住在杭州网"公布的年均消化量,这些商业项目需要近13年时间消化。部分商业综合体盈利状况堪忧。滨江中南购物中心、之江的钱江Block等空置率超过25%。由于较高的土地、开发成本以及未来的超大供应量,蓝孔雀综合体、滨江区星光百货等新建项目尤其是周边商业设施密集的综合体项目,正面临着巨大的亏损风险。在商务办公设施方面,城西科创产业集聚区部分写字楼目前租金仅为0.5~0.6元/(平方米·天),城北也有大量写字楼租金为0.8~1元/(平方米·天),已相当于仓库的租金。随着风险的扩大,商业项目出现规模性亏损将会引发一系列社会问题。

2. 供求匹配错位,面临区域性过剩风险

消费需求或消费能力是以人口为基础的,杭州市区部分商业综合体开发与人口间的匹配度差,意味着商业综合体供给与需求的空间错位。根据2020年杭州市区各街道人口分布密度和商业综合体分布密度(基于全国第六次人口普查数据和《杭州市城市总体规划(2001—2020年)》人口数据),钱江新城、城北、九乔、临平、新天地等地区的商业体分布过密,与人口分布明显不匹配。从空间分布看,大量商业综合体被选址于钱江新城、城东新城、城北新城等新兴地区,短时间内大数量且密集的新增商业综合体项目,将导致综合体商业开发速度远快于新城和新商圈的消费培育期,加剧过剩风险。应当说,钱江新城、城东新城和城北祥符是目前供需错位最为明显的三大区域。

3. 开发模式雷同,受电商冲击,市场竞争力大幅减弱

一方面,"购物中心+写字楼+酒店式公寓/住宅"已成为商业综合体的主要模式,业态同质已成为招商不足的重要原因。在单个商业设施内业态结构逐渐多元化的同时,商业综合体分布的密集区,仍存在业态同质化突出的问题。比如,主城区的杭州大厦、杭州银泰城(城西银泰)、西溪印象城等商业综合体都采取了购物+餐饮+休闲娱乐+生活服务的业态组合模式,其中城西银泰城业态组合比例为:餐饮17.36%,生活服务1.62%,零售37%,主力店44%。餐饮已成为各商业设施业态结构中不可或缺的一部分,许多新开业的商业设施甚至以餐饮为"吸客法宝",但餐饮对其他业态消费的带动作用却没有得到很好的发挥。比如城西银泰、滨江星光大道综合体等均存在餐饮非常有人气但是百货没生意的尴尬状况。

另一方面,以阿里巴巴为龙头的电商企业发展迅猛,进一步挤压了实体零

售业的市场空间。对商业综合体设施而言，其竞争优势应当是多业态组合，实际商品展示、试穿、试用的体验式消费方式。体验式业态的集客能力强，以延长消费者滞留时间的方式，提高他们消费的可能性。现阶段，杭州市区大中型商业设施常见的体验式业态包括电影院、冰场、健身会馆、电玩城、KTV、美容美体、儿童体验、儿童游艺等。但是，大部分大中型商业设施仍以零售类为主，占比达70%～80%，体验式消费业态缺失或者比重很小，使得其与电子商务的竞争优势越来越弱。

4. 交通配套问题突出，制约综合体健康发展

商业综合体布局需要与城市交通规划紧密结合，尤其是与城市交通枢纽的衔接，两者的脱节不仅造成商业设施使用效率降低，而且增加区域交通拥堵压力。比如，由于周边交通配套承载限制，城西银泰城周末运转率只能达到70%，设施实际服务能力难以完全发挥。综合体布局与交通配套的脱节不仅造成商业设施使用效率降低，而且增加区域交通拥堵压力。

市区104个商业综合体中，离地铁站点的距离小于300米的有22个，其余82个商业综合体都距地铁站较远，其中有29个商业综合体项目距已规划地铁站点的距离超过1000米，体量达到约761万平方米，已不在地铁的辐射范围内，交通可达性相对较差。对11个综合体密集区内各综合体到最近地铁站点的平均距离和密集区内道路密度进行统计（见图1），可见城北祥符密集区、运河密集区、新天地密集区、未来科技城密集区交通条件较差，新天地密集区、运河密集区和未来科技城密集区内各综合体距离地铁站点的平均距离甚至超过1000米，而城北祥符密集区、新天地密集区、未来科技城密集区三大区域的道路密度也较低，交通状况难以支撑大体量的商业综合体开发。

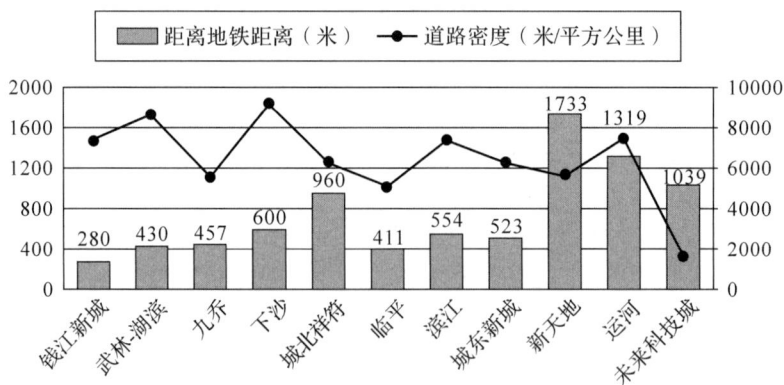

图1　杭州市区商业综合体密集区交通状况统计

三、商业综合体的优化转型对策建议

基于城市综合体开发现存问题,专家提出:根据"存量完善配套、增量加强引导"的总体思路,立足于不同区域城市综合体开发现状,作以下五点具体调整。

1.转变发展思路,放缓开发节奏,处理好政策导向与市场导向的关系

杭州是一个以自然风光著称的旅游城市,与香港、迪拜长夏漫漫不宜户外活动的自然环境有较大差异。为此,我们应当认识到,虽然来杭游客绝对数远超迪拜,但游客在综合体内滞留的时间与消费能力远不及到访迪拜的游客。因此,在借鉴境外经验时,还应当充分考虑个体差异,结合杭州本地情况调整思路、放缓节奏。杭州商业综合体短期内出现过剩风险,在很大程度上是由于政府对市场发展形势与电商崛起的估计不足导致的。

党的十八大报告中已明确将处理好政府和市场的关系作为经济体制改革的核心问题和战略制高点。因此,各地方政府在微观经济层面应当更多地让市场发挥对资源配置的决定性作用,不宜直接下达"建设多少、投资多少"的具体命令式规划,而是应当以科学、合理地测算市场容量为基础,引导市场有效运行,避免恶性竞争。近年来"竭泽而渔"式的开发方式已造成对杭州市商业综合体的透支消费,在未来较长的时间内,应转变发展思路,采用"放水养鱼"的策略。总体上,放慢综合体开发节奏,取消城市综合体土地审批优先、财政扶持等现有的开发优惠政策,给予充分的市场消化时间,同时进一步引导居民合理消费,扩大市场需求,因地制宜,实行分区分类型指导。

2.科学规划管理、妥善处理区县规划和市级统筹的关系

商业综合体的规划应当既包括建筑格局规划(硬件),也包括商业经营规划(软件)。很长时间以来,我们都存在一个误区,认为只要做好了硬件设施规划,就可以在日后随意对商业布局进行调整。从杭州市 2009 年印发的《杭州市城市综合体规划建设管理导则(试行)》中很明显地可以看到,该文件中对于规划的编制、审批和指标管理的阐述全部指向建筑格局规划。但近几年随着地产热潮的渐退,人们已逐渐意识到:商业经营规划应先于建筑格局规划,软件规划才是决定成败的关键。因此,市政府与市级主管单位在行使审批权力时,更应当从全市角度通盘考虑,注重对各商业综合体软件规划的评估和考核,避免各区县一拥而上地搞规划、搞建设。只有做好了全市统筹和软件规划,才能降低后期招商难的风险,从而避免各物业间的负面影响,实现各物业自身价值的最大化。

3.交通枢纽优先发展

可达性是商业综合体成功的第一要素,应当充分发挥现有交通资源优势,

依托公交总站、换乘点，特别是地铁站等交通枢纽强大的集聚人流能力，发展商业综合体。目前杭州依托已开通地铁线路建设的 9 大综合体项目只有距离主城区最远的临平站地铁上盖物业进程最快，部分物业已开售，其他还都处于规划或在建阶段。因此，要加快地铁上盖物业建设步伐，避免出现地铁建设和综合体建设脱节现象。对已建成的、一定规模以上的综合体项目，要整合交通资源，同步做好道路交通网络、公交枢纽、公交路线等基础设施建设，充分发挥公共交通的快速输送与疏散能力。当前，应通过适当的规划调整重点加强城西银泰城和万达广场等重点综合体项目周边的道路建设和公共交通站点设置。

4. 整合资源，及时转型

鼓励综合体开发模式创新和业态创新，尤其要加强综合体与电子商务的结合程度，实现线上、线下的立体式发展。对于业态同质化程度较高的商业综合体密集区，根据地区资源优势和开发现状采取多元发展方式，拓展商业综合体功能领域，重点发展社区型综合体项目，加强业态整合，探索将社区公共服务设施引入综合体。结合地区文化、产业特色和新的消费趋势，鼓励发展健身、医疗、教育培训等体验式业态，开发新的消费需求。加强商业综合体开发与区域产业、文化的结合，推进商、旅、文联动，凸显区域特色。通过与社会创新创业的结合，商业综合体的开发不仅可以为商业、旅游业、制造业等提供展示推广、交易的平台，也可以利用电子商务、物流等产业实现开发模式的创新，实现商业综合体内部各功能、商业综合体与区域发展间的良性互动。

5. 完善商业综合体开发的配套政策与跟踪研究

对于综合体的概念性规划和建设规划都应由区以上行政部门审核，同时要求提交各商业综合体的可行性报告。探索建立大型商业综合体项目开发的论证制度，对超大体量的大型综合体项目必须进行独立的第三方可行性论证，充分研究商业综合体项目布局的科学性、业态结构的合理性；充分考虑综合体选址与区域基础设施配套在时间与空间上的协调关系；严格控制以住宅销售为主要目的的综合体开发；加强商业综合体布局规划、开发风险等方面的研究。同时，建立重点综合体项目的后期跟踪制度，把握商业综合体项目的总体运行状况。积极学习商业综合体管理和调控的先进经验，加强管理人才的培养。针对商业综合体开发密集区域，展开专题研究，探索建立城市综合体开发风险的预防和应对新机制。

第五部分 "5+5"体系

　　全面深化法治杭州建设,要在依法执政、科学立法、依法行政、公正司法、全民守法等五个方面走在前列,在依法保障改革发展、美丽建设、平安创建和加强依法监督、提高法治能力水平等五个方面实现新突破。

新《行政诉讼法》对政府工作的影响及应对建议

浙江省社会科学院副院长、研究员　陈柳裕

《全国人大常委会关于修改〈中华人民共和国行政诉讼法〉的决定》已于2014年11月颁布,自2015年5月1日起施行。由于该次修改以加强对行政机关依法行使职权的监督、强化对行政相对人合法权利的保障、突显行政诉讼制度的行政争议化解功能为基本取向,所以,在客观上对政府工作提出了更高的要求。认真评判新《行政诉讼法》实施对政府工作的影响,采取切实有效措施提升政府机关及其工作人员的应对能力和水平,是贯彻落实《中共浙江省委关于全面深化法治浙江建设的决定》,率先基本建成职能科学、权责法定、执法严明、公开公正、廉洁高效、守法诚信的法治政府的必然要求。

一、新《行政诉讼法》对政府工作的主要影响

新《行政诉讼法》的施行,将对政府工作产生全方位、多层次的影响,主要表现在以下五个方面。

1. 改"立案审查制"为"立案登记制",行政诉讼的立案将更加容易

新《行政诉讼法》在明确规定"人民法院应当保障公民、法人和其他组织的起诉权利,对应当受理的行政案件依法受理"的同时,变"立案审查制"为"立案登记制",规定对符合法定起诉条件的,法院都应当登记立案。这一变化,将使得行政诉讼立案门槛降低,案件数量增加。

2. 受案范围扩大,更多种类的行政行为被纳入法院的监督范围

新《行政诉讼法》把可诉行为由"具体行政行为"调整为"行政行为",明确列举的可诉事项从7种扩大到11种,把行政机关的若干不作为(如行政机关拒绝或者在法定期限内不答复行政许可申请,以及不依法支付抚恤金、最低生活保障待遇或社会保险待遇等)和行政机关履行、变更、解除政府特许经营协议、土地房屋征收补偿协议等行为,纳入了行政相对人有权提起行政诉讼的范围。

3. 合法性审查原则的外延更加扩大,行政主体败诉案件量将增加

新《行政诉讼法》尽管坚持了合法性审查原则,但对"合法性审查"的外延作

了扩大。例如,就法院应当判决撤销或者部分撤销的情形,在保留原法规定的 5 种情形的同时,增加了"明显不当",把行政机关因滥用自由裁量权而导致的"明显不当"情形也作为违法行为。再如,该法把行政处罚以外的"行政行为中对款额的确定、认定确有错误的"情形,新增为法院可以直接判决变更的情形。此外,新《行政诉讼法》第 74 条规定,"行政行为程序轻微违法,但对原告权利不产生实际影响的",由人民法院判决确认违法,但不撤销行政行为。根据该规定,诸如告知送达不规范、超过法定期限做出决定等轻微的程序瑕疵,也将被法院确认为违法。以上调整和修改,意味着法院的合法性审查尺度更大、范围更广,在短时间内可能造成行政主体败诉数量的增加。

4."红头文件"将被附带审查,违法红头文件会被及时公开

新《行政诉讼法》第 53 条规定:"公民、法人或者其他组织认为行政行为所依据的国务院部门和地方人民政府及其部门制定的规范性文件不合法,在对行政行为提起诉讼时,可以一并请求对该规范性文件进行审查。"第 64 条同时规定:"人民法院在审理行政案件中,经审查认为本法第五十三条规定的规范性文件不合法的,不作为认定行政行为合法的依据。"这意味着法院在案件审理过程中,可能对行政行为所依据的规范性文件进行审查,并可能在判决中对其合法性做出评议。这一附带审查制度,与最高人民法院正在力推的裁判文书上网公开制度相结合,就决定了一些违法"红头文件"将被上网公开,进而对政府形象产生挑战。

5.细化明确了复议机关的诉讼主体地位,复议机关当被告的概率大为增加

根据原《行政诉讼法》规定,复议机关改变原行政行为的,才能成为被告,如果仅仅是维持原行政行为,则不是被告。但新《行政诉讼法》第 26 条第 2 款规定:"经复议的案件,复议机关决定维持原行政行为的,做出原行政行为的行政机关和复议机关是共同被告;复议机关改变原行政行为的,复议机关是被告。"这一修改,意味着不论政府复议机关是维持还是改变原行政行为,一旦相对人起诉,政府都将成为行政诉讼的被告,导致政府的应诉压力陡增,败诉风险扩大。

此外,新《行政诉讼法》有关行政机关及其工作人员不得干预或阻碍人民法院审理行政案件、被诉行政机关负责人应当出庭应诉、以非法手段取得的证据不得作为认定案件事实的根据、人民法院可以将行政机关拒绝履行生效判决和裁定的情况进行公告等规定,都对政府机关及其工作人员的工作机制和工作方式提出了挑战。

二、新《行政诉讼法》施行的应对建议

新《行政诉讼法》的贯彻实施,是政府机关及其工作人员运用法治思维和法

治方式深化改革、推动发展、化解矛盾、维护稳定的能力和水平的一次"大检阅"。杭州市应在认真学习和领会新《行政诉讼法》的精神实质和具体规定的基础上,从推进法治政府建设的高度设定应对策略,围绕如何"减少告""配合告"和"经得起告"来改进政府工作的体制、机制和工作方式。

1. 规范政府行为,减少被诉案件

从源头上规范政府自身行为,切实做到法无授权不可为、法定职责必须为,法律法规以外不做出减损公民、法人和其他组织合法权益或者增加其义务的决定,努力减少行政争议,是首要应对之策。当前,建议着重抓好以下三件事:

一是完善行政决策机制,确保行政决策行为的合法性。一项违法或脱离实际的决策,必将衍生出诸多违法行政行为。必须把公众参与、专家论证、风险评估、合法性审查、集体讨论决定确定为重大行政决策法定程序,并建立行政机关内部重大决策合法性审查机制。规定凡未经合法性审查或经审查不合法的,不得提交讨论。

二是加强行政机关合同的管理,减少易被诉领域和一旦败诉易产生较大社会影响领域的案件数量。落实行政机关合同订立时的合法性审查制度,凡签订涉及自然资源的所有权和使用权、政府特许经营、不动产征收或补偿的合同,应当事前经法制机构合法性审查,未经合法性审查,行政机关不得对外签订。加强行政机关对履行上述合同的流程管理,完善行政机关重大合同内部备案和档案管理制度。

三是清理规范性文件,减少依规范性文件实施的行政行为的违法概率。建议在新《行政诉讼法》施行以前,对已经出台的行政规范性文件进行全面清理,凡没有按法定程序制定的行政规范性文件以及规定内容已经过时、没有法律依据的、与国家法律法规相抵触的,要及时依照法定程序予以修改或废止。将符合地方经济社会发展实际、被实践证明行之有效而又没有上位法明确依据的管理规范,上升到市政府规章的层面。

2. 转变工作理念,配合司法审查

在更加积极地配合、支持人民法院行使审判权的基础上,建立、健全行政机关的内部应诉配套体制机制,也是重要的应对之策。就此,建议当前着重抓好以下三项:

一是明确行政机关负责人的出庭应诉责任,提升他们的法治能力和水平。新《行政诉讼法》第 3 条明确规定:"被诉行政机关负责人应当出庭应诉。"鉴于行政机关负责人出庭应诉制度既有利于有效化解行政争议,又有利于提高其法治意识,更有利于增强人民群众对法治的信心,提高全社会的法治观念,建议市政府通过法治政府建设评价考核等内部工作机制,进一步强化行政机关负责人的出庭应诉意识和责任,引导行政机关负责人通过"出庭"去"出声""出效果"。

二是动态掌握全市行政诉讼败诉信息,引导行政机关依法履行生效裁判文书的责任。依法履行生效判决和裁定等生效法律文书,是法治政府建设的应有之义。新《行政诉讼法》增设的针对行政机关拒绝履行生效裁判文书的若干强制措施种类(如公告行政机关拒绝履行的情况、对拒绝履行的行政机关直接负责的主管人员可以予以拘留等),一方面有助于敦促行政机关及其工作人员依法行政,另一方面也决定了行政机关及其工作人员可能会想方设法掩盖因败诉而承担法律责任的信息。建议市政府建立行政诉讼败诉信息的动态掌握机制,确保新《行政诉讼法》的本旨得到良好贯彻。

三是加强政府法制机构力量,提升政府法制机构工作人员素质。新《行政诉讼法》规定:复议机关若维持原行政行为的,则该复议机关与做出原行政行为的行政机关是共同被告;复议机关不作为的,当事人可以选择复议机关为被告。这两条新规定,决定了行政机关应诉工作的任务加重了、要求提高了。为此,建议适度增加政府法制机构的编制,并加强政府法制机构特别是直接从事复议、应诉工作人员的培训。

3. 构建长效机制,确保"经得起告"

对各级行政机关来讲,围绕"经得起告",改进工作体制机制是应对新《行政诉讼法》实施的根本之策。"经得起告"的政府必然是职能科学、权责法定、执法严明、公开公正、廉洁高效、守法诚信的法治政府。这一目标的实现,有待于杭州市人民政府通过依法全面履行政府职责、深化行政执法体制改革、坚持严格规范公正文明执法、全面推进政务公开等来实现,是一个艰苦而漫长的过程。就具体抓手而言,以下三点是值得关注的:

一是加强行政规范性文件的监督管理,健全红头文件的质量控制机制。严格行政规范性文件的制定程序,完善行政规范性文件合法性审查机制,把所有行政规范性文件纳入备案审查范围,及时依法撤销和纠正违宪违法的行政规范性文件。进一步落实行政规范性文件定期清理制度,及时公布继续有效、废止和失效的行政规范性文件目录,未纳入继续有效行政规范性文件目录的不得作为行政管理的依据。探索开展行政规范性文件制定后的评估工作。

二是落实错案责任制,提高依法行政责任感。建立行政诉讼案件败诉责任、行政复议败诉责任追究制度及责任倒查机制,完善相关配套措施和实施细则。对行政行为严重违法或者依法应该及时做出纠正但久拖不决造成重大损失、恶劣影响的,严格追究行政机关首长、负有责任的其他领导人员和相关责任人员的行政责任。

三是加强行政与司法的联动机制建设,动态加强法治政府建设。及时研究解决行政诉讼中反映出来的问题,不断改进政府工作,适时完善政府法制工作,积极引导全市政府机关领导干部和工作人员依法行政,提升其运用法治思维和法治方式管理经济社会文化事务、化解矛盾、维护稳定的能力和水平。

关于完善杭州市公共政策决策程序的对策建议

杭州市决策咨询委员会政治组

公共政策决策程序不仅事关政府治理能力,也影响着政府公信力和执行力。杭州市决策咨询委员会政治组对杭州市公共政策决策程序已做的探索工作进行客观分析,认为仍存在六个方面的不足。目前,杭州市正在着手制定公共政策决策程序的有关文件。专家认为,在新的政治形态下,杭州应细化优化公众参与、专家论证、风险评估等决策程序,并就打造杭州公共政策决策机制"升级版",提出"五个原则"和"八条建议"。

完善政策出台程序和评估反馈机制,是健全依法决策机制,提高行政决策科学化、民主化、法治水平,加快建设法治政府的重要内容。党的十八届四中全会明确提出,要"把公众参与、专家论证、风险评估、合法性审查、集体讨论决定确定为重大行政决策法定程序,确保决策制度科学、程序正当、过程公开、责任明确"。在重大行政决策中,教育、医疗、交通、养老、住房、就业、环境、食品安全、旅游、市政及公共设施建设等民生领域的决策和政策制定,更是直接关系人民群众的切身利益。进一步完善政策文件,尤其是公共政策文件出台程序和评估反馈机制,是当前政府自身改革和依法行政面临的重要而紧迫的任务。

一、杭州市公共政策决策程序与机制的主要特色

早在1999年5月,杭州市就制定了《关于进一步完善全市经济和社会发展重大事项行政决策程序的通知》,提出:坚持决策民主化、科学化的原则,市政府对全市经济和社会发展重大事项的决策,要广泛听取人民群众和社会各界的意见,同时要认真征求市人大常委会、市政协及人大代表、政协委员的意见。2007年4月,市政府又下发了《杭州市人民政府关于进一步完善全市经济和社会发展重大事项行政决策规则和程序的通知》。2007年12月,市政府发布了《关于对涉及群众切身利益的行政规章和公共政策实行事前公示的通知》,决定对涉及群众切身利益的行政规章和公共政策,应当在正式决策前向社会公示,或在政府初步讨论后公示。对一些涉及面广、与群众利益密切相关的事项,在公示

后,还应通过召开座谈会、听证会等方式进一步征求市民群众和人大代表、政协委员、民主党派人士的意见。这一切都体现了杭州市公共政策决策程序的不断探索和完善。

目前,杭州市初步建立了党政、市民、媒体协同治理的民主决策机制、民主沟通机制和民主评估机制。杭州市公共政策决策程序与机制的最大特色和创新,是坚持以"民主促民生"的治理理念为引领,实施"开放式"决策和民主治理创新。应该说,杭州市在公共政策的决策、执行和监督评估方面进行的积极探索与制度创新,在优化城市公共政策、为市民提供更优质公共服务等方面做出了卓越的贡献。其公共政策决策的民主化、科学化程度也领先于全国其他城市。

二、当前杭州市公共政策决策程序中存在的问题

公共政策决策是党委、政府决策的重要内容,事关全体民众的福祉和利益,更关系党和政府的形象与公信力。随着人民群众权利意识和参与能力的不断增强,涉及群众切实利益的民生类重大行政决策越来越受到广泛关注。就其内涵来说,有其自身的客观规律,公共政策决策主要有以下几个特点:一是全局性。所确定的民生事项比较多地关系到本行政区域内全局的、根本的、长远的问题。二是基本性。所确定的重大事项比较多地关系到决策主体所辖区域范围内的所有群众或者数量众多的群众的基本利益。三是不可逆性。决策一旦形成将造成长期、永久性甚至难以弥补的影响。四是高成本性。决策事项的实施往往需投入较大的资金成本。

与经济社会发展趋势、人民群众的诉求和法治政府建设的要求相对照,以公共政策本身的特征而言,当前杭州市的公共政策决策程序仍存在以下"六个不足"。

1. 公共政策决策公众参与度不高

受现实条件、决策效率等多方面因素影响,目前杭州市公共政策决策的开放程度有待提高、参与模式有待完善,各项现有参与模式及渠道的民众熟悉程度不高。一些重大公共政策的行政决策公众参与率还比较低,参与热情有待提高;公众代表的遴选如何充分体现不同利益主体的诉求,值得进一步研究;民意表达的渠道过于现代化,如何保障低层次公众的表达需求值得再思考;直接互动参与率过低,在某种程度上尚难以完全排除公众的"作秀"质疑;常态化的公众参与平台建设还有待加强,民主与集中的关系尚未理顺……例如,在小车"双限"政策出台的过程中,信息不对称导致市民误解,以至于相关政策得不到应有的支持。在余杭中泰拟建垃圾焚烧场决策过程中,工程选址、立项前的调研等工作,既没有邀请利益相关市民和企业参与,也未经市民广泛参与论证,以致工

程计划一经公布,即引发了剧烈的民意反弹和抵制。如何引入制度化的民主参与,保障民众的参与权、知情权,提高市民的参与热情与能力,还需要进一步研究。

2.公共政策决策合法性论证机制欠优

合法性论证是指由法律论证主体对决策权限是否于法有据、决策程序是否依法进行、决策结果是否合乎法律要求以及决策实施效果是否符合法律目的等进行论证,以防止违法决策损害公众利益。重大公共政策是政府行政决策的重中之重,尤其要确保依法决策。但总体而言,当前杭州市各级人民政府法制机构在开展重大决策合法性论证时显得心有余而力不足,尤其是区、县政府法制机构,在重大决策的合法性论证方面常常"失声",未能有效发挥法律参谋助手的作用,履职作用不能充分发挥。

3.公共政策决策专家参与机制不畅

专家论证是科学决策的保障。杭州市各级人民政府相继成立的各种专家咨询委员会在重大规划设计、重大工程论证等方面发挥了有效作用,但是仍存在一些亟待解决的问题。例如:在咨询程序上,专家大都是被动受政府委托进行课题研究,易受委托部门的影响和干扰;咨询机构的独立性欠强,官方、半官方的性质易影响公众对咨询的可信度;民间咨询组织的发展和培育尚处于起步阶段,还不能充分发挥咨询作用等。

4.社会组织、行业组织参与不足

政府公共政策制定过程中的提议方主要是党政机关和职能部门,社会组织、行业协会的影响力和意见未被纳入现有制度内,也无法对议案提出、政策制定产生影响。虽然相关部门的决策者和公务员对问题的了解更专业、更理性,但他们的意见仍然不能全面地反映市民、社会组织和企业的利益与态度,有时容易反映部门利益和偏见。这种自上而下部门垄断的提案形式正面临越来越多的挑战和批评。

5.公共政策决策监控、评估机制有待完善

杭州市人民政府重大行政决策成本效益分析制度、决策后评价制度、决策问责制度等虽已初步建立,但总体而言还缺乏有效的监控。具体表现在:监督主体不明,监督手段较少;有的制度落实要么停留在纸面上,要么流于形式;决策后评估的科学性和有效性有待提升,政府决策者、执行者进行自我评估时,评估的中立性、客观性和影响力不足,自我肯定多于客观评估,政策评估常常流于形式;第三方评估制度发展很不成熟,缺乏合格的评估机构;政府信息公开不够,客观、中立的社会评价机制尚未形成制度化;评估结果公开性不够,公众的知情权和监督权得不到保障,评估结果对政策执行和修订没有约束力和影响性,无法对政策的修订优化产生积极影响。

6. 公共政策决策与评估的过程中市人大与市政协发挥作用的空间有限

由于大部分公共政策不属于法规范畴,政策的决策通过都由行政部门,即市政府履行,政策评估也多由职能部门承担,市人大与市政协发挥作用的空间有限。

三、完善公共政策决策程序与评估反馈机制的建议

党的十八届四中全会已对重大决策的"五个环节"进行了严格的规定。将中央精神落实到基层政府治理之中,进一步细化和具体化是当务之急。专家们认为,基于公共政策决策对于政府治理和党的执政基础的高度重要性,应着力打造"开放式决策"升级版。就此,专家提出公共政策决策过程中的"五个原则"和"八条建议"。

在决策过程中应遵循和把握五个原则:一是坚持全过程公开透明原则。把决策过程的各个环节置于公众和社会各界的监督之下。二是坚持全过程公众参与原则。从政策议题的设立到政策起草、征求意见、论证,再到最终确定,都应让公众尤其是利益相关人参与进来,赋予公众实质性的参与权。三是坚持全方位科学论证原则。充分发挥专家和专业技术人员在决策中的作用,确保决策符合发展趋势、遵循客观规律。四是坚持全领域合法合规原则。政策的内容、依据和程序都必须严格遵循法律法规,防止权力和舆论凌驾于法律之上的非理性决策。五是要坚持普遍性利益增进原则。政策的出台必须充分考虑全市或涉及区域内全体人民的利益,不能因政策的出台损害部分群众的合法权益。

在严格遵守法定程序基础上,杭州公共政策决策在具体的制定过程中,要进一步创新体制机制和参与载体,最大限度地提升公共政策决策的"人民性"。具体来说,要在以下八个方面进一步探索。

1. 优化政策起草主体,保证政策制定相对独立性

对于涉及广大群众的切身利益,决策的专业性强,利益协调难度大,对于重大公共政策的起草主体应由党委或政府的综合协调部门来承担。建议由党委、政府办公室或政策研究室等牵头,根据决策内容吸纳相关职能部门和该领域专家学者,共同组成起草小组,确保政策的相对独立性、连贯性和公正性,防止职能部门通过政策制定强化其部门利益或推卸责任。

2. 健全专家论证制度,确保公共政策制定的科学性

应注重培育和发展半官方、民间咨询中介机构,在政策、项目、经费等方面采取激励、优惠措施,促进民间咨询市场健康有序发展。重点培育、扶植实力强、声誉好、有独立法人资格的半官方和民间咨询机构,从而形成官方、半官方、民间机构三者之间竞争性、开放性的重大决策专家咨询论证格局。同时,要完

善政府内部"官方"咨询机制。要着力建设一支专业领域广、调研能力强、咨询效率高、有权威、有影响的专家队伍,积极参与和组织重大决策的前期研究、论证和决策效果评估,形成多层次、多学科的智囊网络。

3.构建多层次公众参与渠道,提升公共政策制定公众参与的有效性

进一步强化公众参与,集汇民智、寻求认同、协调利益、监督行政,防止行政权的过度集中和滥用,培养行政管理领域内的适度自治,进而体现程序正义价值。公众参与渠道的拓展应包括以下六个方面。

(1)建立自下而上的议程设置模式

凡涉及重大民生的政策制定,应当扩大公民、社会组织、行业组织对政府议程设置的参与,使政策议程更敏锐地反映民众利益、呼声。充分调动社会组织与行会的参与积极性,使他们成为政府与社会间的桥梁,积极促进两者的互动。设立常年开放的议案征集渠道,通过邮件、网络,将社会动议及时吸收,使政府议程更迅速、高效地回应社会问题与民生需要,改变党政机关、职能部门垄断议程设置的单一模式。

(2)规范书面征求意见机制

对于书面征求意见的具体程序和规则,需要注重以下几个方面:第一,公布的途径。重大决策方案草案公布的途径应当同时兼顾稳定性和广泛性,做到常规渠道与补充渠道、新兴媒体与传统媒体的有机结合。第二,发布的内容。在公布重大决策方案草案的同时,还应当附有翔实、明确的说明,向公众阐明草案内容、解释草案要点。第三,反馈意见的处理。反馈意见的处理应规范汇总、讨论、结果公示程序。

(3)健全政策听证程序

目前法制比较健全的国家普遍采用了听证程序。为确保听证会取得实效,参加听证的利害关系人应该涉及各个层次,保证适当比例,兼顾各方面利益;同时,要创造宽松的环境,让参加听政的利害关系人充分发表见解,为地方政府决策提供参考。

(4)完善民意调查方式方法

政府可以运用直接访问、问卷调查、媒体征集等形式,了解普通公民对现行政策的绩效评价和改进意见,进一步掌握公众的利益需求和建议措施。在此基础上,综合考虑社会各阶层、各利益群体的呼声,调整公共政策的内容,使政府决策更加贴近公民的偏好。

(5)探索公共政策公开论辩机制

政府在决策之前,可以主持召开论辩会,由参会各方以客观资料为依据,阐述各自主张,并努力说服自己的对立面。

（6）借助网络渠道征询意见

就某一个焦点问题，网友可以通过网络空间表示赞成或反对的立场。地方政府也可以借助网络空间提出政策方案，并向公众做必要解释和说明。可以预见，将来还可以通过电子投票等方式，使网络讨论成为地方政府推动公民参与公共政策的有效途径。

4.进一步提升人大、政协在公共政策决策中的地位，最大限度地寻求决策共识

充分发挥人大、政协等体制内民意机制的作用，通过人大、政协广泛听取人民群众的意见建议。应将"人大讨论、政协协商"明确为公共政策决策的必经程序。在政策执行过程中，要主动邀请人大、政协和社会组织进行监督，听取具体意见建议，及时修改、完善政策。

由于公共政策涉及群众切实利益，杭州市应进一步提升人大在相关决策中的地位。首先，要进一步增强人大在决策议题确定中的主动性。公共政策经政府相关主体起草、讨论和争取各方意见后，再由人大行使决定权。其次，将人大表决作为民生类重大行政决策制定的一个重要程序，政府在决策出台前必须向人大常委会进行专题报告，人大组织代表、社会各界及专家进行充分讨论后，向决策主体提出建设性的意见。对于分歧较大的决策，人大可直接行使否决权。

要充分发挥政协民主协商在公共政策决策中的作用。政府要将重大公共政策决策主动纳入政协协商计划，听取民主党派的意见建议和界别民意，最大限度地取得社会共识。

5.充分发挥社会组织等在决策制定过程中的作用

积极探索建立社会组织利益表达机制，明确社会组织参与决策的方式、渠道。探索行政决策与社会组织参与之间的良性互动。可充分发挥社会组织在政策议题发起中的积极作用，吸纳社会组织参与到政策起草过程中来。

另外，要科学、合理确定公共政策决策的利益相关人，充分保障利益相关人表达权和公民参与制度渠道，平衡不同利益群体之间的利益冲突。对于具有"邻壁"效应的决策，要科学、合理地对利益损失方进行经济等各方面的补偿，保障各阶层群众的合法权益。

6.健全公共政策决策风险评估机制

建立专门的风险评估主体，明确公共政策决策风险评估范围，使其成为政策出台流程中不可缺少的环节。具体包括：

（1）合法性评估

公共政策决策前要交由法制机构或者组织有关专家进行合法性审查，未经

合法性审查或者经审查不合法的,不得做出决策。要积极推行政府法律顾问制度,建立以政府法制机构人员为主体、吸收专家和律师参加的法律顾问队伍,完善政府法制机构与外聘法律顾问团、各类专家咨询委员会之间的良性互动机制,保证法律顾问在制定重大行政决策、推进依法行政中发挥积极作用。

（2）合理性评估

合理性评估应包括政策制定实施是否符合经济社会发展规律,是否把改革的力度、发展的速度和社会可承受程度有机地统一起来,是否代表最大多数人民群众的利益,是否超过当地财力和绝大多数群众的承受能力等。

（3）可行性评估

可行性评估应包括改革政策是否经过严谨科学的可行性研究论证,是否符合本地区本部门实际情况,改革政策出台的时机是否成熟,对政策实施的范围是否进行了明确界定。

（4）安全性评估

安全性评估应包括是否存在引发群体性上访或群体性事件的苗头性、倾向性问题,是否会给周边的社会治安带来重大的冲击,是否会引发较大的影响社会治安和社会稳定的事件等。

（5）可控性评估

可控性评估主要看对于可能出现的影响社会稳定的事件或者问题,是否有能力应对和处置。

7.健全行政决策的评估反馈和责任追究机制,尤其是强化第三方评估的作用

优化行政决策的监控和评估反馈机制是保证民生类重大行政决策按照既定的规则和程序运行,避免决策目标发生偏差的重要途径,是实现科学、民主决策的现实需要。

（1）建立公共政策实施绩效评估制度

应确保政策评估不流于形式,每一项公共政策出台时都附有评估日期和方案。应通过地方立法详细规定政策评估的主体、遴选渠道、经费开支、评估方式、监督机制和评估应用及政策修订。

（2）完善行政决策评估修正机制

对每项决策提案进行事先分析和事后评估,是发达国家行政决策的一个通行做法。要实行自行评估、专家评估、公众评价三者的有机结合,特别是要强化外部第三者的评估作用,要明确评估的程序和科学的定性定量要求,提高评估质量。对不合理的重大行政决策,要根据科学的分析意见、专家和公众的评价意见,及时进行修正、完善。

（3）健全行政决策的监督体系

充分发挥政府督查室、政策研究室、监察局和法制办等部门的政府内部监督检查作用。及时公布监督投诉信息，保障重大行政决策在起草、制定、实施、执行环节的民主性、公开性、科学性和有效性。同时，要认真接受人大的依法监督和政协的民主监督，完善向人大常委会报告和政协通报制度，自觉接受新闻媒体、社会舆论的监督。

8. 健全强化公共政策的责任追究机制

行政决策的法律责任不仅是现代民主政治的一种基本价值理念，也是一种对政府决策行为进行民主控制的制度保证。重大行政决策权作为一种极其重要的行政权力，其不当行使、不法行使都要依法受到追究，这是依法行政的基本要求。

党的十八届四中全会决定提出："建立重大决策终身责任追究制度及责任倒查机制，对决策严重失误或者依法应该及时作出决策但久拖不决造成重大损失、恶劣影响的，严格追究行政首长、负有责任的其他领导人员和相关责任人员的法律责任。"按照"谁决策、谁负责"的原则，建立决策责任制和追究制，明确决策实施前和实施中各个环节的责任主体和需承担的相应责任，明确问责对象、问责条件、问责程序。具体包括以下七种情形：应当向社会各界公开征求意见而未征求意见做出决策的；应当听证而未听证做出决策的；未经合法性审查或者经审查不合法而未采纳意见做出决策的；未经集体讨论做出决策的；在重大行政决策中违反财经纪律、挥霍浪费国家资产的；决策人或决策承办人明知决策错误，未及时采取措施加以纠正的；因违反重大行政决策程序，导致重大行政决策错误或者重大失误的其他情形的。

附：课题组成员

课题负责人	盛世豪	浙江省政协副秘书长、研究室主任，研究员
	陈剩勇	浙江省政协文史资料委员会副主任，浙江工商大学公共管理学院院长、教授
课题组成员	卢福营	杭州师范大学政治与社会学院教授
	任少波	浙江大学副校长、研究员
	安蓉泉	杭州职业技术学院党委书记、教授
	何显明	浙江省委党校公共管理教研部主任、教授
	余逊达	浙江大学社会科学研究院院长、教授
	陈华兴	浙江省社会科学院政治学研究所所长、研究员
	陈柳裕	浙江省社会科学院副院长、研究员
	胡　平	浙江工业大学党委统战部长、教授

城乡接合部村社基层干部"小官大贪"防控对策

杭州市委党校课题组[*]

在我国城市化进程中,出现了大量的城乡接合部地带,这些地区往往是撤村建居后形成的社区,城市扩张背后是巨大的经济利益,腐败也在疯狂滋生,基层干部"小官大贪"现象时有发生。尤其是杭州从 1999 年开始实行 10% 留用地政策后,此政策在惠及失地农民提供社会保障的同时,也给部分村社基层干部带来了寻租空间,城乡接合部村社基层干部成了腐败多发、高发的"高危人群"。2015 年 1 月,习总书记在中纪委八届五次全会上严正指出:"'蝇贪'成群,其害如'虎'。"重视"蝇贪"现象、整治"小官大贪",是当前反腐斗争的新动向,须引起各级领导的高度重视。杭州市决策咨询委员会办公室委托市委党校朱晓明教授、付文科副教授对此进行专题研究,并组织区级纪检、国土等部门开展实地调研。现将课题研究成果整理如下,供领导决策参考。

一、村社基层干部违纪违法的基本情况和特征

1. 涉及村社基层干部的群众信访举报情况

2014 年上半年,杭州市纪检监察信访举报部门接受群众信访举报 4341 件次,其中涉及农村干部的信访举报占检控类的 37.4%,农村干部的信访举报始终是各类被反映对象中最多的。举报的重点领域有三:一是村级财务不公开,村干部存在侵占集体财产、征地拆迁款、上级惠农拨付款等问题;二是村级换届选举存在违反组织程序、贿选等问题;三是农村信访老户不断重复信访,涉及多年来的农村用地、征地拆迁、股权分配、财务管理等问题。

2. 涉及村社基层干部贪腐的查处情况

2014 年上半年,杭州市各级纪检机关查处党员干部违纪违法案件 608 件,同比上升 12%。其中市、县两级党委管理的干部案件 34 件,同比上升 54.5%;查办的农村(社区)干部违纪违法案件 101 件,涉及村支书村主任(社区书记、主

---

* 课题负责人:朱晓明,杭州市委党校教授;付文科,杭州市委党校副教授。

任)71人,其中涉案金额在100万元以上的有7件。

3."小官大贪"腐败危害性大

一些案件涉案数额惊人,严重损害党和政府在老百姓心中的形象和公信力,对群众利益伤害更直接,危害性也更大。近年杭州市查处的、影响比较大的案件有萧山区衙前镇明华村原党总支书记陈关生挪用土地征用补偿款3900万元、挪用集体资金240余万元、受贿16.05万元;拱墅区祥符街道陆家圩经合社原副董事长钱水根案,方家埭经合社原董事长袁林喜案,阮家桥经合社原董事长施林昌案,康桥街道谢村党总支原书记、经合社社长卜华钢等人的窝案等。小官的贪腐行为群众利益伤害最直接,且花样繁多,形式怪异,手段多变,往往在群众中产生强烈的对抗情绪,导致官民关系不和谐,极易诱发群体性事件。

4.土地征迁案件多发易发,窝案串案频发

由于征地拆迁工作的环节从村一级延伸到区县一级,而且涉及多个职能部门,程序复杂、环节众多,政策保密度高,资金投入量大,因此该领域案件多为窝案串案和连环案,家族化、涉黑暴力化、横向与纵向性特征都较明显。2009—2013年,因土地征迁而被查处的案件数量:2009年85件、2010年93件、2011年44件、2012年71件、2013年83件,分别占当年所查案件的9.3%、10.4%、5%、8%、8.5%。土地征迁工作中违纪违法案件多发易发,并在2011年之后呈现逐年上升态势。

征地拆迁各环节需要区、镇、村和建设单位的共同参与,分管此项工作的领导干部和关键岗位的一线人员成为行贿的主要对象。2009年至2014年5月处分党员干部389人,其中政府机关人员78人、事业单位人员76人、农村党员干部220人、其他社区党员干部15人,村社基层干部超六成,并成为征地拆迁领域违纪违法高发群体(见图1)。

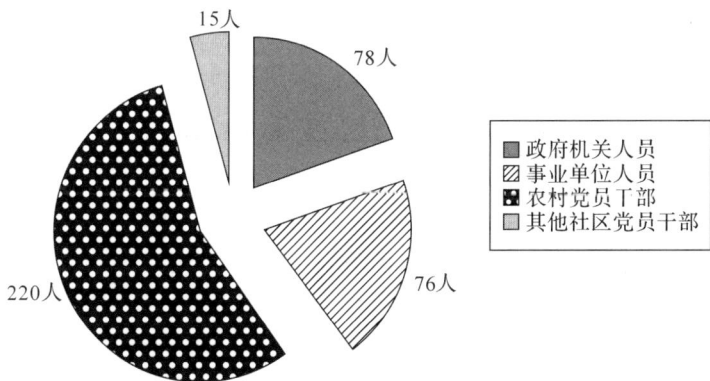

图1 杭州市2009年至2014年5月因土地征迁问题被处理的干部统计

5. 作案手段更趋隐蔽多样

群众往往对"小官大贪"腐败现象"有感觉""有反映",但"无线索""无证据",难以为办案提供有效帮助。如 2012 年临安市研口村土地征用补偿款案件,村委会主任何建国伙同前任村支书施纪海,隐瞒了一块土地已被征用的事实,从临安经济开发区骗取 21 万元土地征用补偿款后私分。

6. 国家拨付的专项涉农资金成为截留、贪污挪用的主要对象

有些区县每年安排涉农资金少则数千万,多则数亿,用于发展农业农村事业。与此相对应的,却是涉农信访连年高发。以富阳 2014 年为例,涉农信访占全市纪检信访件的 60% 以上。在某些乡镇的村"两委会",几乎是"前腐后继"。新登镇马弓村书记徐某某利用协助新登镇人民政府开展土地整理工作的职务便利,伙同其他村干部,采用伪造签名、虚造被拆迁农户名单的方法套取补偿款 100 多万元,并将其中 49.18 万元予以侵吞,造成国家直接经济损失 100 多万元。

7. 留用地项目建设成为"小官大贪"腐败滋生的新温床

10% 留用地项目是当前各个村股份经济合作社非常重要的建设项目,是关系到集体经济发展壮大以及每个股民切身利益的重大问题。留用地"流金淌银"壮了集体、富了百姓,但由于留用地项目的特殊性以及相关政策不完善,加上村股份经济合作社缺乏项目建设的开发经验和相关专业人员,出现了不少问题:一是留用地合作项目的开发资金被开发商挪用具有普遍性,由此带来项目建设资金不能及时到位等问题,进而导致民工工资不能按时发放等社会问题,给经济合作社带来巨大风险。二是经济合作社管理层在合作项目上存在较多不规范行为,容易产生违法违规现象。三是政府主管部门和经济合作社管理层对项目开发的具体情况尤其是资金财务信息掌握不全面,往往事后才发现问题,给处理问题带来了较大的难度和风险。四是经济合作社管理层人员专业性存在一定的薄弱环节,实际上对项目缺乏控制力,从而造成了项目开发的监管漏洞,给合作开发商不诚信运营留下较大的操作空间。

二、村社基层干部出现"小官大贪"腐败问题的根源

城乡接合部的"小官大贪"的本质是"小官大权",有的基层领导在单位和部门一手遮天,俨然"土皇上"。其根源是基层党组织软弱涣散、监督不力、党风廉政建设主体责任缺位所导致的"权力失控"。"权力失控"导致"小官大贪"问题突出,主要表现在以下三个方面。

1. "三资"监管制度形同虚设

"三资"即集体股份经合社中的集体资金、资产和资源,"三资"中尤其是资

金进出管理程序不规范,导致绝大多数"小官大贪"都与土地征迁补偿资金有关。征迁工作信息不透明,使得在协商、谈判等相对隐蔽而又极具"诱惑"的环节易滋生腐败,即"村官"在土地征迁过程中获得巨额阶差收益。在土地改变用途以后,国家会有相应补偿,补偿款一部分分到农民头上,另外一部分由集体提留。《村民委员会组织法》规定由村民代表大会监督集体提留款,但在实际工作中,村民代表的民主监督机制基本上是流于形式而无实质监督,导致"村官"随意套取、挪用、贪污巨额集体提留款项。

2. 对村社基层干部的监管乏力

在城乡接合部形成的社区实行村民自治,对"村官"的监管仅在《村民委员会组织法》中有相关规定,但规定相对比较原则、抽象。政府监管缺失,地方政府与村委会是指导与被指导的关系,缺乏实际有效的监管机制与机构。"村官"非正式国家干部,对其监督存在严重的"上级监督太远,下级监督太险,同级监督太难,纪委监督太软,组织监督太短,法律监督太晚"等问题。"分级负责、归口办理"原则使得镇、街道纪工委监督太软,导致这些小"村官"们肆意妄为、无法无天。因此,要制定出一套适用于握有公务权力的村干部这类特殊身份人群的管理制度,必须清除监管死角,让权力在阳光下运行,才能消灭独断专权甚至贪污腐败的温床。

3. 基层党委组织软弱涣散

基层党风廉政建设主体责任缺位,对村社党支部的工作指导与监管不力,"有公事时是干部,没事时就成农民"。某些乡镇对村干部则持"三不"态度,即"不能管、不敢管、不愿管"。目前的管理现状是:组织部门管党建,民政部门管选举,农委(农经)管集体资产和离任审计,违法违规归纪检监察部门,刑事案件归公安。连村干部的基本情况和统计数据也要几个部门相互来凑。看似多部门在管理,其实是谁都没有管理。

三、治理村社基层干部"小官大贪"腐败问题的对策建议

"村官"虽不是官,但直接面向老百姓,直接影响党和政府的形象。随着街道社区民生保障和经济发展的任务职能加重,完善利益分配监管机制愈显紧迫,必须尽快建立一套防范"小官大贪"的机制和制度,从源头上遏制这种现象的蔓延。为此,提出以下五条建议。

1. 加强基层党委管党治党的主体责任

各区、县(市)党委不仅要把党风廉政建设作为党建工作的重中之重,还必须要加大对软弱涣散的乡镇基层党组织的整顿转化力度,探索建立常态化机制,每年按照 10%～15% 的比例进行倒排,滚动开展集中治理整顿。只有加强

乡镇基层党组织的战斗力,才能更有效、有力地对村"两委会"进行监管,才能避免"村里富了、书记倒了"的"小官大贪"现象。

2.加强村务公开,营造公开透明土地征迁补偿等环境

要规范村(社、居)务公开形式,尤其是各类经费收支,公共财产的管理、使用和处置等情况必须予以公开。"路灯建设"比"黑夜警察"更能降低腐败的发生率。阳光是最好的消毒剂,要让"村官"手中的土地相关决策权、工程建设投资权、"三资"经营管理权的运行透明化、公开化。要注重从征迁工作的特点查找廉政风险点,对极易出现权力寻租行为的关键点要盯紧不放,让别有用心的人不敢下手、无处下手。

3.加强和完善财务管理及审计制度,推广村级"三资"的"钱账双代理"制度

"三资"管理是村社民众关注的焦点。从"建好账"到"核好账"入手,使村级"三资"管理更趋规范,为群众提供一本放心账。"三资"管理只要抓住了资金管理,就抓住了村社各项事务管理的"马笼头",也就牵住了基层党风廉政建设的"牛鼻子",更是把住了惩防体系的方向盘。对资金的监管,目前在余杭试点的"钱账双代理"制度较为成熟,可以推广。"钱账双代理"就是指村级集体资金由镇、街道统一代理工作的模式——资金统管、印鉴监管。"钱账双代理"制度能切实强化财务管理,包括完善内控制度,强化银行账户管理。强调审计结果整改刚性,对审计中发现的违纪违规问题,必须限期整改,加强对10%留用地项目建设的跟踪审计。减少腐败问题出现的可能性,增加项目运行的透明度,规避项目开发中的各类风险。

4.加强村民的民主监督

杭州市村务监督委员会已实现"全覆盖",现在工作的重心要转移到水平提升、作用发挥上来,让村民真正地参与到村级公共事务当中去,以制度化、规范化为目标,全面推进村务监督委员会建设。一要强化责任落实,形成工作合力。村务监督委员会建设涉及多个职能部门,任务十分繁重。各相关部门要各负其责,密切协作,形成推进工作的合力。二要完善监督机制,扩大监督层面。要在健全完善相关制度的同时,确保村监会成员列席重大决策、重大开支和涉及群众利益的村务会议,对各项收支、集体土地征用征收、工程招投标和村民代表会议决定等村务进行全面监督。三要严格制度执行,规范运行机制。要采取有效措施,严格落实各项工作制度,不断提高监督工作的规范性、有效性,以及监督人员的积极性。各村务监督委员会要定期向村党组织和村民代表会议报告村务监督情况,并通过述职述廉形式,接受村民的评议。四要加强业务培训,提高履职水平。严格落实教育培训制度,不断提高村务监督委员会成员的综合素质和履职水平。五要加大宣传力度,营造良好氛围。

5.加强基层纪检组织对"村官"违纪违法的查处力度

根据"分级负责、归口办理"原则,反映村社党员干部的违法乱纪问题,原则上由所在镇、街道纪检组织负责处理。而目前镇、街道纪检组织的力量是最薄弱的。为此,建议借鉴安徽省阜阳市的经验,设立乡镇(街道)纪检监察综合室,使查办案件更有力、监督检查更有为、指导协调更有效,更好地发挥办案的治本功能。同时,必须加大基层纪检组织的查案力度,着力查办一批具有影响力的大案要案,营造查办案件的高压态势。应重点挖掘征地拆迁过程中官商勾结、权钱交易的腐败问题。加强对典型案件的剖析,查找该领域体制、机制存在的漏洞,提出预防职务犯罪的对策建议,达到查处一案、警示一方的效果。对易发多发腐败的环节,要采取权力分解和相互制约的管理机制增强监督,对一些倾向性、苗头性问题要及时预警,对监管不力的责任人员要启动问责程序,从源头上杜绝腐败之"毒瘤"。

第六部分　咨询论证

"解放思想再出发"论坛发言摘要

2014年1月,杭州市委下发《关于开展以"深化改革、创新发展"为主题的解放思想大讨论活动的通知》,要求市、区(县、市)各级党政机关全体干部以"深化改革、创新发展"为主题,开展为期1个月的解放思想大讨论活动。

为了将大讨论活动引向深入,将各项改革部署和目标任务落到实处,实现杭州高起点上的新发展,杭州市决策咨询委员会办公室与市委党刊《杭州》杂志社联合推出西子"我们论坛"第三十八期,倾听各界思想的火花,共同为改革的再出发鼓与呼。现将论坛部分专家发言摘要如下。

沈金华(杭州市委政研室副主任,杭州市决策咨询委员会办公室主任):思想解放和观念转变是工作实践的基础和前提,思想的高度决定行动的力度。无论是中国历史上春秋战国的"百家争鸣",还是欧洲的"文艺复兴运动",历史证明每一次思想大解放都会带来生产力和社会的大进步。杭州市委全会出台"杭改十条"后,决定在全市范围内进行思想大讨论,这既是一个解放思想、转变观念的过程,又是一个集思广益、深化改革的过程。时间很短,要做的事很多。讨论要达到什么样的目标和成效? 主要的重点是什么? 我认为以下三个重点必不可少:

首先,是否切实转变观念。当前,杭州正处于发展转型的关键时期,面临着巨大的工作压力,比较直接的数据便是2013年国内生产总值被武汉、成都超过,2014年可能被南京和无锡超过,而且他们的增长速度、投资规模大大超过我们。其中的原因值得深入思考和研究,并要结合这次思想大讨论,找准根源,开对药方。我个人认为,杭州被一个城市超过可能是偶然,但连续一两年被数个城市超过一定有必然性。分析杭州这几年发展趋缓的原因,有人说杭州发展到了一个数量转向质量的转折点,增长速度可能放缓,我觉得这不成立,广州2012年的总量规模是1127亿,是杭州的2倍,2014年前三季的经济增速为12%,固定资产投资为21%,仍是一种高投入、高增长的态势。也有人说成都、武汉受国家西部开发和产业转移规律性、政策性鼓励,增长加快,这也无法解释同为东部地区的南京、无锡仍保持高速增长态势的原因。我认为这是杭州内源性问题，是人为因素。除客观自然条件，土地稀少，城乡资源分布不平衡外，主要是杭州干部的精气神不足。杭州干部文化素养高、办事比较民主，但同时比较安逸、会生活，缺乏敢想敢干、勇于创新、团队协作和吃苦耐劳精神，这是最重要的一个原因。深圳曾经总结了"十大思想观念"，这十种思想观念对于深圳的发展起到了决定性作用。一个城市的精神是城市发展的决定性因素，正如一个人的精神、民族的精神。这次解放思想大讨论只要对杭州领导干部的思想观念有大的触动和改变，便是成功的。

其次，是否激发社会活力。政府的力量是有限的，而社会和人民的力量是无限的。政府与市场、社会，国家与公民，党性与人民性，领导干部与人民群众是什么样的关系？如何处理好这几对关系是社会治理的重要课题，也是我们这次改革的重点。现在的改革与30多年前的改革有一个最大区别：30多年前大家普遍贫穷，是"做蛋糕"的改革，任何一项改革措施所有人都会受益，因此改革共识容易达成。而今天社会已分化，形成不同的利益阶层，是"分蛋糕"的改革，是分多分少的改革，改革共识难集中，"触动利益往往比触动灵魂还难"。我认为人民群众是改革的主体，深化改革必须立足于人民群众，激发社会活力。在传统社会，以政府主导社会的模式在某个发展时期有其优势，但长期下去则不行。党的十八届三中全会提出完善社会管理体制、提高社会治理能力，是中国社会发展的趋势。改革必须要摒弃"官本位"的传统政治文化，不能用道德来规范官员，而要利用法制把权力关进牢笼，将党的领导、人民当家做主与依法治国相统一，构建明确的制度、机制和平台，使人民和社会组织共同参与治理。杭州的民智丰富，社会力量巨大，社会治理的基础较好，起点也高，只要有政策的引导，可以迸发出无穷的力量。

最后，是否付诸实际行动。杭州的干部比较会出思路和口号，地方创新也较多，但如何落实，如何将"杭改十条"细化、具体化、出实效呢？龚书记提出"杭州是一个大都市，又是一个大基层"的观点，定位十分准确，是一种十分务实的精神和导向，这要求干部把自己当作基层，不搞层层转达、坐而论道，拿出总书记提出的"踏石留印，抓铁有痕"的狠劲，在思想观念、体制机制、重点领域和关键环节有所创新、有所突破、有所推进，深入具体、项目化，落实到人。

张永谊（杭州市人大常委会研究室副主任）：党的十八届三中全会明确了全面深化改革的思路和方向，2014年是全面深化改革年已成共识。杭州的发展已进入新阶段，面临新挑战，要体现新要求，必须全面深化改革，杭州市委十一届六次会议适时做出"改革十条"，全面部署了改革创新的要求。杭州市十二届人大常委会十六次会议通过《关于促进改革创新的决定》,明确了政府改革创新的职责,提出了允许试错,宽容失败,依法护佑改革创新的具体路径,为杭州的改革再出发予以法律的支持与保障。

《决定》提出,如果改革创新工作没有实现预期目标,但有关单位和个人是按照规定来进行决策和实施,并且勤勉尽责,没有牟取私利,不会对有关单位和个人"差评",也不追究有关个人的相关责任。这一规定意在寻求改革创新与依法办事的平衡点,护佑改革者冲破思想障碍,打破体制机制束缚,鼓励排头兵、先行者担当起改革先锋的责任。这无疑是解除改革创新者后顾之忧的保障之举。2013 年 10 月,浙商博物馆在杭州开馆,它以"弘扬浙商精神、传承浙商文化"为主题,整个展览秉持"不以财富论成败,不以成败论英雄"的商业伦理,专门设置了"英雄背影"的展览版块,记载了三位曾一度名声远扬而最后以失败告终的浙商:步鑫生、叶文贵、陈金义。步鑫生曾经是 20 世纪 80 年代响彻全国的"改革厂长",博物馆展示了他在海盐衬衫总厂用过的裁缝剪、尺等实物。1988年,他由于盲目扩大生产规模,导致企业资不抵债而被免职,这位名噪一时的"改革偶像"退出了历史舞台,成为唤起人们改革追忆的一个符号。叶文贵曾经是 20 世纪 80 年代温州的首富,有"温州第一能人"之称。1988 年,他投入 1500多万元研发电动轿车,但因技术不成熟,失败在电动汽车的研发上。陈金义曾列福布斯富豪,1992 年,他拍下上海黄浦区 6 家国有、集体所有制小型商店,一夜成名,被誉为"私吃公"第一人。2003 年,他决定产业转型,主攻"水变油"的重油乳化项目,结果被质疑其是伪科学,导致债台高筑,之后便销声匿迹。

企业的转型发展,总会遇到技术与市场的风险,叶文贵、陈金义就是转型升级失败的"典范"。我们已经习惯了为成功者"喝彩",给成功者加载"光环",为成功者发掘成功的"智慧",而失败者似乎只能收获谴责与惋惜,甚至嘲讽与诋毁。改革创新是要付出一定代价的,特别是当改革触动到深层的体制机制之弊,触动到既得利益阶层、部门或人群的固化利益,改革者面对重重阻力甚至失败风险几乎是必然,稍有闪失,即全盘皆输,进而前功尽弃,步鑫生当是这样的改革典型。改革创新是一项突破性的实践活动,其本身意味着革故鼎新,破除陈规戒律,这注定了改革创新之路布满荆棘、充满挑战。新一轮全面深化改革的号角,它需要一批有责任、敢担当的改革"蹚路者"。我们要努力培育全社会改革创新的精神,要营造宽容失败的社会氛围,依法分担"试错"付出的成本,把改革创新失败置于受控状态,变失败的教训为成功者的经验。

要让改革创新者在新的历程中敢于善于担当重任,要运用法治思维、法治方式保障推进,依法护佑改革创新中失败者的利益,确保改革创新与法治建设互为促进。法律是实践经验的总结,实践无止境,法律也需要与时俱进,在"立、改、废"不断循环往复的动态过程中,保持稳定与变动的统一,对经济与社会发展起到引领和推动作用。因此,市人大的《决定》专门设置为改革创新失败者依法实行责任豁免的条款,不仅让锐意进取的改革者能够有更加宽广的施展身手的舞台,更为激发人们改革创新的积极性提供保障。

改革创新的号角已经吹响,全面深化改革部署已经确定,一分部署,九分实践,关键是全面深化改革的实质性推进。自然,改革的力度越大,面临的难度也会越大。当改革进入攻坚期,我们更需要激励改革,宽容失败,合力推进全方位的改革创新。

郭泰鸿(长三角浙江民营经济研究会副会长,浙江省医药行业协会会长):党的十八届三中全会做出了关于全面深化改革若干重大问题的决定,明确经济体制改革是全面深化改革的重点,核心问题是处理好政府与市场的关系,使市场在资源配置中起决定性作用和更好发挥政府作用。当前应着力解决市场体系不完善、政府干预过多和监管不到位问题。市场体系完善的标志有两个,一是繁荣,二是规范。没有繁荣,市场发挥不了配置资源的作用;没有规范,市场达不到科学配置资源的效果。更好发挥政府作用的标志也有两个,一是放开不该管的,二是管住该管的。当前主要问题是在市场准入方面,偏于严,不必要的审批太多,门槛太高,程序太复杂;对该管住的没管住、没管好,而在对市场秩序的规范和对违法行为的预防、制止、惩处方面,则偏于宽,未尽职责。

市场和政府两个问题是有内在逻辑关系的。政府不放开不该管的,市场不可能繁荣;政府没管好该管的,市场不可能规范。在市场与政府这对矛盾中,政府是矛盾的主要方面。说调控也好,说干预也好,都是政府的理念、体制、职权、作用甚至具体操作决定了市场的形成和完善,也决定了市场机制对资源配置起到何种作用。政府对市场,必须做到宽进严管,这是在经过多年的争辩、探索、实践之后已经被国务院认可了的政府管理市场的基本原则之一。近年来,国务院、地方政府及其所属部门多次削减行政审批事项、多次放宽市场准入标准,就是力图增加市场主体,推动市场繁荣,这已经开始收到效果,但是还不够,还有很大的改革空间。而从一些重大社会事件、安全事故来看,最终结论中往往或多或少有当地政府部门失职渎职、监管不到位的因素,包括事先不了解、缺防范,事中不监督、缺应对,事后不处理、缺交代,甚至不辨是非,抹稀泥,造成经济和政府形象的重大损失。为什么会这样?因为行政干预大多体现为审批,是一种行政权力。行使权力,精神上有快感,利益上有收获,自然乐此不疲,所以往往干预过多。而监管是一种责任,管理别人是要引起反弹的,会有强烈对立。虽然监管也是一种权力,但这种权力的行使必须要有依据、有证据,难度很大,所以往往不到位。以前曾说过要建立小政府、大社会。这种说法虽然看到了政府管得过多的矛盾，却没有抓住政府管得不准、监管不到位的关键。一味小，一味少管，并不好，政府必定效能下降。在现代社会，无为一定难治，无为一定不治。我国自建立社会主义市场经济体制以来，一直存在如何处理政府和市场关系的争议，出现了行业垄断的问题，地方保护的问题，监管马后炮的问题，对市场一放就乱、一管就死的问题。市场出问题的根子就在于政府，在于党的十八届三中全会指出的两条：政府干预过多和监管不到位。

现在杭州推出了十项改革措施，应该以改革政府职能为突破口，依法施行宽进严管，充分发挥市场的作用。只有这样，才会更好地推进改革和发展，减轻政府的工作负担，协调好政企关系、政社关系、政事关系、政民关系，并有效地防止腐败。愿杭州在建立科学的政府与市场的关系方面迈出率先探索的一步。

蓝蔚青(中国科学社会主义学会副会长，浙江省公共政策研究院原副院长)：我们党提出依法治国的基本方略已有十多年了，社会主义法律体系基本确立，我们正在致力于建设法治政府，这是这次解放思想再出发的大背景。不像改革开放初期存在大片的法律空白区，只要敢闯敢冒就行，现在搞不好就会违法。同时责任政府的理念日益深入人心，决策和执行导致有害后果就可能被问责。加上改革进入深水区，面临攻坚任务，受到各种利益格局的牵制，改革难度愈来愈大，往往是牵一发动全身，因而许多改革必须由中央决策，自上而下推行。这促使我们周全思考，谨慎决策，注重顶层设计，但搞不好也会产生一些负面影响，如消极等待中央的顶层设计，不求有功但求无过，这是部分干部精神状态有所退化的客观原因之一。

这里涉及一个重大的基本问题：法制总是相对稳定的，而改革就是求变，在中国历史上改革就叫变法，这两者似乎是矛盾的。如何破解？在杭州市委十一届六次全会通过《关于学习贯彻党的十八届三中全会精神全面深化重点领域关键环节改革的决定》后只隔了三天，市人大常委会就通过了《关于促进改革创新的决定》，强调要"坚持法治原则，遵守宪法和法律，注重运用法治思维和法治方式推进改革创新，巩固和发展改革创新成果"，指出了破解之道。这就是要从把改革与法治对立起来的思维模式下解放出来，不能认为搞改革就可以不受法律法规的约束，也不能认为法律法规已经有明文规定的就不能改革，而是要依法改革，以法改革。

依法改革，就是要坚持按法定程序实施改革。凡是不利于解放和发展社会生产力，不利于解放和增强社会活力，不符合社会公平正义的要求，阻碍人民福祉增进的体制机制弊端，都是改革的对象。其中肯定包括不少已经过时的法律法规规章制度。新一轮改革就要从全面梳理现有的法律法规入手,找出需要修改或废止的法律法规、行政规章或其中的相关条文,提出修改或废止的建议。各级立法机关要根据自己的立法权限,分清轻重缓急,积极、主动、及时地开展工作,自己无权修改废止的也要积极向上级立法部门提出建议。改革在许多方面是前无古人的探索,国外已有成功经验的也不能照抄照搬,需要在加强顶层设计的同时,继续坚持摸着石头过河。局部地区先行先试就有可能在某些方面面临现行法律法规的约束,这种看似"违法"的现象是法律法规乃至整个法律体系完善过程中不可避免的。建设法治国家,就要坚持程序合法,即突破现行法律法规约束的改革尝试需要取得上级的授权,而且应当经过前期调研、制定方案、征求意见、论证评估、审议决定、组织实施、实施后评估等基本程序,力求正确、准确、有序、协调推进改革创新工作。依法改革还要求司法机关充分发挥司法职能,为实施改革创新提供司法保障。

以法改革,就是要充分运用现行法律制度及国家政策资源,推进改革创新。凡是法律、法规和国家政策未明确禁止或者限制的事项,要鼓励公民、法人和其他组织大胆改革创新。要树立法无禁止也是法律资源的意识。因为开禁往往是改革的成果。法律不是越多越好。"法网恢恢,疏而不漏",这才能既让公民和法人享受充分的自由,又保持社会有序运行。另外,对于推进改革和巩固改革成果所必需,但法律、法规和国家政策未规定的事项,立法机关应该积极立法释法,行政机关应该积极主动地在职权范围内做出规定。不过,这种建立规制的行为必须符合管制型政府向服务型政府转型的方向,不能又新增许多行政审批。凡是公民和社会组织能够自律自治的问题,政府只需要加以引导。只有没有政府强制就会失序的领域,才需要做出强制性的规定。

曹力铁(杭州师范大学钱江学院经济管理分院院长、教授):《中共杭州市委关于学习贯彻党的十八届三中全会精神全面深化重点领域关键环节改革的决定》提出,杭州发展已进入新阶段,正面临新挑战,要体现新要求。解放思想如何体现这一新阶段、新要求?

一是要求我们必须深刻认识杭州发展的新阶段、面临的新挑战。《决定》对杭州面临的机遇和挑战做出了准确的判断和科学分析,认为原有的体制机制先发优势正在逐步弱化,传统的发展模式内生动力正在逐步消退,既面临"四大机遇",又面临"三大压力","三大风险""五个问题"也逐渐显现。《决定》对杭州发展新阶段、新挑战的分析是我们解放思想的基本依据,能不能全面深入地认识到这些问题,是我们能不能解放思想、怎样解放思想的前提。二是要求我们必须在树立新的发展观上下功夫。我们现在遇到的机遇和挑战,要解决的新矛盾、新问题，是在发展中出现的，是发展进入更高阶段的表现。解放思想既要像过去一样注意打破思想上的束缚，更要注重树立发展的新思想、新境界。比如，我们正面临从两位数的高速增长向个位数的中高速增长转变，这是一个不可改变的趋势。在这一过程中，我们既不能沿用高速发展的一些办法来解决问题，也不能简单地用低速发展的思维来替代高速发展，而是要用科学发展的新观念加快转变发展方式，这就要求我们在解放思想中既要注意"破旧"，更要注重"立新"。三是要求我们必须注重解放思想的全面性。全面深化改革的一个突出特点是更加注重改革的系统性、整体性、协同性。这就要求我们解放思想也必须注重全面性。解放思想的全面性一是要注意"五位一体"，充分考虑经济、政治、文化、社会、生态建设的相互影响、相互促进和相互制约，不能顾此失彼。二是要注意把社会的发展和个人的发展结合起来，把发展方式的转变与生活方式的改变联系起来。不健康的高消费生活方式与高投入高消耗的发展方式是相互促进的，人们的生活方式不改变，发展方式的转变也很难落实，更谈不上加快。因此，在生活方式的追求上也要解放思想，树立新观念。三是要注意解放思想的群众性。过去我们说解放思想，主要是针对领导干部来说的。而全面深化改革所要求的解放思想必须更具有社会性和群众性，解放思想既要走向群众，也要来自群众。比如，生活方式的改变就需要全社会的努力、全社会的思想解放。同时，群众也是解放思想的智慧源泉，杭州市委的《决定》就指出，要坚持从群众最期盼的领域改起，坚持从制约经济社会发展最突出的问题改起。解放思想也要坚持群众路线，这是保证解放思想不走样、解放思想长效化的根本所在。

奚素勤（杭州市金融办主任）：杭州改革"十条"中，金融是重要的一条。作为改革的一个重要领域，金融涉及三大主攻方向：发挥民营资本优势，发展地方金融业；促进互联网与金融的融合，发展互联网金融业；发展私募金融，打造财富管理中心。金融涉及的范围非常广，但杭州金改着力在这三个方向上，可以说，一是体现了前瞻性。民营金融、互联网金融、私募金融，都是趋势性的发展业态。二是体现了接地性。是从杭州、浙江的实际出发提出来的。杭州的民营资本很活跃，适应发展民营金融；杭州是电子商务之都，有发展互联网金融的基础；杭州人、浙江人投资理财需求旺盛，是财富管理中心打造、私募金融发展非常有利的条件。

推进杭州的金融改革，要解放思想。解放思想要在"三破三增"上下力。一是破除"满足感"，增加"紧迫感"。杭州金融的综合实力位列全国各大城市第五位。金融对杭州而言，不是金名片，至少也是一张银名片。这个现象容易产生"满足感"。要改革，必须破除这种"满足感"。要看到杭州的金融业态也有它的缺陷,就是过度依赖银行。这个结构性的缺陷,并不适应目前宏观货币政策的大趋势,也不适应杭州经济转型升级的内在要求。要看到南京、天津、重庆等,都在狠抓金融,城市之间竞争愈来愈烈。二是破除"无奈感",增加"奋发感"。金融是个相对特殊的领域,金融体制实行的是垂直管理。面对这种管制型的壁垒,的确会生出无奈之感。但要改革,要抢先机,就得直面可能会产生的一些摩擦。因此必须破除无奈感,要奋发有为,敢想敢干,积极争取金融管理部门的认可和支持。三是破除"担心感",增加"放心感"。对民营金融、互联网金融、私募金融,还存在担心感。认为民营的不如国有的放心,私募的不如公募的放心,新兴的互联网金融不如传统金融模式让人放心。这些不放心可能有意识形态、利益集团的原因,但更现实的原因是由于监督管理的方式、模式未跟上所致。金融都是有风险的,关键是管控好风险,不能因管控的问题而夸大民营、私募、新兴金融的风险并进而得出歧视性结论。正确的认识是,增加放心感,鼓励创新。同时,又重视风险防控的构建,这是改革的题中之义。推进杭州金改,应紧抓三个关键:一要抓好现有"门窗"的拓宽。毕竟改革是一个大趋势,高层顶层设计已为我们开了一些"门窗",尽管这些"门窗"开得还比较小。我们应先把现有的"门窗"做足做好,然后努力加以拓宽,进而影响高层的顶层设计更开放一些。二要抓好龙头企业作用的发挥。龙头企业搞金融可以起到一个示范的作用。一般来说大的企业风险管控能力也比较强,比如阿里巴巴搞的互联网金融。三是抓好政策环境的优化。金融是资金的融通,属于高流动性的要素,流动的方向很大一部分取决于金融生态环境。发展金融,推进金融改革,作为地方政府之手来说,要着力于把环境改善好,包括一些政策障碍消除,信用法制的建设,风险的管控,服务效率的提高。

邓 健(杭州市外经贸局副局长):最近在开放型经济领域有两个热门词汇,一个是自由贸易区,另一个是跨境贸易电子商务。今天在这里主要谈一下跨境电商。跨境电商不仅是政府的事,还和老百姓有着直接的关系。因为跨境电商拓宽了全球商品流动配置新渠道,让杭州和世界连为一体,跨境电商尤其是跨境电商的进口 B2C 发展了,会给老百姓生活带来翻天覆地的变化。老百姓最直接的受益就是在家里点点鼠标就可以享受到全球产品,享受到世界的名牌,带来丰富精彩又具全球化和国际化的生活。

同样可以点点鼠标将杭州的产品卖到国外去,跨境电商是杭州市外贸企业寻求海外商机的新选择,也是实现外贸转型升级的有效途径。2012 年全国跨境电商交易额已超过 2000 亿美元,其中跨境电商零售出口突破 150 亿美元,较2011 年增长超过 30%,远高于同期一般贸易增长水平。杭州是全国首批跨境电商服务5个试点城市之一，2013年7月杭州跨境贸易电子商务产业园顺利开园，为全国跨境电商发展提供了实践样本和试点经验。产业园以B2C跨境电商出口货物为重点，以物流园区集中监管＋定期申报为核心，以跨境电商通关服务平台为路径，以电商ERP数据全程联网监管为基础，创新了通关新模式，推动电子商务相关政策在局部地区取得突破性进展。自开园到2013年年底，共发送19.6万个邮包，出口额357.9万美元，出口到160多个国家和地区。开展跨境电商服务试点工作，是国家赋予杭州的重要任务，也是杭州外贸自身转型发展的途径和机遇。如何使"杭州试点"成为"全国示范"，是当前我们亟待思考的问题。这次"改革十条"的一个显著亮点就是围绕推进国际电子商务中心建设，完善开放型经济体制机制。为推动杭州市跨境电商发展，帮扶中小微外贸企业开辟国际市场扩大出口，我们要积极拓展跨境电商试点覆盖，充分利用好杭州开放程度高、产业基础扎实、市场规模庞大、信息物流网络发达，以及外贸企业、电商企业等综合优势，加大政策扶持和支撑，加快调整完善管理模式，给予其通关、结汇、退税等多重便利化服务，不断优化发展环境，吸引更多的知名跨境电商落户杭州发展。一是加快完善跨境电商相关政策。根据国务院办公厅《关于实施支持跨境电子商务零售出口有关政策的意见》文件要求，研究出台符合杭州市跨境电商发展的指导意见和扶持政策，突破试点中存在的平台建设、物流快递、跨境支付以及售后服务等问题。二是编制跨境电商发展战略规划，打造跨境电商产业集聚效应。加强与电商及电商平台、物流商、金融服务机构的合作。三是抓好跨境电商特色产业园建设。目前要加快下城跨境产业园、杭州出口加工区（杭州保税物流中心）的进出口试点，同时对空港保税区（B保）等其他有条件的地区进行规划研究。四是深化与阿里巴巴集团战略合作。按照"先行先试，适当突破"的原则，创新进出口跨境电商监管模式，利用互联网、大数据，加强跨境电商各类体系建设。五是发展海外仓储服务机构。按照B2B2C发展模式，在全球建成一批集信息畅通、功能完善、服务协同、资源共享、供需对接快捷的境外仓储服务平台，为跨境电商提供贸易、仓储、配送和售后等服务，不断扩大跨境电商出口规模和市场占有率。

唐龙尧（时任杭州市社科院副院长）：党的十八届三中全会做出了全面深化改革的重大决定，杭州市委十一届六次全会贯彻落实三中全会精神通过了"杭州改革十条"。这是2014年杭州改革的总基调。现在目标已经明确，关键是如何抓好落实。为此，杭州市委决定在全市开展以"深化改革、创新发展"为主题的解放思想大讨论活动。进一步增强进取意识、机遇意识、责任意识和大局意识，进一步提升执行力、担当力和凝聚力，努力推动杭州在高起点上实现新发展。

从党的十一届三中全会确定"解放思想、开动脑筋、实事求是、团结一致向前看"的指导方针到党的十八大报告指出"解放思想、实事求是、与时俱进、求真务实,是科学发展观最鲜明的精神实质",从实事求是到解放思想,再到与时俱进、求真务实,党的思想路线的确立及其丰富和发展,体现了时代性,把握了规律性,富于创造性。实事求是是党的思想路线的核心,解放思想是实事求是的前提和条件。每一次改革发展的关键时期都是在思想解放过程中推进的。改革开放30多年的杭州经济社会发展之所以取得巨大成就,归根结底得益于解放思想。解放思想是改革发展的前提,当前要"深化改革、创新发展",杭州要在高起点上实现新发展也要靠解放思想这一法宝。解放思想是实事求是的前提和条件。只有解放思想,才能达到实事求是;只有实事求是,才是真正的解放思想。杭州要在高起点上实现新发展,必须要进一步解放思想谋发展,实事求是抓落实。

一要在规划设计,谋篇布局上解放思想。各地各部门在谋划近期规划和全年工作时要解放思想,既要适度超前,又要因地制宜、实事求是。以科学的态度、务实的作风规划地方经济社会的和谐发展,避免不切实际的求高求大求洋,减少不必要的浪费。二要在发展中求真务实,真抓实干。不唯GDP,不追求眼前利益、短期行为,要根据本地的特点和优势,执政为民,以民为本,追求科学发展、和谐发展。以人民满意不满意、需要不需要、答应不答应、高兴不高兴作为我们工作是否合格的目标。把执政为民的理念具体落实到每项实际工作中。三要以不断进取的精神克服骄傲自满的情绪。在改革发展的关键节点上,杭州追赶的标兵离得越来越远,杭州后面的追兵离得越来越近,有的已经超越了我们。我们要提振精气神,全力抓落实,实现新发展。四要树立全局观、整体观,克服狭隘的地方观、部门观。要服从全国、全省、全市的整体利益,在招商引资、产业布局、社会发展中既要解放思想,敢想敢闯,又要注重协调发展、和谐发展。

赵申生(时任杭州市经济信息研究院副院长):杭州市委十一届六次全会通过的《决定》,第一项便是"围绕推进高技术产业基地建设,完善创新驱动转型发展的体制机制"。其内容强调指出:要支持优势成长型企业和小微企业成长壮大,鼓励各类人员创业创新。针对杭州市近年来大批的工业用地陆续变成住宅用地、写字楼、商业设施这一现象,我们从2013年下半年开始做了调查研究,调查后我们发现:以专业人员创新创业为主体的成长型企业和小微企业,与以开发区模式引进的工业企业不同,它们的创业和成长更多地依赖城市功能和资源。这使得用老城区的老厂区作为创新型企业尤其是小微企业孵化发展的基地成为一种可能。

近几年来,杭州市利用老厂房发展文化创意产业成效显著,走在全国前列,也引出了打造全国创业产业中心这一个主题。目前来看,杭州市老城区老厂房利用面临的现状还是比较鼓舞人心的:一是工业用地总量可观。据了解,拱墅区、西湖区、下城区、江干区的工业用地总计2万亩。二是发掘利用趋好。四个城区现有工业厂房,有相当部分用于发展文化创意、电子商务、信息软件、研发类制造等创新型产业。三是发展潜力较大。利用老厂房建设的创新型产业园区发展,呈现了高成长性、高孵化性的良好势头。四是主导产业调整优化。前几年,利用老厂房改建成文化艺术类创意园区较多,如 LOFT 49、A8 艺术公社等。目前,这类园区主导产业已向 2.5 产业转变。五是管理模式发生转变。这些园区的运营管理模式,已经从五年前以政府(区、街镇)主导型向专业管理公司主导型进行了转变。

根据以上几种现状的特征,我们认为杭州市应重视利用老厂房建设创新型制造、服务型制造基地和现代服务业集聚区。适当保留老厂房,用于创新创业。老城区利用老厂房发展创新型产业具有独特的优势,既有利于培育城市新兴产业,还可能孵化出新一代娃哈哈、阿里巴巴等大公司。建议参照美国芝加哥市、我国深圳市的做法,在老城区适当保留工业用地,为创新创业和实现集约增长提供空间支撑。出台政策意见,指导具体操作。杭州市亟须在《关于利用工业厂房发展文化创意产业的实施意见》等政策基础上,抓紧研究制定可操作性强、行之有效的利用老厂房建设创新型产业园区的指导和实施意见。加强规划引导,完善基础配套。统筹发掘老城区的发展优势,引导信息服务、工业设计、电子商务、物联网、创意产业、研发制造等创新型产业向此类园区集聚。发挥社会优势,创新管理模式。大力支持引进社会专业公司管理型园区,加强对园区管理人员的培训,增强服务水平;建立园区管理机构与企业运行机制,营造优质环境。建立协调机制,创新政府服务。创新管理和服务模式,以"综合协调+专业服务"的方式,加强综合协调;筹建老城区"中小产业园区管理者协会",承担起政府与这些园区管理机构、公司的桥梁和纽带作用。

金　鹰(九三学社杭州市委会社会法治委员会主任,腾飞金鹰律师事务所主任):杭州市委学习贯彻党的十八届三中全会精神,结合杭州特色,出台了"改革十条"。这是新阶段下的改革,与 30 多年前的改革不同。过去,我们条件差,发展基础相对薄弱,因此强调"摸着石头过河",在必要情况下可能会为了发展牺牲环境或人类的其他权利。然而,面对当前新局势,我想更重要的是八个字,即"创新驱动,研究先行"。

"杭改十条"所指的方向是明确的,即减少粗放式的发展,突出科学发展、可持续发展;减少人治,强调法治。对此,我们首先要减少思想上的焦虑。事实上,我们这个社会过于焦虑了,我们所创造的 GDP,所获得的收入,包括个人收入和政府收入,一定需要无节制、无限制地发展吗?我认为是需要平衡的。无论是最近的雾霾天气、水污染,还是食品安全问题,都是社会和自然对我们的警告。的确,我们发展过度了,需要保持平衡,需要朝"改革十条"所指明的方向发展。以下,我主要谈谈"改革十条"的最后两条及我最近的思考。试想,那些污染环境、存在食品安全问题的企业为什么敢冒天下之大不韪,敢以身试法?分析其原因,除了利益驱动,实际上还有一个重要原因,即违法成本太低。"杭改"第九条也指出,要"加快形成科学有效的社会治理体制机制"。那么,我们该如何改革?创新驱动,研究先行,我们应放眼欧美发达国家,研究他们的成功做法,比较分析我们现有法律制度与他们的差别。例如,我国针对污染型企业的民事赔偿制度是补偿性赔偿制度,而国外发达国家是惩罚性赔偿制度。在国外,如果企业造成环境污染或食品安全问题,危害了人民群众的身体健康和公共安全,按照赔偿计算公式,会被法院判处民事赔偿直至企业破产为止。比如英国石油公司污染墨西哥湾后,和美国司法部达成协议,准备了 200 亿美元的赔偿金,并为清除墨西哥湾石油污染支付了 61 亿美元的清理费用。另外,民事诉讼不可能一万个人受害,一万个人向法院起诉,而必须要有社会团体、社会组织代表公民来起诉。起诉后所获得的赔偿,可用来建立基金会。这样,一些受害的老百姓可以向该基金会申请,原来的政府上访则变成向社会组织申请,从而实现社会治理的创新。对此,我已向九三学社中央委员会写信,争取在两会上向人大代表提出修改建议。此外,我们也拥有法律顾问团,成立了律师诉讼部,目前正在跟绿色浙江联系接洽,以后诉讼的主体可由它来出面,诉讼代理则由法律顾问团来出面。

"杭改"第十条提出,要"完善提升政府治理能力的体制机制"。实际上,有时政府很容易用权力代替制度,政府更缺的是法律意识和法律思维。对此,我有一个提议,建议杭州市委、市政府按照十八届三中全会改革决定中"关于建立普遍法律顾问制度。完善规范性文件、重大决策合法性审查机制"的精神,由政府全面推行法律顾问制度,并聘请独立第三方来担任法律顾问。政府的重大决策,需由第三方进行合法性审查并由专门的法律服务机构出具合法性审查的法律证书,只有建立这样的程序性制度,才能做出重大而正确的决策和决定。

张立广(杭州市余杭区委政研室副主任):"杭改十条"是杭州市委、市政府贯彻落实党的十八届三中全会精神、浙江省委十一届六次全会精神,结合杭州发展实际,做出的重大改革决策部署。我认为"杭改十条"有两个最鲜明的特点。一是目标明确。这些目标是杭州近年来不断探索的总结,符合杭州实际,定位十分准确。二是路线清晰。每一部分提出了实现各个目标的具体举措,针对性强,这些举措,既体现了浙江省委深化改革的要求,又体现杭州的工作特色,对余杭区的发展也有很强的指导意义。

余杭区三面依托杭州主城区,与杭州主城区无缝对接,发展条件优越,近年来,随着在交通一体化、公共服务一体化等方面的不断推进,市、区两级融合发展的趋势日趋强化。"改革十条"中也提出加快这种趋势的举措,即"以教育、社保、交通等公共服务一体化为先导,加快萧山、余杭两区与主城区深度融合的步伐"。我认为,这种趋势要求余杭区在贯彻落实杭州"改革十条"上要更加突出坚定性、主动性和结合性。余杭只有比以往更加主动、更加自觉地把融入杭州,贯彻好改革十条作为自身发展、自身改革的根本方向和重要依托,才能有所作为,才能实现更好更快的发展。要更好地融入杭州、贯彻好改革十条,余杭区必须要紧紧围绕杭州确定的改革目标,找准自身定位,形成自身的发展特色。特别是要在高新产业、电子商务、完善主体功能区建设、推进新型城镇化、美丽发展等方面走在杭州前列,从而为整个大杭州的发展做出更大的贡献。为此,余杭结合自身实际,制定了余杭区全面深化改革的决定,这个决定就充分体现了这一要求。在这个决定的制定过程中,我们一方面把党的十八届三中全会和浙江省委、杭州市委全会精神,把上级明确部署的改革事项充分体现进去;另一方面,坚持问题导向,围绕余杭经济社会发展过程中群众反映突出、阻碍经济发展、影响社会稳定、影响投资环境的问题,提出明确的改革举措,体现余杭深化改革的亮点和特色。决定中的改革内容主要有:一是完善经济转型升级组合拳;二是建立县域经济向都市经济转型的城乡统筹发展机制;三是深化市场取向改革;四是健全发展社会事业和保障改善民生体制机制;五是完善社会治理创新体制机制;六是加快转变政府职能和党的建设五个方面的改革要求。共11项改革内容。

2014年,余杭将抓住全面深化改革这条主线,突出近期重点实施的改革项目,大力推进。在"五水共治"等倒逼转型、新兴产业发展特别是电商产业发展、未来科技城等发展上平台和西部生态区等主体功能区建设、市区公共服务一体化、支持民间资本进入公共服务和基础设施领域、综合执法重心下移、行政审批等方面推进改革,实现新突破。

公益组织走进"美丽杭州"论坛发言摘要

　　2014年6月,杭州市决策咨询委员会与杭州市委党刊《杭州》杂志社共同以"通向幸福和谐杭州之二十二——公益组织走进'美丽杭州'"为主题,推出西子"我们论坛"第四十二期,特邀知识界、党政界、行业界、媒体界以及相关领域代表共同探讨公益组织的成长与发展。现将论坛部分专家发言摘要如下。

　　沈金华(杭州市委政研室副主任,杭州市决策咨询委员会办公室主任):众所周知,"美丽杭州"建设是习总书记交给我们杭州的一个光荣的使命,要把杭州建设成美丽中国的"样板",这是对我们杭州人的信任,也是激励。不久前浙江省委召开了全会,提出了"美丽浙江、美好生活"的目标。杭州作为省会城市在其中的责任是义不容辞的,这跟杭州建设高度契合。有关"美丽杭州"建设,在2013年开的全会上已经产生了一个《五年规划》和《三年行动计划》,出台了意见和相关的政策,"五水共治"、治堵、治气都在开展。但如果在环保这一块仅仅是政府单方面的行动,没有社会组织的参与和人民的制约,效果就会大打折扣。杭州近期发生的环保事件,反映出我们的社会环保公益组织在这一方面没有发挥到应有的作用,在化解矛盾中使不上力。所以,它虽然是一个偶发事件,但有一定的必然性。这个问题值得反思。

　　在社会治理和生态建设方面,杭州应当尽快实现"五个有":一是观念上有位子。各级党委组织和领导观念中要有社会环保公益组织的位子,对社会公益组织要有正确的认识,理清政府与市场、政府与社会的关系和边界,完成从"管理"到"治理"的转变,提高决策民主化、科学化的程度,提高依法执政、依法行政的能力,多发挥社会组织和社会各方面的力量,多倾听社会各方面的意见和建议。龚正书记在传达学习浙江省委十三届五次全会精神的讲话中提出,"以创新社会治理为抓手,进一步加快共建共享的步伐","要主动顺应从'管理'到'治理'的转变,变'要我做'为'我要做'"。张市长更是环保局长出身,对环保公益组织情有独钟。所以现在的领导对治理的理念是非常清晰的。二是机制上有平台。光有领导的重视还不够,还必须有研究社会公益组织发挥作用的平台和机制。我们现在缺的就是这个,我们很多环保公益组织有点处于"报国无门"的状态。如果没有这个平台化的构建,领导的理念就会变成空话,落不了地。所以作为政府职能部门,要研究如何来构建社会公益组织发挥作用的机制和载体,将社会事务划分,采取公办民助、公助民办,民办为主等不同类型,构建他们可以有所作为的舞台。杭州市决策咨询委员会办公室作为杭州市委、市政府决策的服务机构,愿意与社会公益组织保持密切的联系,一起就生态保护和社会治理进行研究和沟通,听听大家对杭州建设的意见和建议。三是政策上有扶持。社会公益组织是新生事物,它在发展的过程中遇到了很多的困难和困境,要实现他们的发展需要政策的扶持。这方面杭州是滞后的,广州、深圳、上海、北京早在几年前就简化了社会组织管理条件,实行无主管登记,并出台社会购买服务的政策,杭州这几年也在做前期的调研和政策的设计。2014年杭州市委办公厅、政研室走访实践的主题是"美丽杭州、社会参与",所以我们希望借这个东风,能够推动政策早日出台。四是法律上有保障。今天社会组织面临的困境源于法律的缺失与模糊。许多社会组织处于"黑户",具体运作机制缺少规范化,缺乏相应的信息公开机制,以致引起争议和不信任。特别是有些慈善事业组织的项目面临质疑以及发展的困境。在国外,在社会组织、公益组织工作是一个正当的职业,在中国却变成一个边缘的工作,要么就是无私奉献。无工资制奉献是难以为继的,所以必须要有一个明确的法律,包括内部的监管机制,让它有章可循,形成良性的发展。据民政部部长李立国透露:慈善立法已经列为2014年的立法项目。如果有这些法律条文,对社会组织的发展将有很大的帮助。五是工作上有成效。这是最关键的一条。30多年前,我们用"实践是检验真理的唯一标准"推进了改革,今天我们同样也要用"成效"来衡量社会公益组织的改革发展,有为才能有位。社会公益既需要党委政府的关心和支持,更需要社会公益组织自己的奋发有为。各个公益组织必须拿出自己的成效和作为来赢得党委政府的放心和社会群众的信任,要把公益事业作为服务社会的平台,作为实现人生价值的平台。目前,"美丽杭州"建设为社会环保和公益组织发展提供了一个非常好的契机,社会转型期也正是社会组织发展作为的关键期。希望大家能积极参与到环保项目建设的沟通、协调和监督中去,利用第三方组织的优势,发挥社会组织独特的作用,为政府分忧解难,为人民群众办好事实事。

忻　皓(绿色浙江秘书长,杭州市生态文化协会副会长):先把时间倒推一年,2013年1月18日,浙江省委、省政府授予了浙江卫视与"绿色浙江"在环保问题处理上的集体一等功。"绿色浙江"最初与浙江卫视达成合作时就在设想:

湖南卫视靠的是娱乐,浙江卫视靠什么去立足?能否试试公益,力争做中国传媒第一品牌?2013年1月19日,"绿色浙江"与浙江卫视召开商讨会议,会上设想了所有全年能够开展的公益项目,考虑到浙江比较突出的水问题,双方最终提出了依靠浙江的环保组织去推动治水工作。2013年2月,浙江温州商人金增敏悬赏环保局长下河游泳引起悬赏游泳热潮。"绿色浙江"随即发表声明,提出清洁河道不仅是政府的事情,更需要依靠公众的共同参与。2013年4月起,"绿色浙江"联合浙江卫视共同策划推出大型新闻行动"寻找可游泳的河"。8月,推出"横渡钱塘江,畅游母亲河"活动。12月,推出首次电视问政节目"治水面对面"。这一系列活动引起了广泛关注和强烈反响,从此,浙江全面治水的行动开始在浙江省委、省政府高层酝酿。

2014年5月,余杭发生了中泰事件,"绿色浙江"也在第一时间发表了自己的看法,关于这件事我谈以下几点看法:第一,邻避运动不用怕。邻避运动不是中国特有的,德国、日本等一些发达国家一样有,它跟体制无关。但是我们必须意识到,解决这个问题是有时间代价的,必须尽可能快地去解决这个问题,否则,5年之后杭州的垃圾会无处安放。第二,政府部门除了要解决建造垃圾焚烧厂给老百姓带来的危害以及由此引起的恐慌,还可以学习西方国家,在合理建造垃圾焚烧厂的同时,也将利益提供给周边的社区,处理好利益平衡问题。第三,整个垃圾的最终处理,必须要装到垃圾分类的大框架中。杭州每年有10%的垃圾增量,如果把这10%的增量通过更好的垃圾分类循环利用起来,就可能多争取一些时间(可以达到20个月),如果再减少,就可以为我们多赢得近3年的时间来商量如何解决这个问题。在这个过程中就可以充分发挥民间组织特殊且重要的作用。第四,公众参与需要全过程化。全球任何一个国家的政府,都不能独立解决环境问题。理论上讲,资本主义国家是由大财团控制的政府,一定不如走群众路线的社会主义国家,在解决环境等民生问题上更为有效。只是,西方人换了一种说法,不叫群众路线,叫公众参与,叫利益相关方。针对垃圾焚烧厂,当前公众最亟须三类信息的对称:一是杭州垃圾的问题与现状,二是垃圾处理的科学与技术,三是政府对解决垃圾问题的全面规划。

实践证明,中国民间组织在未来不但可能推动环保事业的发展,甚至可能助推和改变政府的中心工作。民间环保组织需把握住这个有利时机,在推动环保事业中,进一步扩大其生存空间,推动中国社会治理体系的不断完善。

郑元英(浙江省艾绿环境发展中心总干事):杭州是个美丽的城市,社区发展成熟,市民素质较高,政府执政开放,城市的整体生态环境亦在国内名列前茅。这些都为杭州环保公益组织的团队发展和项目落地提供了很好的社会基础。然而,在全国环保公益组织尚属起步阶段的大背景下,杭州环保公益组织的发展还有很长的路要走。

专职发展的"偏科"。过去的十多年,不管是项目创新还是公众参与,杭州的环保公益组织都做了大量的探索和实践,积极参与到全国民间环保行动的大潮中。不仅如此,杭州生态文化协会亦是国内专职人员最多、发展良好的地方环保公益组织。但是,我们也要看到除了一两家有专职人员外,多数还是处于兼职或是志愿性质的团队。面对城市发展所带来的日益严峻的环境压力,杭州还需要更多的环保公益组织的出现、成长和分工协作。因此,光靠需扩大杭州环保公益组织基数。

前行路上的"孤独"。环保绝非固执偏激或是理想主义,更多时候是因为要真正解决某个环境问题,是一个打破相关的政策与各阶层的利益平衡的一个过程。记得有一次,一个钢铁厂因污染问题被举报,行政部门介入后便停业整顿。但很快,1500个工人因此没有工作,形成了新的维稳问题。所以,环境问题所折射的并非仅是污染问题那么简单,更多时候还是对政府政策制定、产业结构升级、政策法规落实的考量。而这样的特性和实际的政策背景,也决定了有些项目没办法深入,可能只能止步于某一阶段,这对环保公益组织提出了更高的发展要求,在推动环保问题的解决时保持客观、公正、宽容、理性就显得尤为重要。

略显"尴尬"的定位。近年来,环保街头运动颇有愈演愈烈之势。有关部门很自然地想到寻求环保公益组织的合作。但这显然不是一蹴而就的过程,公众的耐心和政府的公信力是在信息公开不足、参与渠道有限的情况下被逐步消耗的。因此,光靠事后的参与肯定不足以建立畅通的沟通机制,亦不利于问题的解决。政府部门需要做更多预前的工作,在一些环境敏感区域的重大项目和规划开始前就让环保公益组织介入并带动公众参与。另外需要提的是,虽然环保公益组织在一些事件中扮演了部分疏导的角色,但疏导是个单向的过程,更关键的一点是要将公众合理的意见和诉求反馈给政府部门,并在此基础上寻求利益的共同点,方能真正化解矛盾,解决问题。

孙　毅(杭州市环保志愿服务总队副总队长):此前我是《青年时报》环保线记者,总队成立时,我成了一名环保志愿者。一路结缘到现在,我参与杭州市环保志愿者队伍建设已10年,还将继续走下去。我亲身经历了杭州环保志愿服务事业的发展,全市各类环保公益组织近年来得到较快发展,但是,毋庸讳言,前行的路上依然困难重重。此刻,我关心的,同样也是杭州市环保志愿服务总队关心的,仍然是人的环保理念的唤醒。

环保并不高深,并不遥远,环保就在我们身边。实践中,我们注意到,环保公众教育目前呈现出以下几个倾向。这些影响组织自身发展的许多问题急需解决。

环保公益服务符号化、概念化，甚至有些神秘化。环保不是谁的专利，也不应该有太高的门槛。环保并不难，门槛太高了，想参与的人也要打退堂鼓了。有时候，不随地吐痰，不乱扔垃圾，不闯红灯，不爆粗口，都是环保行为。环保公益服务运动化、阶段化，甚至情绪化。不是有组织的活动就是环保活动，未经组织的活动就不是。环保公益需要更多热心的个体行动起来，组织的作用当然重要，但更重要的是让人们积极行动起来。环保公益服务组织化、官方化。环保更提倡人与自然的和谐，提倡无为而治。环保确实需要政府引导，但是环保更需要民间力量。环保是每一个公民的责任和义务。正因为我们的生活对环境造成了影响，或者可能会造成影响，我们需要积极做一些事前的预防或事后的补救，从而让我们的生活更美好。不是在为哪个组织做，更不是为哪个人做。环保公益服务低龄化，或者老龄化。环保公益服务中青年人群严重缺席。很多人都认为环境教育是小孩子的事。老年人刚好有些时间，愿意参与公益服务。年轻人中大学生群体虽然参与热情较高，但是很多活动无法落地。事实上，中青年的榜样作用和执行力非常重要，而这部分恰恰常常缺失。环保公益服务西方化。西方有很多可供学习和借鉴的经验。但是我们在学习的时候，往往忽略了其转嫁的成本往往是由发展中国家承担的。发展中国家再转往经济更贫困的国家和地区，而最后，就由大自然来承担这部分成本。环保公益服务明星化。明星参与公益，看上去风光一时，但是往往缺乏实际内容，作秀的成分更多。环保公益服务缺少的更多是普通人的参与，要真正达到振臂一呼，应者云集。

作为环保公益组织，认真正视和解决好以上几个问题，环保组织的力量自然会提升，而有些影响力是无论多少资金都买不来的。之所以很多时候，我们觉得自己没有影响力，不是因为我们没钱没热情，而是因为我们做得不够，或者离生活太远。环保公益组织的力量，在于全社会更关心、更投入，在一些活动得以顺利展开的基础上，重点培育和支持，寻找人群中的环保先锋、环保达人，立足当地，服务周边，把一个又一个"小宇宙"推动起来。这样，我们的城市，我们的家园，才会天更蓝、水更清、山更绿。

金德意（杭州市护绿使者志愿服务总队总队长）：美在杭州，亮在公益。近年来杭州的公益组织如雨后春笋遍布城乡，"最美杭州"的大力宣传使正能量得到不断提升。许多人为感恩社会纷纷加入做义工和志愿者的行列。当然，公益组织在发展中也有不少困扰，不少公益组织类同，影响对外交流做大做强。

在发展中求创新，在创新中树品牌，我们杭州护绿使者公益组织一路走来深有体会。公益组织一定要有自己的品牌。护绿使者成立之初,每年春天由绿化管理部门指定地点,和许多机关单位一起植树。后来随着城市发展没有地方种树了,每年春天只在吴山广场搞一次宣传活动。为满足广大护绿使者和市民强烈的植树愿望,我想到了用木质爬藤植物来垂直绿化。在试验成功后,我将垂直绿化的经验向社区推广,把社区的围墙打造成一道道绿色藤墙,成为护绿使者的品牌。

打铁关有棵五百多年的古樟树,因修路根茎受损而死亡。政府从安全考虑想把它移走,但当地群众强烈反对,坚决不同意。为了美化这棵枯树,我和环保志愿者共同策划了"枯木逢春"的活动,把藤苗种在枯树四周。两年后藤蔓爬满树梢,绿意盎然,四季常青,成为一道亮丽的风景线,为我们护绿使者打响了品牌。九年过去了,这棵垂直绿化打扮的枯樟树依然绿意浓浓。市领导说:"你们护绿使者好样的,做了一件让政府放心、群众满意的好事。"于是我们再接再厉,至今已成功举办八届植藤节,并被授予"世界立体绿化杰出贡献奖"。事实证明,一个公益组织生存和发展一定要有自己的特色,在特色中创品牌,在品牌中求发展。

杨建华(浙江省社会科学院调研中心主任、公共政策研究所所长,研究员):权威是社会整合中的一个基本要素,它是通过人们的一种普遍信仰和认同而建立起来的合法性的权力。中国是一个国家权威主导型社会,国家有能力动员整个社会的力量来办一些大事情或者应付大危机。不过,任何事物都具有两面性。这种国家权威主导型社会一个极为重要的特点,就是强国家、弱社会。国家权威占据绝对主导地位,很少有市场和社会的力量来与之平衡协调,缺乏社会力量发挥社会多元整合的功能来实现善治。

要走出单一国家权威主导型悖论的困境,需要立足于传统又超越传统,重新引入"社会权威"这一新的维度,构建国家权威与社会权威相融合的现代权威体制。社会组织是社会权威的一个重要载体。当前,在环境冲突不断上演的境况下,我们发现,社会组织在解决环境纠纷与冲突以及维护环境受损群体基本权益问题中扮演重要角色。而社会组织的权威性须由承担的社会责任铸就,没有社会责任,社会组织的权威性很难打造出来。

那社会组织在化解环境矛盾中的社会责任主要有哪些呢?

一是提供环境保护的公共产品及服务责任。环境保护既涉及城乡居民的生活质量,也涉及很多专业化知识。现阶段我国环境基本公共服务总量不足、区域不均、城乡不等现象严重,这需要相关的环保类社会组织为人们提供专业化的公共产品与服务,如环境知识的普及、环境教育服务、环境保护的宣传、环境应急与安全性服务等,以公益性、专业性的优良服务为城乡居民服务。二是环境受影响群体利益表达及维护的责任。在经济快速发展进程中,经济增长与环境保护之间的紧张会日益凸显,维护环境受影响群体的正当合法权益是化解环境纠纷与冲突的重要内容。环保类社会组织在日常工作中,应深入基层,了解环境受影响群体的诉求,并将单个的诉求汇集起来,成为一种团体的诉求,维护团体的合法权益,为环境受影响群体的利益表达提供合法的多样性的形式与渠道,保障公民利益表达的畅通。三是社会协调及整合的责任。迪尔凯姆曾指出社会组织的重要价值。他认为,在一个专业化(个人多样化)日趋细密或分化(社会复杂化)日益突出的社会,只有包括职业群体(或称法人团体)在内的社会组织才是社会协调、整合的承载者。他说,次级群体是构成我们社会结构的基本要素,"如果在政府与个人之间没有一系列次级群体的存在,那么国家也就不可能存在下去。如果这些次级群体与个人的联系非常紧密,那么它们就会强劲地把个人吸收进群体活动里,并以此把个人纳入社会生活的主流之中"。这个"次级群体"就是像"法人团体"(或称"职业群体")的社会组织。社会组织应成为社会成员与政府良性互动的桥梁与纽带。四是社会交代的责任。社会交代是指社会组织应依照其被授权进行的工作给予解释,对其工作职责进行说明。社会组织应在运作的四个方面进行说明交代:一是社会组织整体工作的方向性(政治性)问题;二是财务,包括怎样筹措和募集资金、如何使用的问题;三是工作过程,侧重在机构是如何运作和行使其行政职责的;四是项目执行,对项目执行情况的交代则涉及项目的受益者,包括项目是否使目标人口受益、具体的成本、项目是否改变和提升了目标人口的生活质量等方面。五是保护环境理念与社会道德引领及建树的责任。环保类社会组织应有公益理念、公平意识、民主情怀和奉献精神,以公共利益为追求目标而勇于承担社会责任。环保类社会组织从事的环境保护事业,在某种程度上其本身就是公益、慈善的化身。因此,环保类社会组织应以较高的伦理道德规范和行为准则约束,使环保类社会组织成为有信仰、有使命感和有社会责任的组织。

蓝蔚青(时任浙江省公共政策研究院副院长、研究员):在杭州举行的"可持续发展、环境参与和社会质量国际学术会议"上,"嘉兴模式"成为国内外学者关注的热点。嘉兴市通过《关于鼓励发展群众性环保组织的指导意见》等政策性文件,构建了以市环保联合会为龙头,市民环保检查团、专家服务团、生态文明宣讲团和环境权益维护中心为支撑的"一会三团一中心"公众参与平台。"嘉兴模式"的六大亮点,即"大环保""圆桌会""陪审员""道歉书""点单式"和"联动化",都是通过这个治理主体实施的。依托这个政府主导,党政界、知识界、媒体界、法律界、企业界和志愿者互助合作的治理主体，市民可以参与环保审批、环境执法、环保监测工作，行使环境知情权、参与权、议事权和监督权。"一会三团一中心"是典型的社会复合主体。

环境问题由于涉及人的生命和健康，遂成为社会高度关注的问题。各种利益诉求往往在"环境维权"的名义下情绪化地发酵，甚至引发群体性事件。国内外敌对势力肯定会千方百计地利用这类事件，离间党群干群关系，激化社会矛盾。这就使环保公益组织容易成为一个敏感的话题甚至防范的对象。但是必须看到，随着社会的进步，对生命和健康的重视程度不断提高，环境保护成为社会公众关注的热点问题是不可阻挡的历史趋势，环保公益组织的出现和发展是不可避免的社会现象。我们必须因势利导，使之成为国家治理体系的有机组成部分，在社会民主生活和依法治国中具有应有的地位，发挥动员、组织和引导广大人民群众参与环境保护，及时发现问题，依法表达合理关切，理性地协调有关各方利益关系的积极作用，同时也就能有效地挤压反政府组织的活动空间。

要使环保公益组织发挥好这样的作用，把它建设成社会复合主体是一个很好的思路。党委和政府应积极支持并主动参与环保公益组织的建设和运行，在其中发挥政治导向作用，同时又要避免使之成为"二政府"。环境群体性事件的爆发，往往是由于政府公信力的下降甚至丧失。环保公益组织保持自主性，是其发挥应有作用的重要条件。而且只有保持自主性，环保公益组织才能敏锐地发现和反映问题，不受部门利益和"面子"的左右而保持客观公正的立场，避免"选择性参与"的尴尬。这种既能主导又保持充分弹性和柔性的关系，正是社会复合主体的特点和优点，也是政治智慧的体现。同时，作为社会各界广泛参与的社会复合主体，环保公益组织可以避免局限于"维权思维"而降低为局部利益的代表，而能理性地兼顾全局利益和局部利益，全面地发挥宣传教育、动员组织、沟通协商、汇聚民意、公众参与、监督评估等作用。环境保护是全社会的共同任务，工青妇和科协、社科联、文联、作协、记协等人民团体都应该积极参与环保公益组织的工作，并在其中发挥自己的特色优势。

李　涛（时任浙江省委党校社会学文化学教研部副主任、教授）：我服务的单位是有关社会学、文化学的，所以我试图用社会学的方法研究文化，用文化学的视角关注社会问题。多年来，我一直在跑基层，走温州、走台州，接触了很多社会组织，特别是公益类的环保组织，它们在"五水共治"，在环保群体事件中，扮演了很多角色。结合以往的经验和调研的成果，我谈几点看法。

第一，社会组织、社会公益组织、环保型组织是什么？谁来做？怎么做？环保公益组织的定位是什么？社会组织的定位是什么？我觉得它最起码有三个功能。社会组织、环保公益类组织，首先，它应该是一个黏合剂，在政府决策的过程中是黏合各方智慧声音的黏合剂；其次，它是一个减压阀，当危机和情绪逐渐积累时，它是一个不良情绪释放的减压阀；此外，它还是一个民意的救生艇和避难所，当群体性事件真正发生时，社会组织在危机处理过程中，必须是民意、情绪宣泄的一个救生艇和避难所。如果政府能够清楚地意识到社会组织这样的定位，从而进一步认识社会组织的重要性，那么社会组织、环保公益类组织参与各种事件的壁垒和阻力就会减少。第二，社会组织谁来办？经费从何而来，人员从何而来？要注意什么问题？我在调查过程中发现，我们的社会组织、大量的环保类社会组织，经费来源不外乎三种：一是社会捐助、募捐；二是服务性所得，微乎其微；三是政府购买的一些公共服务。如果一个社会组织、一个环保公益类组织没有稳定的经费来源，它的运作是受到限制的。环保组织除了需要有理想主义者加入外，还需要有人文学者、专业性人员的介入，实现对外脑智库的合理对接。如果做不到这些，仅凭一腔热情，它的权威性和专业性会受到限制。第三，环保组织在参与社会管理、社会服务过程中，有三个原则必须坚持：一是公正性，不代表任何一方；二是独立性，不受人支配；三是专业性，一定要有专业水准，不是拍拍脑袋想出来的，不是从书本上抄来的。第四，社会组织、环保组织在参与社会管理，参与"美丽杭州"建设，参与整个环境事件处理过程中，有两个原则必须清楚地挂在墙上，写在纸上，写进文件里：一是政府不应将社会组织看作对立面，而应把它当作助手、帮手和处理问题的群众工作部；二是社会组织应该将政府看作社会组织的支持者、合作者和战略合作伙伴。

从广义的社会组织的角度来看，共青团、妇联、工会都应该是社会组织。在具体的实践过程中，我们怎样把社会组织、民众和政府之间的关系协调清楚，这是一个非常重要的话题。我认为目前已经在协调，很多地方也已经有协调成功的先例。杭州在处理很多问题的过程中，如果能汲取有益的经验，把社会组织特别是环保公益类组织，纳入重大环保事件的前期政策制定、中期民意协调和晚期监督运作过程中，自始至终关注进度，就能迎来成功。

任何一个组织参与任何一个角色，不是救场，而是要积极参与，用理想的情绪、用专业的眼光、用公正的态度来参与。只有这样，这个社会才能和谐，决策才能科学，矛盾才能减少，很多问题才能顺利解决。

孙　颖（杭州市发展研究中心政治文明建设处处长）：社会组织要想参与到环境治理中去，关键是建立有效的参与协商机制。我认为应该关注三个问题：一是如何界定环境治理的相关方。在具体环境事件当中有两种相关方，一种是利益相关方，一种是价值相关方。利益相关方就是与事件本身有切身利益关系的人,价值相关方就是基于公共利益考量的关系人。如何让这两种相关方有效地参与进去? 机制建设最为重要。在机制设计中,首要问题就是谁来组织参与。新修改的《环境保护法》,有关公众参与的规定不少,但是没有界定谁来组织参与,默认的组织参与者就变成了政府部门。但是如果由政府部门来组织参与,是否会出现选择性的参与结果呢? 这可能会造成很大隐患。二是在这个过程中社会组织能够发挥什么作用。我认为,应该建立起一个由参与型复合型社会组织来搭建平台的第三方促参机制。以"绿色浙江"为例,它是一个开放性的组织,有各方社会力量的参与,如专业的社工人员、企业家、教授和官员等,它本身就是一个非常客观、中立、信息量很大、善于组织协调的组织。由这样的参与型复合型社会组织来搭建参与平台,也许会比政府部门更加中立、更有效率。但是这种方式也会存在问题,社会组织能够协调的资源毕竟有限。所以在这种参与结构中一定要有政府部门的制度化加入而非个人性参与,这样才能让我们的社会组织具有一种强大的正向的社会动员能力。三是怎样在这个参与平台上进行有效的协商。我认为协商机制的建设很重要,但更重要的是要培养一批能够主持协商的人。我们知道,在传统社会以及当下的很多农村地区,乡里乡亲的争执矛盾实际上是靠一些德高望重、懂得协调艺术的和事佬们来化解。美国关于协同治理的最新研究成果也表明:影响平行主体协商治理的因素中,协调人员的因素是第一位的。因此,在现代城市社区建设中,在涉及环境治理的利益博弈中,培养出这样一批能够有效组织参与协商的人非常重要。他们的身份可以多元,但必须都要有一定的社会影响力、公信力,具有建设性心态,能够组织动员各方力量解决问题。很多社会组织的负责人、带头人可以胜任这种角色,应该建立发现、培养和使用这种人才的机制。

李天琼(杭州电视台钱塘论坛工作室主任):管理学之父彼得·德鲁克说过:"创新,不仅是技术创新,也包括社会创新。"在创新和转型的社会发展大趋势下,如何以创新的制度环境扶持社会组织的进一步发展,社会组织又如何在社会管理创新中加强自身的素质和能力建设,包括服务发展的不断提升和创新,已成为政府、社会和社会组织多方共同关注和重视的任务。根据杭州整个城市发展的实际需要,对推进环保公益组织的发展,我有如下思考。

首先,应该进一步释放。针对政府关于社会组织的法律法规和管理体系在新形势下已落后于社会组织发展需求的现状,一些城市已经在社会组织管理的体制和机制上进行了改革创新。例如,上海于 2014 年 4 月 1 日出台了《上海市社会组织直接登记管理若干规定》,对四类社会组织实行依法直接登记,不再需要业务主管单位审查同意。又如,广州推出了注册资金由"实缴制"改为"认缴制"，支付 1 元注册资金即可申办社会组织。上海和广州两地推出的措施，释放了积极的政策信号，激发了社会申请成立社会组织的积极性，申请成立的主体以社会力量为主，去行政化趋势明显。相比之下，杭州的社会组织登记制度还有很大的发展空间。其次，必须进一步完善。对于环保社会组织来说，光靠热情和愿望是不够的，它的兴起和发展需要党委、政府的关心、支持和帮助。政府应该考虑设立专项资金，用于扶持培育环保公益社会组织建设发展，以一次性补助或项目扶持方式，予以重点扶持。同时要积极争取企业资本、民间资本的投入，拓宽多元化投资渠道。通过建构专门的环境治理公益社会组织的服务平台方式，成为不断完善环保公益社会组织的支持体系，加强对公益社会组织队伍建设的支持。第三，要加强法治力度。2015 年 1 月 1 日起开始施行的国家新《环境保护法》规定：对依法在设区的市级以上人民政府民政部门登记的"连续五年以上专门从事环境保护公益活动且无违法记录"且"提起诉讼不得通过诉讼牟取经济利益"的民间环境公益组织，可以批准成为环保诉讼主体。可以鼓励杭州更多民间环境公益组织成为环境公益诉讼的主体，通过法律途径加强对破坏环保主体（企业）的司法监督，敦促司法部门解决"有法可依"但"有法难依"的窘境，促进杭州的环境公益诉讼机制更加完备。

陆桂英（杭州市团校校长）：公益组织做环保，首先要解决一个定位的问题。显然，单纯靠一个组织去解决环境大问题是不现实的。公益组织更多的是依靠组织来改变社会，进而实现环境保护的目的。从这个意义上来讲，环保公益就是宣传环保意识。当前，中国的环保之所以难，最根本在于民众没有责任意识，把环保仅仅归为社会和政府的责任，与己无关。因此，公益组织做好宣传引导就显得尤为重要。要做好环保公益组织的宣传引导，以下三点尤其重要：

有亮点——形式能吸引眼球。环保公益的宣传本身就是在缺乏社会土壤的环境下进行的。让一个陌生的理念、意识进入寻常百姓的视野，需要一定的技巧吸引眼球。创意在此显得尤其重要。在今天这样的全媒体时代，用新媒体去吸引年轻人，用年轻人去带动身边的家人，是环保宣传的撬动点。

有接点——内容能接地气。公益组织做环保，一定要接地气，也就是要把环保的事情做成每个普通老百姓都能参与、都能介入、都能感受的事情。那些高大上的理念、原则、信条不能真正深入人心，也让老百姓无所适从，最终无疾而终，不可持续。这个立足点决定了环保组织宣传的形式，也决定了环保宣传的效果。

有支点——钱财物有来源。政府每年投入环保的资金不少，有效争取并高效地使用这些钱，是环保公益组织发展的支点。没有钱财物，组织不可能持续发展,环保的事业也就不可能真正做大做强。那么,如何才能去获得这些资金呢?一方面,政府要把与环保相关的财政支出面向公益组织招标,公益组织通过自己的项目和服务去获得这部分资金;另一方面,环保公益组织要创投,要通过自我的特色来赢得投资。同时,在财务的管理、资金运作方面要有专业人员参与。

王跃军(杭州青年公益社会组织服务中心理事长):近年来,杭州市的社会组织发展环境不断优化,各类社会组织也呈现出健康蓬勃发展的良好态势。然而,社会组织在面临着重大发展机遇的同时也面临着诸多挑战。

首先,社会公众对环保类社会组织的认知和认同度不够。目前杭州纯民间的草根型社会组织的社会认同度不够,主要是因为这些组织的组织识别度还不高,具体体现在:缺少一些可持续的、有一定影响力的品牌化的项目,环保社会组织很难独立发声;社会公众的环境保护参与意识不强;环境保护类的社会组织相对其他类型的社会组织而言,得到的社会公众呼应度不高;社会公众的可持续参与不够;社会公众在日常生活和环境保护志愿服务行动中的参与面不是很广,持续时间也不是很长。

其次,社会组织发展的生态链不够完善。政府的政策相对滞后,不能满足当前社会组织发展的需要。国家相关法律体系的构建、地方性支持政策都在完善的过程当中;政府对社会组织的包容度不够,容易用行政性思维去看待社会组织的发展,没有给社会组织的发展留有充分的空间。社会捐赠和商业社会对社会组织的支持力度不够。社会组织的资金主要来源于社会捐赠、企业支持和政府购买服务。当前社会公众和商业社会对捐赠都存在急功近利的思想,希望直观见效,因此,对于关注公众利益的环境保护类的组织资金会比较短缺。支持型的社会组织发展不够充分。目前杭州枢纽型的社会组织、基金会等支持型的组织数量不够,缺少对社会组织在资金支持、能力建设、第三方监督等方面的支撑。

第三,社会组织自身能力欠缺。人力资源匮乏。社会组织普遍缺少专职的从业人员,因为:一是缺少稳定的资金来源;二是社会公众对社会组织的认同度还不高,有意愿到社会组织工作的人员不多;三是社会组织对工作综合能力要求较高,缺乏合适的人才。同时,环境保护类社会组织的专业型志愿者资源也短缺。项目开发和执行能力有欠缺。开发可持续、有影响力和品牌化的项目是凸显组织特征的重要手段,但是绝大多数的社会组织在项目开发能力上有欠缺。我们的调查数据显示,68.4%的被调查对象希望能够得到项目开发能力方面的培训。社会组织对外沟通协作能力有待加强。目前社会组织在对外合作方面存在信息收集处理、沟通谈判、建立沟通机制等方面的短板。很多组织在强调组织独立性的同时也丧失了组织的开放性，因此合作意识和合作观念也是社会组织所应该增强的。根据数据统计，有78.5%的组织希望杭州青年公益社会组织服务中心为其提供对外合作的平台和机会。内部管理能力有欠缺。由于大部分组织还处于发展的初级阶段，因此完善内部管理的路还很长，但这又是关乎组织发展生命力的一个亟待解决的问题。

邵煜琦（时任杭州市环境保护宣传教育中心主任）：杭州市的民间环保组织起步发展较早，经过十多年的发展，形成了浙江省绿色科技文化促进会（绿色浙江）、自然之友浙江小组、杭州市生态文化协会、杭州市环保志愿服务总队等几个主要组织。这些环保公益组织在公众参与的环保机制中扮演着越来越重要的角色。积极培育民间环保组织、合力共促生态文明建设，是杭州市当前和今后较长一段时期的重要工作。

实际上，由于政府部门对环保NGO组织的积极作用认识不足，公众对环保NGO组织的了解不多，参与环保的积极性不高等方面的问题，影响了环保NGO组织的生存和作用的发挥。因此，要改变这种现象，充分发挥民间环保组织的重要作用，政府和相关部门应当做好以下几个方面的工作。

加强培育引导。《国务院关于落实科学发展观加强环境保护的决定》提出了"健全社会监督机制，为公众参与创造条件，发挥社会团体的作用"的要求。政府及有关职能部门要按照"积极引导、大力扶持、加强管理、健康发展"的方针，改革和完善现行民间组织登记注册和管理制度。研究制定有利于环保NGO组织发展的公众参与、公益捐助等规定；深入调查，分类指导，为环保NGO组织的健康发展提供有利的法律和政策措施；加大对环保NGO组织的培训力度，提升政治意识、管理水平、业务能力和专业化程度；拓展环保NGO组织的交流渠道，积极开展国内外民间环保组织交流合作，引导其健康发展。

加强公众参与。根据新修订的《环境保护法》，公民、法人和其他组织依法享有获取环境信息、参与和监督环境保护的权力。政府相关部门应当依法公开环境质量、环境监测、行政许可、行政处罚等信息。因此，地方相关部门应当建立政府、企业、公众三方对话机制，开辟有效的意见表达和投诉渠道，搭建公众参与和沟通的对接平台。在环境法规、政策、规划和标准的制定、修改过程中，在建设项目的立项、建设、运行过程中，依法公开相关信息，广泛实施公众参与。

加强信息互通。要想充分发挥民间环保公益组织的作用，还必须要让他们知道，政府重点要解决的环境问题是什么，政府职能部门的计划、措施、方案、目标等。而政府也要知道老百姓在环境问题上的需求，这就要民间环保公益组织发挥纽带作用,政府职能部门要把信息主动告诉他们,也通过他们收集相关需求,才能使政府工作满足百姓的需求。

加强理性思维。一方面,由于环保公益组织发展的不平衡,有些组织为了迅速发展壮大,扩大影响力,主动参与一些环境群体性事件的串联,甚至煽动不明真相的群众,片面夸大负面影响,使一些正常的环境诉求发展成为群体性事件。有些组织甚至与政府站在对立面,采取不合作、不对话、不妥协的态度,造成政府部门对环保 NGO 组织的偏见。另一方面,有些 NGO 组织在自身发展的困难时期,接受一些利益集团的资金资助,受到他们的利用和控制,丧失了自己的观点、立场,不能独立、理性地思考问题。因此,政府部门和 NGO 组织都应保持理性思维,互通信息,互相信任。

加强法律保障。我国环保 NGO 组织一般由环保学者、科学家、热心市民和关注环境的各界人士组成。他们有热情,有毅力,有专业知识,但由于缺乏有效的法律支撑和保障,存在很大的法律风险。政府相关部门应建立健全环境公益诉讼机制,明确公众参与的范围、内容、方式、渠道和程序,规范和指导 NGO 组织有序参与环境保护,切实维护自身和公众的权益。

王先明(杭州市民间组织管理局副局长):近年来,杭州市环保 NGO 发展较快,尤其自 2013 年下半年公益慈善类社会组织采取直接登记以来,注册环保 NGO 明显增多。到目前为止,登记注册的环保 NGO 共有 33 家,其中社会团体类型的 16 家,民办非企业单位类型的 17 家。不具备注册条件而备案的城乡社区环保 NGO 有 50 余家。这些组织专兼职人员共约 1000 余人,志愿者约 20 万人,分布在全市 13 个区、县(市)。

目前,这些组织仍处于发展的初级阶段,还存在一定不足。一是纯民间的环保 NGO 数量少,草根型的环保 NGO 仅占二分之一,组织比较松散,社会动员能力较弱;二是规模偏小,有 10 名以上专职工作人员的只有 3 家,5 名以上专职工作人员的不足 5 家,其余兼职人员很多,素质参差不齐,专业化的程度不高;三是活动资金缺乏;四是认知的程度不高;五是环保 NGO 与政府合作、市民互动、企业支持不紧密。从国际和国内环境保护发展的情况来看,环保 NGO 在未来的环境利益冲突中将发挥重要的协调作用,成为企业、公众、政府间沟通的桥梁与纽带,故加强环保 NGO 建设必不可少。

要加大对环保 NGO 的培育扶持力度。加大政策扶持力度,大力推进重点领域的环保 NGO 的发展。转变政府职能,将部分环境公共服务职能交由环保 NGO 行使,释放和激发环保 NGO 的活力。对接受政府委托、承担社会服务的环保 NGO,政府应根据实际情况提供资金。完善环保 NGO 专职工作人员工资、保险、福利等政策,解决其后顾之忧。建立环保 NGO 专业孵化基地和服务平台,在办公用房、资金、人员培训等方面提供帮助和扶持,提升组织职业化、专业化的水准,制定并落实税收优惠政策。要建立政府与环保 NGO 的合作伙伴关系。杭州环保 NGO 经过几年的发展,更具理性和建设性,在环境法规和政策制定、环境决策、环境监督、环境影响评价、环境宣传教育等方面,应鼓励和引导杭州市环保 NGO 参与。征求环保 NGO 意见,提高环境决策民主化和科学化水平,同时支持和鼓励环保 NGO 参与环境公益诉讼。要规范组织的内部治理。借鉴、吸收国际环保 NGO 管理和运作的经验,建立科学、严格、规范的内部治理机制。完善法人治理结构,建立和健全以章程为核心的内部管理制度,建立和完善理事会、监事会制度,着重抓好民主决策、日常管理、财务管理、诚信自律、信息公开制度。提高自身能力和素质,增强自主运作、独立运作、持续发展的能力。要健全激励和约束机制。放宽对环保 NGO 的准入,由重准入登记转变到重全过程的监管,消除随意性的行政干预或庇护。培育小的组织,扶优扶强规范的组织,严惩非法活动组织。建立和健全由第三方评估机构对环保 NGO 运行绩效进行独立的评价和监督,通过评估,建立诚信等级制度,提高环保 NGO 的公信力和透明度,引导环保 NGO 健康有序发展。

"五水共治　你我同行"论坛发言摘要

浙江省于 2013 年年底正式启动了"五水共治"行动,力争在 2020 年前实现浙江水的质变。这是浙江省全面治理环境、倒逼转型升级的重大战略举措。杭州是"五水共导"的城市,这一次也是"五水共治"的先锋。围绕"治污水、排涝水、防洪水、保饮水、抓节水",杭州出台了一系列的三年行动计划,从 2014 年到 2016 年全方位破解制约城市发展的水问题。

2014 年 4 月,杭州市决策咨询委员会与杭州市委党刊《杭州》杂志社共同以"通向幸福和谐杭州之二十一——五水共治　你我同行"为主题,推出西子"我们论坛"第四十一期,特邀各界代表共论"五水共治"。现将论坛部分专家发言摘要如下。

沈满洪(宁波大学校长、教授):"五水共治"旨在解决水危机,以实现人水和谐的局面。水污染危机呼唤"治污水",水资源危机呼唤"保供水"和"抓节水",水安全危机呼唤"防洪水"和"排涝水"。"五水共治"不是任何单一的经济主体可以担当的,而需要政府、企业和居民的齐抓共管。那么,政府在"五水共治"中应该如何定位?

由于公共物品的非竞争性和非排他性,市场不可能足额提供公共物品。因此,政府的基本职能之一便是提供公共物品。首先是提供治水的公共物品。"五水共治"过程中,政府要利用纳税人的税收提供治污工程、防洪工程、排涝工程、供水工程和节水工程等治水工程。治水捐款可能成为一种社会发动机制,但不能作为治水公共工程的主要资金来源。政府治水的基本理念是以尽可能少的投入取得尽可能大的治水绩效。因此,舍不得投入治不了水,不惜一切代价治水也不可取。其次是提供治水的公共制度。"五水共治"由于具有典型的外部性特征,往往需要提供水资源管理、水环境管理、水安全管理等制度,以制度引导人、约束人、激励人。这些制度既包括治水的法律、法规、规章等正式制度,又包括治水理念、治水文化、治水舆论等非正式制度,还包括污水偷排举报机制、违法取水惩处机制等实施机制。

另一方面,作为治水公共事务的管理者,政府的重点工作应是提供制度以及保障制度的有效实施。"五水共治"需要管制性制度、经济性制度和引导性制度并举。首先是提供并实施治水管制性制度。主要包括:空间管制制度,例如对水源区和防洪区的禁止或限制准入;总量控制制度,严格控制取水总量和排污总量;标准控制制度,严格确定水资源效率标准和水环境排污标准。空间、总量和标准的管控,可以有效倒逼企业的绿色转型。管制性制度具有立竿见影的效果,在水危机严峻的情况下是必不可少的。但是,也要注意制度实施的成本问题。其次是提供并实施治水经济性制度。主要包括:水资源有偿使用和生态补偿制度;水环境污染税和水环境损害赔偿制度;水权有偿使用和交易制度;水污染权有偿使用和交易制度。环境财税制度和环境产权制度可以激励企业将有限的自然资源和环境资源配置到最高效的地方。在让市场机制在资源配置中发挥决定性作用的背景下,经济性制度的重要性日益凸显。这是未来的制度主体。再次是提供并实施治水引导性制度。主要包括:培育人水共处、人水和谐的世界观;养成以水定人、以水定产的生态优先理念;培育水资源稀缺论、水环境资源论等价值观。虽然引导性制度是一种辅助性制度,但是,它是任何情况下都不可或缺的。治水制度的供给和实施,要充分考虑不同制度之间的相互关系。对于具有替代性的制度要优化选择,对于互补性的制度要耦合使用,从而加强制度实施的绩效。总之,要以系统论的观点审视治水制度体系的建设。

再一方面,政府作为治水公共事务的代理者应该对委托人负责,并接受委托人的监督。要向公众提供水务信息。水资源信息、水环境信息、水安全信息是不对称的,政府具有信息优势,公众具有信息劣势。政府治水要接受公众监督,就必须把水务信息披露给公众。要接纳公众参与治水。治水工程的专家与公众的论证、治水制度的专家与公众论证、治水政策的专家与公众听证等都是事关公众切身利益的大事,因此,既要吸纳专家的参与,又要吸纳公众的参与。还要接受公众治水评价。政府主导的治水不仅需要有政府自身的事先评价机制、事中评价机制和事后评价机制,而且需要有第三方评价机制,尤其是公众的治水绩效评价。治水效果好不好,只有利益相关者最清楚。公众评价不仅是治水绩效评价的需要,也是政府政绩评价的方向和趋势。

鲍健强(浙江工业大学政治与公共管理学院院长、教授):"五水共治"需要跨界合作,政府引导与企业参与相结合、科技界与社科界创新合作。2014 年 4 月 24 日,十二届全国人大常委会第八次会议表决通过了修订后的《中华人民共和国环境保护法》,其中第 53 条明确指出,公民和其他组织有权获得环境信息,也就是说要引进社会力量来参与环境保护。我就此谈谈社会的力量。

首先是培育社会组织，参与"五水共治"。"五水共治"是一项"一举多得"的战略决策，既扩大了投资又促进了转型，既优化了环境又惠及了民生。"五水共治"的本质是生态环境和可持续发展问题。西方发达国家的"可持续发展"理念，最初是由社会力量推动的，最后成为各国政府和公众的共识。因此，"五水共治"如何发挥社会组织的作用是一个新的课题。欧盟各国环境意识强，这与"绿色运动"、绿色社会组织的参与密切相关。1972年，由多国科学家组成的"罗马俱乐部"出版了一本《增长的极限》，成为可持续发展理念形成的起点。目前，国际上讨论生态与环境问题、气候变化问题，非政府组织都是主力。可见，非政府组织是推进环境保护的重要力量。《中共中央关于全面深化改革若干重大问题的决定》中13次提及"社会组织"，说明对社会组织在公共领域中发挥作用寄予希望。生态环境保护和现在的"五水共治"是社会组织大有作为的公共领域，因此充分发挥各级社科联、科协和其他社会组织的作用十分有意义。过去，生态环境保护过程主要是政府与企业的关系，政府监督企业减排，而企业为获得利益，总希望将环境治理外部化，因此，企业就以不正当的方式搞定政府官员，引发腐败。因此，鼓励社会组织参与"五水共治"，还能为政府科学高效推进"五水共治"提供技术支撑、智力支撑和人才支撑。

　　其次是发挥社会舆论，推进"五水共治"。发挥各类媒体的作用，如报纸、杂志等平面媒体，微博、微信等网络媒体，电视等传统媒体的功能，从三个方面促进"五水共治"。正面宣传"五水共治"，传达正能量。运用各类媒体形式，大张旗鼓地宣传"五水共治"和生态文明建设理念，对于全社会形成"尊重自然、顺应自然、保护自然"的理念能起积极的推动作用。宣传"五水共治"的规划、进程、成效，表彰先进集体和个人，能够鼓舞士气、传递正能量。发挥社会媒体和舆论的监督作用。社会媒体和舆论具有强大话语权和监督权。弘扬正气、鞭挞时弊，揭露破坏水资源生态、污染河流水体、浪费水资源的歪风邪气和重要事件，能够警示社会、推进"五水共治"从源头做起，减少污染排放、保障水源质量、节约水资源。理性对待"五水共治"，倡导科学治水。生态环境的修复、水资源环境的改善是一个长期的过程，社会媒体和舆论有责任理性宣传"五水共治"，倡导科学治水，倡导脚踏实地、扎扎实实，分轻重缓急、有重点、有步骤地推进。"五水共治"分工有别，和而不同。要源头治污水、快速防洪水、生态排涝水、多元保供水、制度抓节水；要宣传"五水共治"的新理念、新技术、新方法，实现"五水共治"有序、健康、可持续发展。

　　第三是调动社会公众，介入"五水共治"。从我做起，从当下做起。生态环境和水环境的问题与社会公众的生活方式和环境意识密切相关，我们不能在指责别人的同时，不以身作则，污染环境，浪费水资源。只有社会公众都自觉地参与和介入"五水共治",我们才能形成强大的社会合力。每一个公民都是水环境的监管者。水资源和水环境就在我们每一个公民的周围和身边,水环境状况如何,何处是排污源,企业职工最清楚;哪里浪费,哪里可节水,公民最了解;饮用自来水一有问题,反应最快的也是社会公众。所以,每一个公民都是水环境的监管者,应该成为"五水共治"中社会反馈机制的重要环节。有计划地发展"五水共治"的志愿者组织。"五水共治"需要有计划、有组织地推进社会力量的参与,志愿者服务组织就是很好的形式。志愿者服务组织可以走村串乡,进入社区调查环境问题,处理环境问题,宣传生态理念;可以沿溪沿河沿江排查污染排放源和排放点,进行举报和揭露;也可以身体力行地清除垃圾,参与"五水共治"的各种活动和项目建设。政府需要从经费上和管理上给予支持。

徐银法(杭州市林水局副局长):治水犹如一盘棋,具有系统性、整体性、综合性的特点,五水之中,你中有我、我中有你,难以分而治之。按照杭州市委、市政府的统筹安排,我们牵头负责防洪水、保饮水"两水",但其他"三水",也均有水利项目涉及。根据分工安排,我们对"五水"涉及水利项目进行统筹部署,2014—2016年全市安排水利工程项目单元共95项,计划投资225.49亿元。

防洪水——完善防洪减灾体系,实现城乡防洪安全。重点推进山塘水库除险加固,钱塘江、浦阳江等未达标段干堤加固工程。到2016年,干堤达标率达到87%以上,中心镇、中心村防洪工程建设力度进一步加大,防洪达标率达到80%以上。

保饮水——有效配置水资源,提升城乡饮水品质。重点推进杭州市第二水源千岛湖配水工程,闲林、湘湖、三白潭等备用水源建设和农村饮水安全提升。通过建设,全市县级以上城市基本实现多源联网、互调互济的供水水源。目前,千岛湖配水工程项目建议书已获得省发改委批复,可行性研究报告已编制完成并通过了专家咨询,三年内力争基本建成主体。闲林水库大坝主体基本完成。余杭三白潭备用水源工程已开工建设,萧山湘湖三期备用水源工程也已启动征迁工作。

排涝水——增强区域排水能力,有效减轻淹没损失。水利建设重点是通过主城区、萧山平原、之江地区、滨江区外排工程建设,新增强排入钱塘江能力490立方米/秒,为区域排水创造外部条件。萧山钱江枢纽排水闸已开始机电设备安装。之江地区、滨江区排涝工程也已开工建设。

治污水——开展河湖综合整治,着力改善水生态环境。水利建设以河道整治为重点,通过苕溪清水入湖、青山湖综合治理与保护、农村河道综合整治等工程,为全市治污水出份力。目前,苕溪清水入湖余杭瓶窑段已完成初步设计编制,已报国家发改委概算审核。全市河道保洁、"河长制"实现了全覆盖。

抓节水——加快农田水利设施建设,实现农业用水高效。水利建设以农田水利建设为重点,通过高效节水灌溉、小型农田水利建设,农田灌溉水有效利用系数提高到 0.587 以上,合理利用水资源。

水是生命之源、生产之要、生态之基。"为政之要,其枢在水",兴水利、除水害历来是政府的大事。杭州治水的军令状已经下达,我们将坚定不移地以治水为突破口,顺势推进杭州经济转型升级和发展方式转变,为建设东方品质之城、幸福和谐杭州提供坚实的环境保障。

徐青山(杭州市环保局副局长):五水共治,治污先行。环保局作为治污水的排头兵,决定实施"五个最严",助推五水共治。此前,杭州市环保局出台《杭州市打造环境监管最严格城市的意见》,从准入、监控、治理、执法和制度建设五个方面入手,对事前、事中、事后全过程采取最严格的环境监管措施,着力推进"美丽杭州"建设,促进环境质量持续改善,深入解决"治水、治气、治废"等难题。

实行最严格的准入。对不符合产业政策和规划条件的项目实行"零审批"。对不符合主要污染物总量控制要求的项目实行"零审批"。对不符合行业环境准入条件的项目实行"零审批"。对未列入《浙江省危险废物集中处置设施建设计划》或未经省环保厅备案的危险废物利用处置项目实行"零审批"。

实行最严格的监控。对列入市控以上重点污染源清单的企业,运用在线监测或监督性监测、刷卡排污、危废刷卡转运等手段,实现水、气、危废等要素全监控,确保监控"零死角"。将监控数据用于排污申报、总量减排、行政处罚、改(扩)建项目审批、企业环境行为信用等级评价等多个领域,确保监测数据应用"零死角"。在门户网站定期全面公开市控以上重污染企业监控数据,确保监控信息公开"零死角"。

实行最严格的治理。加快推进铅酸蓄电池、电镀、制革、印染、造纸、化工六大重污染行业及节能灯、温室甲鱼养殖污染整治;实施行业污染物特别排放限值;将国Ⅰ汽油车纳入淘汰范围,全面淘汰黄标车;城市污水处理厂全面执行一级 A 标准;五城区建成无重污染行业先行区;全市建成区建成"无燃煤区"。对未按时通过整治验收的企业一律责令停产直至报当地政府责令关停,对未按时完成整治的行业一律实行辖区行业限批。对已通过验收但再次超标排放的企业一律责令停产整治,逾期未完成整治的报当地政府责令关停。对未完成年度减排任务的地区一律实行相应行业限批。

实行最严格的执法。对废水没有达标、直接向环境排放的企业一律停产整治,对没有污水处理设施也没有接入排污管网的企业一律关停,对违法排污、严

第六部分　咨询论证

重超标排放的企业一律按最高限额进行处罚。建立公安环境犯罪侦查支队,环保、公安联合查处环境违法行为,对符合"两高"司法解释的14种环境违法行为一律移交司法机关追究刑事责任。对危险废物经营单位违法经营的,责令限期改正;逾期不改正的,上报省环保厅吊销危险废物经营许可证并媒体曝光。实行环保局领导班子成员重点监管区包干服务制,带队开展夜间环境执法。每月在杭州市环保局门户网站上向社会公布环境执法信息,每两个月在新闻媒体详细披露典型案件查处情况。完善新形势下有奖举报制度,全面实施"阳光排污口"工程,建立最广泛的社会监督体系。

实行最严格的制度。深化生态环境考核,被行业限批以及未完成治水、治气、治危废及减排任务的地区,在年度生态文明建设考核中一票否决。实行总量削减替代制度,新建项目总量指标来源于减排和老项目淘汰,被淘汰项目总量按一定比例折算计入新项目。对流域上游的化工、印染、节能灯、造纸、电镀等行业实行环境污染责任保险。实行环保、政法联席会议制度,定期解决环保执法、监管疑难问题。建立重大环境损害评估、赔偿责任制度,实行环保法庭、环保公益诉讼试点。

宋肖锋(杭州市城管委副主任):"五水"之中有两项治水工作是城管委牵头的,一项是防涝水,一项是抓节水。按照杭州市委、市政府的部署要求,我们积极行动、明确工作目标、推进项目落地、制定作战地图,走出了一条"五水共治"下依法行政、全民共管、技术创新、文明宣传"四位一体"的创新改革之路。

依法行政,走政府治理之路。在这场事关党的执政能力建设的"五水共治"行动中,市城管委紧紧围绕杭州市委、市政府"杭改十条"的要求,科学履行政府职能,在牵头抓总排涝水、抓节水的工作中,建章立制,强化组织领导,克难攻坚,推进防洪排涝、清水治污、饮水节水工作,不断强化城市设施管理,重视桥涵、道路、住宅小区积水等防洪排涝工程施工过程原材料、施工程序等监管工作,强调截污纳管、清淤疏浚、生态治理等施工质量保证,同时组建河道等专业执法队伍,针对治水中的饮用水源地垂钓、游泳、涉河偷设泥浆管、河道网鱼捕鱼、八小行业随意排放污水和企业牟取用水差价等各种违法现象,积极开展城市治水执法行动。

全民共管,走社会治理之路。在这场事关全市人民群众根本利益的"五水共治"行动中,市城管委不忘城市之水是全民之水,"五水共治"是全民之意的深刻内涵,时刻践行"四问四权",民主促民生,邀请街道、社区代表及热心市民参与庆春立交桥下穿道积水、天城路机场路口积水、庆丰新村区块排涝等跨区域防洪排涝工程项目和古新河等城市河道水质巩固提升和设施改善工程项目,邀请专家对馒头山区块、虎跑路小天竺区块等重点、复杂防洪排涝工程项目的设计、城市供水监管问题以及城市河道水质改善方案设计等进行指导把关，全面落实城市河道"河长制"，征集"民间河长"监督河长职责落实。我们还通过问情于民、问需于民、问计于民、问绩于民，强调家园之水是吾水、五水共治是吾责，号召群众参与，让全民成为"五水共治"的拥护者、参与者和推动者。

技术创新，走科技治理之路。在这场事关全市经济社会持续健康发展的行动中，我们深刻认识到科技发展对于"五水共治"提质增效的重要性，通过实施"洁水性鱼类增殖放流与水质生物指标跟踪监测"计划改善河道水质，建立建设、管理、长效综合提升河道环境的河道治水模式，大胆尝试探索道路河道养护、保洁作业二合一的管理新模式，自创研发新型阳台水自控截流装置处理老旧小区阳台污水，利用节约用水技术改造专项资金推进居民家庭非节水型器具改造，实施高层住宅二次供水设施改造、多层住宅一户一表改造以及屋顶水箱封闭工作，开展利用河道水、雨水作绿化、环卫用水等研究工作。

文明宣传，走文化治理之路。在这场事关全市生态文明建设的行动中，我们紧紧依托社会主义核心价值观建设，通过利用电视、报纸等传统媒体和微博、微信等新媒体，宣传"五水共治"不是一场运动式的行动，而是一项新型生态文明建设。我们通过《我们圆桌会》《1818在路上》等媒体，提倡政府、社会、市民形成扎根于内心、不需要提醒、有约束的、为他人着想的治水理念，通过草根治水设计大赛、联合举办志愿活动等途径，利用文化的力量来治水。

周国模（浙江农林大学校长、教授）：我们怎么样从战略的角度来认识"五水共治"的问题？其实我们知道，水是生命之源，水是一种非常重要的战略资源。我国是一个非常缺水的国家，即使我们浙江省，按照国际上对水资源划分的标准，人均每年的水资源量也属于轻度缺水的省份。而且目前浙江省还有三种缺水：第一种水质性缺水，如水污染；第二种季节性缺水，如极端气候的频发；第三种是突发性缺水，如新安江水污染。所以在这种背景下浙江省提出"五水共治"，我觉得时机非常成熟。杭州市作为浙江省的省会城市，在这次"五水共治"当中，早谋划、先行动、做表率是非常有意义的。

"五水共治"要多措并举。水的问题相互之间是非常有关联的。比如说污水、供水与节水，洪水与涝水都是相互间有联系的，而且问题的产生也是错综复杂的。所以我们在"五水共治"过程当中，要采取多种手段、多种措施，从技术、政策、管理等方面综合推进。但是我觉得，水的问题归根到底是人的问题。作为人，作为管理者的政府，作为生产者的企业，作为消费者的公众，都应该在其中发挥作用。比如说政府，政府在监管中要起作用，要发挥政府铁腕治污的作

第六部分 咨询论证

用。特别是在初期，政府要制定法律；要运用政策的杠杆，包括财政、金融的手段；要构建市场机制，如排污权交易、阶梯水价等。企业是生产者，要自律，要提高管理水平，要运用技术。而社会公众既是受害者，有时候或多或少也是一个加害者，但是最终公众是受益者。所以公众要积极地参与到这项活动当中来。"五水共治"，政府、企业、公众要共同参与，行政市场法律要多管齐下，技术、政策、管理要全方位地推进。

尽管"五水共治"因素很多，原因很多，手段很多，但是技术作为一个不可或缺的力量在这里面要发挥非常大的作用。浙江农林大学是一所多学科的大学，我们致力于人才培养与科学研究，理应在"五水共治"中发挥作用，我们也专门成立了领导小组，服务浙江"五水共治"的领导小组。我们有一些技术，可以运用物联网的技术来进行监测、预报和预警。比如在治污水的过程当中，政府部门非常辛苦，一个月晚上不睡觉，要撑着船去。企业白天不排，晚上排，晴天不排，雨天排，你来查他不排，你走了他就排。我觉得人力是有限的，我们要发挥科技的力量，在企业的排污口用物联网的无线传感装置，全天候24小时动态监测，他就排不出来了，所以人要和科技相结合。此外，对于污水淤泥的治理技术也有这么几项：第一项是城镇河道污水净化处理技术。我们开展了竹炭竹纤维改性材料污水净化处理水技术研究与示范，利用竹纤维亲水性好、比表面积大的特点，开发了竹纤维高效水处理生物膜载体材料。第二项是农村生活污水资源化利用技术。我们选择了临安童家村开展农村生活污水净化示范试点，将每户居民的餐厨垃圾和卫生间废水排入沼气池，采用德国沼气厌氧发酵技术进行发酵处理，产生的沼气可以用来做饭。第三项是竹林固碳与环境修复技术。1公顷毛竹林年固碳能力可达12.75吨，相当于吸收二氧化碳46.75吨，可抵消17个人一年的二氧化碳排放量。第四项是污泥高效转化利用技术。经该技术成果处理后，1吨污泥最终只剩下100公斤左右的残留物，而且这种残留物既是一种潜在肥料资源，也是一种比较理想的吸附剂制备原料。

最后我想谈如何构建科技创新的长效机制。首先，加强政产学研用合作，推进"五水共治"技术协同创新。治水是一项系统工程，特别是治污水，是一项专业性、技术性要求很高的工作，需要大量高水平的专门人才进行生产工艺革新、污染修复治理、节能减排、护水节水等关键技术的研究开发和市场化应用，这就特别需要加强政产学研用合作，建立"五水共治"协同创新体系。第二，加强高效生态农林业建设，从源头控制农林业面源污染。以农林业特色产业发展、农村生态环境建设、农村资源综合利用和新能源开发应用等为重要内容，组织实施一批高效生态农业技术开发与集成应用项目，坚持种植业生态化、集约化发展，积极引导养殖业规模化经营和污物排放的集中化、无害化处理，致力于发展绿色农药、循环农业、有机食品等高效生态农业,控制农林业面源污染。第三,加快乡村整治及示范,建设美丽乡村。在这方面,科技界要着力做好新农村建设示范工程,开展乡村绿色农房建筑规划技术集成和示范以及乡村环境整治技术提升工程。

朱利中(浙江大学农业生命环境学部主任、教授):杭州是江南水乡,但人均水资源量远低于世界人均水平,资源性缺水、工程性缺水、水质性缺水共存。其中由环境污染造成的水质性缺水占主导,因此,"五水共治"中治污水尤为重要。

2014年,杭州市委、市政府提出"以治水为突破口,倒逼加快产业转型升级,全力建设美丽杭州,推进东方品质之城、幸福和谐杭州"的奋斗目标,治水工作取得了一些显著成效。下面我对杭州的治污水提一些不成熟的建议,即科学治水、综合治水、全民治水。

科学治水。首先是科学规划。结合省市经济社会发展规划,将"五水共治"与城镇化、美丽乡村建设有机结合,做好"五水共治"规划,特别要借鉴国外的先进经验,高起点规划建设城市、乡镇的管网系统,实现自动控制,便于维修管理;或改造城市地下管网系统,能排涝水,并防止污水渗漏及饮用水管道污染。其次是技术支撑。大力发展高新技术,支撑产业转型升级;发展先进的污水控制技术与智能装备,支撑污水治理。如在清三河,即整治黑河、臭河、垃圾河时,必须安全处理处置河流污染底泥,否则底泥中的重金属、持久性有机污染物等会产生二次污染,影响土壤乃至农产品安全。再就是政策管理。研究各流域的水环境容量,合理安排产业布局,坚决淘汰落后产能。必要时可制定更严格的地方环保标准,以保护水环境安全。建议在钱塘江等流域实行生态补偿机制,协同保护流域水环境安全。要加强依法治水,要用经济、法律的手段,使造成水污染的企业及个人得到应有的惩罚。

综合治水,即控源—截污—疏浚—调水。控源:首先要坚决消减工业污染源,包括实行产业转型升级、企业实施清洁生产,坚决关停高污染企业及行业。其次,要控制城镇面源,尤其是初期雨水。第三,要控制农业及农村面源等。第四,提高污水处理效率,包括提高废污水处理技术水平及污水治理设施的运行效率。目前仍有一些企业,包括集中式污水处理厂等废水处理设施运行不正常,一方面浪费投资,另一方面加重水污染。截污:要进一步提高工业废水、城镇及农村污水纳污接管率,或改造城市纳污管道,减少渗漏现象,污水全部进入污水处理厂得到高效处理。疏浚:目前一些污染河流的底泥较厚,有些地方已达几十厘米,即使没有废污水排入河流中,底泥释放的污染物也会严重影响水质,因此,只有疏浚并经济、高效、安全地处理处置河流底泥,才能有效改善水质。调水：应科学调水，将涝水及洪水变为资源。适当从水质较好的钱塘江等水系调水，增大污染水系的径污比，稀释污染物，改善水质。建议研究千岛湖引水对富春江、钱塘江水质的影响。

全民治水。提高全民的环保意识，减少城镇面源（凉台洗衣、垃圾堆放淋溶）、农业面源（水产养殖，禽畜养殖，过度使用化肥、农药等）；向全社会公开环境信息，接受公众监督等。其他建议：对于湖泊水库保护。千岛湖等湖泊及各类水库已受到不同程度的污染，富营养化现象呈加重趋势，影响饮用水源安全。作为饮用水源的水库内要禁止养鱼、限制旅游业的发展。对于水环境管理长效机制。目前我国水环境由环保、水利、住建等多个部门管理，环保部门管企业污水排放、河流断面监测等，水利部门管水资源、防洪等，住建部门管饮用水供应、城市环境卫生、固体废弃物处理处置等，多头管理，影响效率。为了做好五水共治，目前各地临时成立治水办。杭州要率先进行水环境管理体制机制改革，保障水环境的长治久安。

谭湘萍（浙江省环境保护科学设计研究院副总工、教授级高工）：水是杭州城市的血脉和灵气所在，也是一个良好生态环境乃至生存环境的基础，更是一项政府所必须提供好的基本公共产品。在浙江省委、省政府"五水共治"战略引领下，全市"五水共治"各项工作正在全面推进。由于治水是一项复杂的系统工程，发达国家的经验表明，水生态系统的修复不是一朝一夕可以见效的，它需要十几年甚至几十年修复的过程，具有长期性、复杂性等特点，而要真正达到预期的目标和治理效果，科学治水是关键。

科学的规划和设计是前提。在宏观上，必须坚持统筹规划流域与区域、城市与农村河道的治理保护，统筹规划各类河道的防洪与排涝、水生态修复与环境景观功能营造，统筹考虑各地水资源供给与水安全保证的综合需求。在具体操作层面上，应在充分调研河道水体本底现状的基础上，遵循自然、生态与经济规律，充分考虑水资源和水环境的承载能力，充分利用现代工程技术、生态技术，设计出针对性强、效果佳的治理方案。建议在目前河道治理任务重、时间紧的情况下，仍坚持因地制宜，实施一河一策，高度重视河道污染源、底泥、水生态、陆域植物群落、水文、地形等基础调查。避免边干边设计，边干边调整，造成不必要的人力、物力、财力的浪费。

标本兼治是有效控制河道污染的根本。大部分河道水质恶化的主要原因是沿线点源和面源的排入。因此，河道整治首要措施应是减少陆上污染源和截污纳管，有效降低入河污染物量。若治标不治本，不断流入的污水使水生动植物难以存活，无法恢复和构建良好的水生态系统，就会大大降低生态治理的效果。如英国的泰晤士河第一阶段治污就是因为截污不到位而失败的。当前,在完善城镇截污纳管、污水处理厂等环境基础设施的同时,特别要强化农村生活污水治理的长效管理,防止"晒太阳"工程。要大力发展绿色循环低碳产业,从源头和生产过程中控制污染产生,使资源的高效循环利用最大化,污染物排放最小化,倒逼经济转型升级和落后产能的淘汰。科学选择河道水体修复方法和技术是关键。目前污染水体修复的主要治理途径有多种修复技术。在方法的选择上,应根据河道的自然特性、污染程度和主要污染物等现状,充分考虑其治理与维护成本的经济性、治理效果的长效性和是否造成二次污染等问题。水生植物群落构建技术在河道生态治理中至关重要,在水生植物群落配置时应尽量选择土著种,利用土著种和其伴生种的特性,形成稳定的优势群落,从而最大限度发挥净化水质的功能。又如化学药剂法虽然使用方便,见效快,但费用较高,而且易造成二次污染。又如对断头浜或者不流通的水体,若只采取生态护岸、植物构建、强化净化等生态技术,不重视河道的流通问题,虽然在一定时期内可以达到水质改善的效果,但其稳定性不强,且运行维护工作量大,运行费用高。

环境科技创新是提升治水能力的重要支撑。从总体上看,浙江省环境科技工作还难以适应环保事业快速发展的需要,难以跟上国际环境科技发展的趋势,水环境保护的关键技术、关键设备、关键材料等支撑不足,在水体富营养化控制和蓝藻治理、中水回用、农业农村面源污染治理等方面仍缺乏一些成熟成套、实用的先进适用技术。因此,要进一步组织科研院所、大专院校和优势企业在水资源保护、水污染治理和清洁生产技术等领域开展多种形式的技术合作和科技攻关,优化整合技术创新资源,全力提升科技治水的能力与水平。

包志毅(浙江农林大学风景园林与建筑学院、旅游与健康学院院长,教授):水的问题表面上是在水体上,实际的问题是在岸上,根子是在产业上,本质是在文化上,在价值观上。企业家为什么偷偷去排污水?老百姓为什么会浪费水?对水的使用上有很多不明智的地方。文化和价值观可能是本质的问题,无论是政府的力量、社会的力量,还是技术的力量,最终是通过人去实现的,人的文化自觉与修养是起到根本性作用的。龚书记在"五水共治"工作大会上专门讲到文化的地位,他讲到治水是一场生活方式、生产方式的革命。如果爱水、护水、节水的意识深入人心,就像一位作家说的文化一样,成为植根于内心的修养、无须提醒的自觉、以约束为前提的自由、为别人着想的善良……治水就有了良好开端,就成功了一半。关于文化怎样在"五水共治"方面发挥作用,我想有三个方面的工作可以做:

中国有悠久的历史,所以对于治水实际上历史和文化的内容非常多。从

《诗经》开始，一直到后面的唐诗宋词，整个中国的文明、文化的构成过程，中水占了非常重要的地位。中国人和水之间的关系，水文化和与水相关的精神价值的材料，实际上对于我们下一步构建新的水文化有非常重要的意义。如果说从文学的角度，唐代诗人王维就有"明月松间照，清泉石上流"的诗句，李白也有很多诗篇。第二个是哲学的角度。孔子曾经对水的特性和品德做过很好的研究，所以他提出水有"五德"。我们要挖掘、梳理和研究中国这么长的文明历史里面，人和水、人和自然之间的相互关系，把这些很好的理念提炼出来。因为这些东西很容易深入人心，很容易形成新的一种文化。杭州这座城市与治水、与水的文化密不可分。如果没有白居易和苏东坡，西湖就不是现在的西湖，西湖的文化景观也很难成为世界文化遗产里面的文化景观。如果对杭州、对浙江的地域与水相关的历史、文化、方法、传统、经验进行很好的梳理，可能对杭州现代水文化的构建和水的系统性治理有很大帮助。另一方面我们有很好的研究案例，西湖就是非常典型的案例。实际上西湖景观形成的过程就是杭州城市发展的过程，当然现在杭州的城市已经突破西湖，往钱塘江南岸发展了，所以我们的水系也在发展。从西湖到西溪湿地，到湘湖，到钱塘江，到运河，整个杭州城市的发展是随着水系的扩展而扩展的。在这些水系的治理和人与这些水系的关系中，我们有很多文化内容可以进行总结，这些总结很容易深入人心，能够形成一种大家公认的文化。

我觉得在系统梳理杭州地域特色水文化的基础上，我们应该面向现在的形势和需求，来构建面向当代的、面向未来的水文化的体系，然后运用这种文化氛围在我们今后的工作里进行植入与渗透。这样可以使我们的"五水共治"拥有广泛的群众基础和坚实的文化基因。文化虽然软，但是文化和水非常相似。文化的导入会比较慢，但是它的时间很长，持续性非常强。水也是这样，涓涓溪流可以汇成大海。所以要软硬兼施，政府的力量、社会的力量、科技的力量加上文化的力量来共同构建"五水共治"的方法和力量体系。

"法治视野下的城市治理"论坛发言摘要

从改革开放到现在,依法治国、建设社会主义法治国家已被确定为我国的治国方略。这次的中央委员会全体会议首次将"法治"作为主题,意味着"依法治国"是当下最为重要、最迫切需要解决的问题。

2014年10月,杭州市决策咨询委员会办公室、杭州市委党刊《杭州》杂志社、浙江工商大学公共管理学院共同以"法治视野下的城市治理"为主题,推出西子"我们论坛"第四十四期,特邀知识界、党政界、媒体界以及相关领域代表共同探讨美丽杭州、智慧杭州的法治建设。现将论坛部分专家发言摘要如下。

沈金华(杭州市委政研室副主任,杭州市决策咨询委员会办公室主任):党的十八届四中全会召开前后,我一直在思考三个问题:一是道路与进程的关系。习近平总书记强调"道路决定命运",道路很重要,一步错会步步错。中国的道路要怎么走?应由中国人民自己选择。我们一直坚持的是社会主义法治的道路,从今天看来这是走对了。为什么走对了?有两个分析维度:第一个维度是经济成就,中国30多年改革开放经济建设的成就足以证明"中国道路"的正确性。第二个维度是理论分析,从当今世界政治发展趋势分析,西方的民主正在退化,而完全照搬西方民主政治的地区正陷于混乱动荡之中。这只是一个现实政治表象。美国斯坦福大学教授弗朗西斯·福山在《政治秩序和政治衰败:从工业革命到民主全球化》中对此进行深入思考和理论分析。他提到,秩序良好的社会离不开三块基石——强大的政府、法治和民主问责制。他强调,三者的顺序至关重要,民主并不是第一位的,强政府才是。尽管福山这些话主要是说给美国政府听的,但从理论上却印证了"中国经验"的正确。当然,方向道路正确并不能说明我们在法治的道路上已够了,从历史进程的角度分析,我们只是实质性起步,还需增加力度和速度,快步前行。现在大家都在谈经济的"新常态",其实中国的政治、社会也进入一个"新常态",一个重大变革调整时代。二是法治理想与制度实践的关系。自党的十八大以来,习近平总书记就"法治中国"建设提出了法治中国建设的新目标,指明了中国法制建设的新路径,确立了法治中国建设的新方针,规定了法治中国建设的新方法。但这毕竟还只是一个美好的蓝图,一个"法治中国"的梦想离现实的法治中国还有很大的距离。习近平同志曾批示:"崇尚实干,狠抓落实是我反复强调的。如果不沉下心来抓落实,再好的目标,再好的蓝图,也只是镜中花、水中月。"我理解在法治层面也是一样,我们处于中国特色社会主义发展的特殊时期和转型时期,我们的政治法治可能较多的在观念和制度建设上,今后要更多地放在组织体系和制度完善上,放在实际运用和落实层面。三是国家治理与地方城市治理的关系,也就是治理的层次问题,两者是相互促进、相互依赖的。建设法治中国,完善杭州地方治理,都是我们共同的责任和使命,与每一个人的生活利益相关。

谈到"法治中国",浙江人、杭州人应当有一种自豪。2006年浙江省率全国之先,在浙江省十一届十次全会通过《关于建设"法治浙江"的决定》,做出了建设法治浙江的决策部署,正是因为习近平同志的推动。在"法治浙江"建设过程中,杭州作为省会城市在社会治理一直走在全省、全国前列,如复合型社会主体、圆桌会议、开放型决策、民主促民主、"三全十服务"社区治理、律师进社区、在杭召开的"枫桥经验"50周年现场会等。总体来说,杭州的治理已形成一种相对民主、开放、平等、多元的态势,作为沿海经济发达地区具有地方立法权的城市可以在法治建设方面探索一些新路,可以为"法治中国"建设贡献更好的经验,提供一个现代社会治理的样本。

盛世豪(浙江省政协副秘书长、研究室主任,研究员):党的十八届四中全会做出全面推进依法治国的重要决定,这是我们党和国家历史上第一次就依法治国问题召开的中央全会。全面推动依法治国和以往中央提出的一系列决策部署现在已经形成了三个全面:全面建设小康社会、全面深化改革开放、全面推进依法治国。相比较而言,全面建设小康社会说的是发展的目标、发展的路径,全面深化改革说的是改革,而全面推进依法治国是前面两个"全面"的制度性的保障。

一个是发展,一个是改革,如何为改革和发展提供保障,这需要从制度上做出决定。十八届四中全会提出全面推进依法治国,我觉得这是在制度上给予了一个重要保障。所以,全面推进依法治国,不仅仅是法律的问题,更重要的是十八届三中全会提出来的国家治理体系和治理能力现代化的重要组成部分,没有法律,国家的治理体系也好,治理能力也好,都只是一句空话。十八届四中全会提出的全面推进依法治国,是第一次对社会主义的法治问题,对总体目标、内涵和核心做出的明确鉴定。前几年,有关于宪政问题的讨论,我国的宪政和西方的宪政有什么区别? 中国的依法治国和西方的依法治国又有哪些不一样的地方？四中全会的《公报》里，已经做出了比较明确的回答。按照四中全会的《公报》，我的理解是，我们说的社会主义法治是把坚持党的领导、人民当家做主、依法治国这三者有机统一起来，而不是相互割裂。这里有很重要的一点就是坚持党的领导。社会主义法治必须坚持党的领导，依法治国也必须坚持党的领导。在中国，依法治国首先是依宪治国，依法执政首先是依宪执政，按照《宪法》，坚持中国共产党领导是宪法的规定。党和法是什么样的关系？四中全会《公报》里对此做出了明确的解释。实际上，党的领导和社会主义法治是一致的，社会主义法治必须坚持党的领导，而党的领导也是通过法治建设来实现的，这两者之间互相统一。而党的领导与人民当家做主，与依法治国三者之间也是完全统一的。社会主义法治是在中国共产党的领导下坚持依法治国、依宪治国、依法执政、依宪执政。

此外，学习了四中全会的《公报》以后，依法治国中有一项很重要的内容是要依法行政，也就是说，法律约束的主要对象是政府，而不是像西方媒体经常说的那样，认为中国的依法治国，不管共产党，就管老百姓。比如在《公报》里明确提到，我们依法治国首先要依法全面履行政府的职能，对政府的编制、机构、资质都要有明确的规定，而不是政府要增加人就增加人，要设一个机构就设一个机构。《公报》里也明确说明了我们要健全依法决策机制，政府的行政决策要经过一定的程序，比如公民参与、专家论证、合法性审查，包括最后的决策。像城市治理，很多都是政府的治理决策，这些决策必须通过相应的程序来行使，没有这些程序，政府的决策就是不合法的。另外《公报》也明确提出，要建立重大决策终生责任追究制度及责任倒查机制。有一些领导或者是政府负责人以为做了决策之后，一旦退了或者换一个岗位了就和自己没有关系了。实际上，按照四中全会的《公报》来看是需要终生追究的，只要你做出了决策，就必须终生对它负责。除此以外，政府的重大改革决策也都需要有法律的依据。

梅云霞（杭州市委政法委执法监督室副主任）：党的十八届三中全会将深化司法体制改革列入推进法治中国建设的重要内容，并明确了改革的具体任务，主要包括确保依法独立公正行使审判权、检察权，健全司法权力运行机制，完善人权司法保障制度等内容。杭州市将司法体制改革工作作为"杭改十条"的一项重要内容予以谋划。在推进司法体制改革的具体实践中，我们突出抓了四项重点工作：一是以预防冤假错案、司法救助制度等为重点，着力健全人权司法保障机制。全市政法系统以2013年纠正的两起历史错案为镜子，认真总结经验教训，深入剖析错案发生的原因及执法司法工作中存在的问题，先后制定出台"认真履行职能切实防止冤假错案的规定"、命案办理"四套规定"、执法过错责任终身追责等一系列预防刑事冤假错案的规定意见,编织成了防错纠错的"制度链"。二是以信息平台建设为重点,着力健全司法信息公开机制。全市政法机关加大政法门户网站、手机报、官方微博、微信等新媒体建设力度,大力推进信息互联共享平台建设。通过建立一站式阳光服务大厅,方便群众查询相关案件信息,并逐步推行法律文书上网公开。三是以维护司法权威为重点,着力健全司法权力运行机制。审判机关出台《完善合议庭及审判委员会运行机制若干意见》,强化主审法官及审判长职责。设立两个专业审判委员会,优化审委会构成。检察机关制定出台检委会工作指引,提高了检委会的议事质量和效率。公安机关完善细化《派出所涉案财物与非涉案财物管理办法》等工作规范,进一步规范查封、扣押、冻结、处理涉案财物司法程序,并建立完善强制隔离戒毒管理机制。司法行政系统加强了律师行业监管,建立了诚信档案和不良执业记录披露制度,规范法律服务执业行为。四是以涉法涉诉信访工作改革为重点,着力提升人民群众法治理念。杭州市委、市政府出台了《杭州市依法处理涉法涉诉信访问题的实施意见》,指导改革整体推进。法院系统畅通了刑事、民事、行政再审复查渠道,推进落实领导干部接待群众来访制度,方便群众表达诉求,有效减少越级访。检察系统深化首创的涉检信访点名约访和专家办理制度,坚持检察长接待日和下访制度,把化解社会矛盾贯穿到执法办案的全过程。公安机关完善了信访事项导入法律程序机制,依法依规处理违法上访行为,切实维护法治权威。党委政法委通过疑难案件评查、信访案件督办、专项执法检查等形式,加强对政法部门处理信访事项的监督,以监督促公正。两级政法机关加大了对依法处理涉法涉诉信访事项新规定、新程序的宣传力度,通过典型案例的公开报道,提升信访群众依法维权的法治理念。

陈剩勇(浙江省政协文史资料委员会副主任,浙江工商大学公共管理学院院长、教授):从全国范围看,我认为,杭州在法治建设和依法行政方面是做得比较好的城市,是法治中国的先行地。杭州作为浙江省的省会,"法治浙江建设"已经推行了多年,在法治建设方面,一是地方立法中的开门立法,杭州市人大在近年来的一系列地方法规的制定过程中,都注意公开征求普通民众的意见,积极拓宽公众参与地方立法的途径,无论是经济类、社会管理类还是环境保护等相关地方法规的制定,都坚持立法建议项目公开征集意见,尝试向社会征集立法选题,法规草案公开征求意见,推进民主立法、科学立法。二是法治政府建设,各级政府积极推进依法行政上下功夫,如余杭区多年前就推出了法治指数,一个区政府尝试着以法治的指标体系规范自己的工作,这也是走在全国前列的。三是推进行政审批制度改革,另外还包括杭州市政府的开放政策,如政务公开、行政审批制度改革方面审批文件的编号发布，以及规范基层的行政执法、行政执法权的相对集中，以及在农村基层推进民主与法治村建设，创造依法行政的示范单位等。

可以说，最近10多年来杭州市在法治建设方面做了大量的工作，许多方面都走在了全国的前列。法治建设的绩效体现在每一个杭州人的日常生活中。多年来杭州形成的平安与良好的社会环境、社会秩序和经商创业的好环境，就是法治建设的最大成就所在。这一点，不管是老杭州人还是新杭州人，大家都可以感受得到。比如，我们平时打的，稍加留心就会发现，许多来杭州开出租车的司机，或者是北方人，或者曾经在广东某些城市开出租车，为什么从北方或广东来到杭州？师傅们普遍的说法是，杭州的社会秩序好，城市平安，交警执法也做得非常好，严格依法办事，照章罚款，几乎没有发现有交警故意习难司机的。当然，与整个国家的法治薄弱的大环境相对应，杭州市的法治建设起步不久，法治社会和法治政府建设上还是有一些问题。我们一直说杭州是法治先行之区，但近年来曝光的两起震惊国内外的公安大错案，虽然发生在多年前，但也看出了现实的杭州与理想法治政府的距离。前段时间发生的九峰垃圾焚烧场事件，地方政府在环境保护和处理群体性事件的过程中的种种不尽妥当之举，也引起了国内外广泛关注。这些都暴露了杭州在法制建设中存在的问题，亟待解决。党的十八届四中全会把法治建设作为全会的主题，强调要把法治中国、法治政府与法治社会建设作为国家的目标。

法治是与"人治"相对立的一种治国方略和制度安排，一种社会调控方式。"法治"的概念，从字面上理解就是法的统治（the rule of law），据哈耶克的定义："法治意味着政府的一切行为都受到事前制定并宣布的规则的约束——这些规则使人们能够有相当把握地预见到在特定情况下权威当局会如何使用其强制力，并且能够以这个预见为基础来规划人们的个人事务。"法治就是依照规则治理（governance by rule），它意味着政府与人民的一切行为都受到事前制定并宣布的规则的约束，依据规则治理国家和社会。换言之，法治意味着"人们应当服从法律并受法律的统治"，也意味着"政府应当受法律统治并服从法律"。英国著名法学家拉兹指出：现代法治强调法律是全社会最高的行为规范，尤其重在对政府专断权力的约束和抑制；法律要公开、明确，法不溯及既往，并具有相对稳定性，以及对自然正义和个人尊严的诉求。拉兹认为，法治能够限制或防止执政者的专断，有助于稳定社会关系，增强人民对个体行为和活动的预见能力，从而有可能预见并规划个人的生计；法治要求政府依法行政，即禁止某些干预个人自由的行为，因而有助于保护个人自由，进而使人的自由与尊严获得起码的保障。由此可见，推进法治建设，政府首先要做到依法行政，做到有法必依，执法必严,违法必究。在贯彻落实中共十八届四中全会《决定》的过程中,如何推进依法行政,提升城市的治理水平,如何提高党政各个部门的依法行政的意识,尽可能地减少和避免有法不依或者执法不严现象的产生,确实还有很多事要做。

葛洪义(浙江大学光华法学院教授):党的十八届四中全会做出了全面推进依法治国的重要决定,显然,中央是把依法治国作为实现国家治理体系与治理能力现代化的重要举措来考虑的。那么,作为地方具有重要影响力的城市,杭州市应该如何响应?从哪里着手?我围绕这个问题,谈点自己的想法,供大家参考。

首先,我们应该认识到,中央的这次全会以及相关决定,在党的历史上具有十分特别的重要意义。我国的法治建设是十一届三中全会后才被提到议事日程上的,之前相当长的时间里,我们对法治非常不重视,甚至极度藐视。在"文化大革命"这场整个民族经历的灾难中,"踢开党委闹革命""砸烂公检法"破坏了党和国家的基本制度,践踏了法制。因此,"文革"结束之后,中央果断提出"加强社会主义民主,健全社会主义法制",其目的就是拨乱反正,恢复国家正常秩序,健全党内民主制度。如果说,党中央在十一届三中全会所做出的加强法制建设的决定,与经历了"文革"浩劫的老一辈领导人切肤之痛相关,那么这次全会的决定,则是党面对全面深化改革的重要任务而提出的,是中共中央历史上第一次以"法治建设"为主题的中央全会所做出的第一份全面阐述推进法治中国建设计划的决定,标志着中央决心根据当前实际,推动党的治国理政的基本方式根本转变。

其次,中央的决定必然对我们地方产生重要影响。从全会决定内容看,中央特别强调必须解决依法执政的问题,把法治作为治国理政的基本方式,提出"把依法治国确定为党领导人民治理国家的基本方略,把依法执政确定为党治国理政的基本方式"。从人治到法治,这既是重大的政治体制改革,又是一次思想革命。十一届三中全会以来,尽管历届中央领导集体都在强调法治建设,但阻力很大,阻力来自干部群众的思想认识和旧的体制,如果我们不能把思想认识转变到四中全会精神上来,不能根据全会的决定认真考虑本地区如何通过法治思维、法治方式改进工作,全会的决定势必落空。人治与法治的一个重大差别就在于,人治是强调自上而下的控制、统治,而法治则要求充分发挥群众、基层干部、地方国家机关、企事业单位和社会组织的作用,让大家都负起责任来。所以,四中全会精神的贯彻落实,重心还在地方,杭州市作为地方中心城市,责无旁贷。

最后，依法治理，要从身边做起。法治建设重点解决的是按规矩办事，而按规矩办事，首先就必须为全社会提供按规矩办事的条件，例如规矩是否清晰明确，是否公开透明，是否方便执行，遵守规矩是否可以得到充分保护，违反规矩是否一定会被惩戒，规矩的产生是否经过了民主程序、反映了大多数人意愿，等等。这些，大部分都是在地方实现的，在这些领域，地方国家机关，包括杭州市，应该可以大有作为。而且，我认为，杭州作为一个经济社会发展走在全国前列的城市，完全有条件在全国城市依法治理方面起表率作用。

陈华兴（浙江省社会科学院政治学研究所所长、教授）：党的十八届四中全会公报提出，法律的权威源自人民内心拥护和真诚信仰；人民权益要靠法律保障，法律权威要靠人民维护；必须弘扬社会主义法治精神，建设社会主义法治文化，增强全社会厉行法治积极性和主动性，形成守法光荣、违法可耻的社会氛围，使全体人民都成为社会主义法治的忠实崇尚者、自觉遵守者、坚定捍卫者。要真正建成法治社会，必须从人心中建设法治。要使人民真正信仰法治，我们必须做到：依法维护人民权益。法治源于人的权利，国家和社会为保障人的权利而实行法治。维护人民的权益既是社会主义法治的出发点，也是社会主义法治的基本目的。必须依法保障全体公民享有广泛的权利，保障公民的人身权、财产权等基本政治权利不受侵犯，努力维护最广大人民根本利益；必须通过法治维护社会公平正义，依法公正对待人民群众的诉求，努力让人民群众在每一个司法案件中都能感受到公平正义，决不能让不公正的审判伤害人民群众感情、损害人民群众权益。以法治党。法治尊严的提升，必须理顺党与法的关系，以法治党。中国共产党的领导是中国特色社会主义最本质的特征，是社会主义法治最根本的保证。习近平总书记强调，"党自身必须在宪法和法律范围内活动"，"坚持依法执政首先要坚持依宪执政"。加强和改进党的领导方式和执政方式，也是法治建设的必然选择。在中国共产党领导下，把党的法规体系完善放在依法治国框架内，这是第一次。形成完善的党内法规体系，体现出我们党的规则意识更加强烈，反映出我们党更加尊重宪法和法律的权威。以法治官。全会要求各级官员都要带头依法办事，带头遵守法律，牢固树立不触碰法律红线、不逾越法律底线的观念，不行使不该由自己行使的权力，不能以言代法、以权压法、徇私枉法。有权必有责，用权受监督，失职要问责，违法要追究。

全会对司法机关依法独立行使权力做了一系列保障性规定，建立领导干部重大决策终身责任追究及倒查机制，推行决策公开、执行公开、管理公开、服务公开、结果公开，建立领导干部干预司法活动、插手具体案件处理的记录、通报和责任追究制度，建立健全司法人员履行法定职责保护机制，避免执法部门行政处罚的随意性等。把法治建设成效作为衡量各级领导班子和领导干部工作实绩的重要内容、纳入政绩考核指标体系,进一步完善我们党和国家领导干部的评价体系。打造专业化的法治队伍。全会提出,推进法治专门队伍正规化、专业化、职业化,完善法律职业准入制度,建立从符合条件的律师、法学专家中招录立法工作者、法官、检察官制度,健全从政法专业毕业生中招录人才的规范便捷机制,完善职业保障体系。打造正规化、专业化和职业化的法制队伍,体现了我们党对法的尊重;构建专业化的法治队伍,实质上反映了我们确立了正确的法治精神,通过构建专业化队伍,可以充分发挥法的力量,保障党和人民的利益的实现。加强对公民的法治宣传教育。要让法治自在转变为法治自觉,必须加强法治的宣传与教育,让守法光荣、违法可耻成为一种良性的社会氛围,真正使法治入脑入心入行动,使全体人民都成为社会主义法治忠实崇尚者、自觉遵守者、坚定捍卫者。一是要积极拓展普法阵地。利用传统传媒与新型媒体,全领域构建普法阵地,形成"电视有影像、报纸有文章、电台有声音、网络有专栏"的立体宣传格局;建设一大批具有浓厚地方特色的普法阵地,如杭州市余杭区的杨乃武小白菜普法教育基地等。二是要广泛开展各种普法活动。充分利用各种法律宣传月、宣传周、宣传日,开展法制宣传暨法律服务实践广场活动、机关干部专题法制讲座、农村"两委"干部和外来创业者法律知识大赛等活动。三是要有重点地开展集中式普法宣传。通过对重大活动、重大事件、重大典型、重点工作和重要改革的集中式宣传,为重大决策的贯彻实施营造良好的舆论氛围,扩大普法工作的社会影响力。

潘一禾(浙江大学传媒与国际文化学院教授):党的十八届四中全会将"法治"作为主题,意味着"依法治国"将成为今后一段时间举国上下最为重要、最迫切需要解决的问题,它将是新中国历史上又一次重大的思想观念和行为方式上的转折。我们都知道,在"改革开放"启动后的很长一段时期里,我们的"第一把手"工程或者说各级政府的第一要务,都被认识和解释成"抓经济"。重视经济基础、全力富国强民,当然比"抓革命、促生产"要正常和务实,是顺应了文明发展规律和时代大潮,是历史性的重大转折。但在30多年中国经济实现举世瞩目的"腾飞"之际,及时提出"社会建设"和"依法治国",是更高层次和更深入的改革与开放,是可能真正满足广大人民群众深度需求的重大政治决策和举措,是开始奠定任重而道远的千秋大业。

当代世界法学界、社会学界顶级人物,美国法学教授哈罗德·伯尔曼(Harold J. Berman)的一句名言在中国也家喻户晓,就是"法律必须被信仰,否则它将形同虚设"。他临终前也就是88岁之际曾专程来到中国,通过回答不同信仰和国家记者的问题，亲口解释和传播他的研究心得和看法。他对中国记者特别强调说："对法律的信仰是普遍的，就像一种世界宗教。"也就是说，不要在意一个国家是否有宗教信仰基础，也不要在意某国国民的信仰是否高度统一，而是要通过法律与宗教的相似和相通性，来培育人们精神层面对法律的尊重和认同。"只有法律具备了精神上的效力，它才能发挥作用……这在哪里都是如此。"举身边的例子来说，我觉得过去的改革开放三十余年，我们一般民众对法律很难有真正的、精神层面的尊重和认同。比如太容易听到新闻说，某个基层"贪官"贪污了十二万元公款，结果被判了七年；而另一个更高位置的贪官"涉案金额"十几亿元，已经判了"死缓"。在这样触目惊心的对比之中，一个普通人对"法律"和"公正"通常能想到的是什么呢？设想一下这"十几亿元"里面有多少个"十二万元"？人的一生中又有几个"七年"？面对目前我国法律判案中太多类似的让人困惑的问题，普通市民到底持有怎样的反应呢？我的观察和体会是他们既不是简单地狂发牢骚，如：这说明"做官就不能不贪，当贪官就应该当大贪"；也不能接受主流的专业化无效解释，如："我国在目前这个阶段，很多法规还有缺失，还有待完善。"事实上，说"牢骚"话的普通人内心确实一直是"有杆秤"的，是憎恨贪官和一切违法行为的，是守着每个人的道德底线的。

那么，到底是什么让人们认真选择，让他们遵纪守法而不是铤而走险呢？比如杭州市民其实在让自己的日常"议政"言语充满义愤或幽默之外，"电视问政""老娘舅""我们圆桌会"这样的电视栏目一直是收视率很高的。为什么？这就是法学教授伯格曼所说的"一种基于对'人性本善'认识的宗教"，一种基于人性而信仰法律的心理基础，就是法学中所说的"习惯法"。那是由人们自己在家里、邻里间和工作岗位中悄然制定和自觉遵守出来的"法"。正是那些民间的、传统的、自觉遵守的"理念"和"习惯"，让他们恪守承诺、与邻为善，父母照顾子女、子女尊重父母，他们认为本该如此，是好人就必须如此。从这个角度说，国家或政府制定的法律再好、再严密，也是难免有局限的；一个城市的市民们普遍拥有一种基于"人性"的行为规范和自然"信仰"，才能让必要的法律得到很好的尊重和遵守。当代中国虽然缺乏现代法治习俗，但一直是有伯格曼所说的"法律信仰"基础的。今后，我们更需要花力气、做实事，多想办法、用好媒体，不断地建设和强化法律的"精神效力"，让法律的必要性和可行性更自然地融化成市民们的良性本能和生活常识。说得再具体一点，比如让杭州人说话办事、解决矛盾习惯于先查看法律法规，入行入组织习惯于先了解业内规矩和组织纪律；比如让杭州人不会轻易相信"小道消息"，做人做事不依赖"人情关系"；比如让杭州人更喜欢讲诚信，并且让自己一生的良好"信用"成为自身文明素质的最好标识等。简言之，与比较单向度的经济工作不同，法治建设是整个社会成员更加相互关联和影响的长久大业,四中全会的"法治"主题,不仅推动的是国家、政府和行政的法治化,也将激励普通人更关注和推进自己能做的尊法理念和守法习惯。

毛　丹(浙江大学公共管理学院副院长、教授):党的十八届四中全会以后,国家提出了治理体系和治理能力现代化的任务,人们越来越意识到治理的重要性。社区治理和政府治理、市场治理基本上构成了国家治理的基本内容。社区治理、社会组织治理、社会群体治理是社会治理的构成。要把社会治理落实到城镇社区,就要从现代化的纬度对待社区治理。我国的社区治理现代化有其具体目标、内容与重点,它应该主要指在党和政府的倡导下,充分利用政府机制、社会机制和市场机制,特别是突出发挥社会机制的作用,协同政府、社区和社会、市场三类资源和力量,实现管理有序、服务完善、文明祥和的社区共同体。我们要很清楚地看到,要稳固地朝着这个方向发展社区治理与服务,使社区治理与服务得到长期平稳、可预期的发展,最大限度避免区域不平衡或阶段性潮涨潮落,实际上需要更多地把工作纳入法律约束和保护框架,获得法治的保障维护。社区治理要法治化,现在迫切需要开展三个层面的工作。

第一,我们国家的社区治理和海外的社区治理不太一样。总的来说,我们有三种比较典型的治理类型:自治型、半公半民型和官方型。而未来混合型的社区会比较多。混合型社区的治理需要在国家法律层面上清晰地定位社区的性质、权力,这样才能把这个工作做好。现在我国社区建设在服务体系、设施基础、建章立制方面成就很大,服务体系建起来了,设施基础设备投进去了,建章立制也做了,但我们仍发现,在社区里存在多重逻辑和多重意图。如党的领导就是党组织逻辑,村委会自治就是自治逻辑,这些意图同时存在,单个来看都是合理必要的,但串在一起经常会出现矛盾相互打架。所以,对于混合型社区,我们需要在法律上有一个清晰的定位:社区到底是什么? 如果是一个自治单位,却仍有党组织在上面主导,这是不行的。

第二,在地方层面上,迫切需要用法律法规来约束基层政府和社区的结构关系,以法治矫正基于政绩冲动的朝令夕改,避免政府和社区关系上出现权力部门对于社区的予取予夺。南宁市在用法律法规来约束基层政府和社区的结构关系方面做得很好,在全国是先进典型。如何避免上下任领导想法不一,社区工作的重点在上层和基层来回移动,这就需要一个法治的方式约束基层政府和社区的关系,但这个问题很复杂。

第三,在社区内部治理的层面上,应该学习一些好的英美经验。在现有的居民公约和邻里公约的基础上,要努力制定解决邻里和社区零碎性事务的条例,依法调节和解决社区内部的事务和各种各样的邻里生活中遇到的问题。这次四中全会特别强调,我们要建设法治国家、法治政府和法治社会,要充分应用城市的法律以及协会的章程。一个社区产生的很多问题都是出在内部的治理上,比如,这家邻居在门口占了一个道,那家晚上的声音很大等,这些问题只有都及时有效地得到了解决,社区才是一个好的社区。现在的解决办法却主要是一靠打架,二靠容忍,三靠居民之间的松散公约,这是需要及时做出改变的。我们应在现有的《居民公约》和《邻里公约》基础上,努力制定解决邻里和社区零碎性事务的《社区皮毛法》,依法调节和解决社区内部的事务和日常生活纠纷。杭州在"全国和谐示范社区的城市级社区"评审中排名第二,今后如果要继续保持领先地位,整体思路就需要有所提升。要提高社区治理的法治化水平,在第二、第三个层面上就有很多的工作需要做。

卢福营(杭州师范大学政治与社会学院教授):改革与法治是中国特色社会主义现代化建设过程中先后提出的两个重要方针和原则。改革强调变更,突出法制的创新;法治强调依法,突出法律的不可违。两者之间存在不言而喻的对立性。但是,改革与法治是一种辩证关系,在一定条件下又呈现其统一性。伴随着中国特色社会主义现代化建设事业的发展,党和国家要求通过深化改革,实现国家治理方式的转变,建设社会主义法治国家。同时,要求改革于法有据,将改革纳入法制轨道。从这个意义上说,改革是建设社会主义法治国家的手段和动力,法治是深化改革的前提和保障,法治与改革有机地统一于中国特色社会主义现代化建设事业的伟大实践之中。

然而,应当理性地认识到,改革与法治的辩证关系有可能被错误理解或人为割裂。在当前的城市基层社会治理实践中,客观存在一些不当处理改革与法治关系的现象,急切需要实现改革创新方式的根本性转换。第一,牢固树立法治理念。特别是要坚持"改革于法有据"的原则。2014 年 2 月 28 日,习近平总书记在中央全面深化改革领导小组第二次会议上明确指出:"凡属重大改革都要于法有据。"城市基层社会治理的改革同样不能无视法律约束。第二,严格遵守依法行政原则。一是"法无授权不可为"。任何政府部门均不可借逾越法律授予的权限,以改革创新的名义乱作为。二是法令职责必须为。政府部门应克服不作为的"懒政"现象和下放事务的"代政"现象,严厉惩处失职、渎职行为。三是抛弃"人治"劣习。特别是要改变有了党的政策可以不要法律,领导人的意志高于法,办事可以依人不依法,依言不依法等传统做法。第三,充分保障基层群众自治权。基层群众自治是一项中国特色的社会主义政治制度,保障基层群众自治权是法治的应有之义。基层群众自治权是受法律保障的神圣权力,任何人不得侵犯。政府部门不应当将其视为自己赐予的"阳光雨露",而应当采取措施给予自觉尊重和切实保障。即使是抱着良好的愿望,也不能随意侵犯和剥夺基层群众的自治权力,凡涉及群众自治范围的改革创新均需要得到基层群众的同意。第四,依法纠正违法改革行为。对于现有的一些违法改革创新项目,应当依法纠正。在纠正和整治城市基层社会治理违法改革创新项目的过程中,也要求依法办事,切忌主观随意。要从根本上改变以违法方式整治违法改革创新行为的做法。第五,逐步建立改革备案制度与责任追究制度。凡在城市基层社会治理领域实施的重要改革创新项目均需要依法在相关部门备案,同时建立改革创新责任追究制度,防止有关部门和领导乱作为,"瞎折腾"。改革创新是一把"双刃剑",既可能促进城市基层社会治理,也会带来负面影响,甚至有可能导致严重社会危害。对于造成严重社会后果的改革创新,相关部门和个人应当负相应责任。

浙江省咨询委员、专家建言杭州"十三五"规划[*]

2015年4月,浙江省咨询委主任章猛进带领相关专家来杭调研"十三五"规划工作。专家们从规划定位、产业转型升级、城市功能布局、创业环境营造、城乡统筹等多个角度进行了讨论交流,提出了杭州"十三五"规划的思路和建议。张鸿铭市长、许勤华秘书长、徐立毅常务副市长参加座谈。

一、关于"十三五"规划定位

1.要立足当前现实背景

当前我国经济在保持高速增长的同时,进入深度调整阶段。在国家层面,未来将把创新作为经济发展的新动力,对外开放将呈现新的局面。在国内、国外两大背景下,"十三五"阶段面临的挑战会比较大,杭州应该抓好产业转型升级,扩大内需,吸引更多的社会资金进入实体经济结构,推动调整和质量提升。"十三五"规划时间跨度比较长,尤其要注意现实背景,始终要把握好"市场发展"和"平稳健康"发展这个支点。

2.要着眼更大发展空间

杭州的发展,不仅要着眼于全国,还要放眼世界。要考虑在国家"一带一路""长三角"以及浙江省的发展中,杭州应该起的作用、所处的地位。这个问题考虑清楚了,可以争取到国家更多的项目、资金。有所作为才有地位,无所作为就没有地位。

二、关于杭州城市格局

1.继续推进市区体制一体化

以主城区为中心,在余杭、萧山的基础上加快要素整合力度,继续将富阳等地一并纳入体制中。注重杭州都市圈和城乡一体化发展,利用好各种资源,促进"大杭州"发展。余杭、萧山、富阳三个区融入主城区的实质性进展不够。如

<small>* 执笔人:杭州市决策咨询委员会办公室俞春江。</small>

第六部分　咨询论证

293

何使新融入的行政区划内的老百姓真正得到实惠,值得市本级认真思考。另外,杭州目前还有四个县市,这是杭州经济的短板和软肋,也要从"城乡一体化"方面做好文章,写进"十三五"规划,不至于拖杭州经济的后腿。

2.继续优化城市空间格局

从城市地理环境出发,杭州西面是山、东面是海,环境、空气等自然条件对城市的发展约束较大。总体来说,应该东部发展工业,西部发展文教卫生。

目前,杭州市区布局有三大弊端:一是大学城孤悬。大学城(下沙)布局在城东,但是传统的科研、高教资源集中在城西,两者之间脱节。二是城市核心区和住宅区之间脱节。城市核心区在第二象限,城西住宅区在第三象限,中间隔着西湖,上下班的交通拥堵问题突出,汽车尾气对西湖遗产保护不利。三是钱塘江江景不够亮丽。钱塘江两岸江景缺乏魅力,主要体现在江边绿化带不足,沿线建筑规划造景差强人意,天际线破坏严重,钱塘江弯道处利用不够。钱塘江弯道处应该打造成类似于上海外滩、广州珠江或厦门集美等特色区域,这几年天津海河治理和风景打造也十分成功。"十三五"规划中应该关注这些问题,避免雪上加霜。

3.继续强化"城市群"建设

未来城市竞争力、区域竞争力归根结底是"城市群"的竞争力。应继续构建杭州"城市群",实现杭、嘉、湖、绍跨区域融合发展。具体而言,在规划上要以交通为枢纽,解决人员流、物资流、能源流和信息流四大问题,构建网络型城市群。

(1)人员流

现在杭州主城区有650万人口,已达到国家城市规模控制线(600万人口以上),未来新人引进、老人退出是一个问题。老年人退出城市核心区到周边郊区养老,70岁以上无法开车,必然要依赖轨道交通。建议将郊区铁路沿线农村,尤其是站点附近规划作为养老聚集点。

(2)物资流

方圆500公里是物资交流的主要区域,在这个范围内,人流、物资流如何分流,关键在于城市的规划布局。浙江省用于高速路网建设的土地面积已达20%,基本趋于饱和。在没有土地资源的情况下,如何利用现有路网条件合理组织交通,是浙江省和杭州市两级政府都应关注的问题。建议当前应摸清以杭州市为核心的周边区域内高速公路的客流、物资流等各项数据,并加以分析。这是科学决策的基础,要引起高度重视。

(3)能源流和信息流

能源流主要指天然气、石油管线以及电线等。信息流主要指带宽、云计算、有线或无线的网络布局。对此的设计方案和思路可以有很多种,但是总体说来要把握一条:切忌"就事论事",要综合考虑多方面因素和长远的发展,做出合理判断。

三、关于杭州产业转型升级

专家认为:所有滑入中等收入陷阱的国家,都是在应该转型的时候,没有抓住机遇,未能恰逢其时地完成转型任务。在制定"十三五"期间经济发展速度的目标时,要充分考虑其难度。目标如果定在 7% 也不算低,不必非要是 7.5%。预防滑入中等收入陷阱,不在数量,而在于转型是否到位。未来杭州产业转型升级需要更多关注经济生态环境的系统改善,需要加快从"制造经济"为主导向"服务经济"为主导的形态转换。

1. 重视信息技术应用

产业升级,要特别重视信息技术在国民经济和社会发展各个领域广泛的应用。应用优先是核心,也是灵魂。信息技术一旦进入应用环节,生产管理、经济运行、城市管理、社会管理的效率都会大幅度提高。如果不重视应用,信息技术就是少数人的事,信息产业也仅仅是个别企业的事,很难做大。

2. 重视空港经济发展

货运量背后隐藏着信息流、物流、金融流、服务流等。2014 年萧山机场货运量全国第七,而上海浦东和虹桥两个机场分列第三和第四,其运力已经饱和。杭州具有与上海临近的区位优势,应该努力成为承接上海货运业务量的首选地。为此,杭州要搭建一个安全可靠、高效便捷的技术支撑体系,为未来万亿级的"信息经济"产业集聚区打好基础。建议:以信息技术为支撑,搭建跨境电子商务的新平台。通过云计算、大数据、互联网等信息技术,搭建海关、过境、国税、电商企业、物流企业、金融机构、消费者等各方都能连通的平台,让各种信息在这个平台上互通共享。

3. 重视"空中丝路"建设

如何服务于国家的"一带一路"和长江经济带战略,杭州应充分思考。对于海上和陆上的"丝绸之路"节点,目前国内各大城市争得不可开交,但"空中丝路"还没有人提,这是杭州的独特优势。建议以跨境电子商务实验区为契机,打造"空中丝绸之路"新起点。杭州有"跨境电子商务实验区"和"阿里巴巴"两大资源,应当加强研究和规划,充分发挥优势。

四、关于创新创业环境营造

1. 把杭州打造成人才"高地"

杭州市人才引进工作已做了多年,引进高端人才已达 10 万人以上。但杭州是否真能用得上这些人才,仍值得反思。目前在杭高校已有 32 所,到 2014

年世界 500 强企业中有 107 家落户杭州。要充分利用好、发挥好高校和大企业的人才资源。"十三五"期间要发挥好这些宝贵的人力资源,与创新、创业紧密结合起来,真正能发挥他们的所长。人才的凝聚、管理归根结底在企业,让人才到真正有活力、有潜力的行业和企业发挥作用是引进人才的根本目的。政府要做的是为企业引进人才做好政策的配套服务工作。

2.把杭州打造成创业创新"洼地"

杭州市高校、研究机构、省级银行多,具有其他城市无法比拟的优势。建议"十三五"规划要在挖掘内在动力上做文章,为"大众创业、万众创新"营造全新环境。

(1)建议出台"杭州市城市公共服务设施特许经营及 PPP 模式的投资管理办法",努力减少政府资产比例。浙江省义乌市已对该模式进行试点,值得借鉴。

(2)建议出台"向社会组织购买服务目录"。

(3)建议收购或者租用存量房地产,作为"大众创业、万众创新"的平台和用房。

(4)建议设立大众创业的引导基金,把政府资本和社会资本结合起来,解决"创业创新"的"最先一公里"(启动发展)和"最后一公里"(成果转化)问题。

3.把杭州打造成商业文化"圣地"

"传统经济"和"新经济"的全国首富都出现在杭州,其实并不偶然,背后支撑的是杭州商业文化和人文精神。"不排外""精益求精""注重创新"是杭州商业精神和文化价值中的宝贵财富。在"十三五"期间,以及今后更长期发展中,应该千方百计建设包括政府服务、城市文化、居民素质、形象传播等要素在内的城市凝聚力、文化感召力和区域影响力。建议在"十三五"规划中,要突出对商业精神和文化价值的挖掘。重视社会人文、市民素质提升等软实力的发展规划。努力让杭州成为一座融"经济实力、发展活力、文化魅力"于一体的现代化历史文化名城。

五、关于杭州深化改革

传统的改革思维主要追求"政策洼地"效应,但是这条路会越走越窄。现在我们判断一个地方工作好坏、形势好坏,不是说增长快、收入高就是好,甚至不是说企业家赚钱容易就是形势好,关键要看结构性、体制性矛盾到底化解了没有。

就改革来说,首先的问题是政府自身的转变,也就是全面深化改革中,政府与市场、社会的关系。改革主要涉及政府治理、城市治理、社会治理等方面,要形成可持续的制度建设优势，推动制度创新，形成一个廉洁、开明、务实、高效的政府服务环境。

应该通过育强功能优势，在更大程度上替代传统的土地、交通等成本优势，成为杭州未来城市竞争力的根本。在具体方向上，应该让市场能够发挥决定性作用。

要通过国家级改革试点等契机，释放全面深化改革的红利；要通过政府权力的"减""放"，获取市场机制体制、管理等方面的创新，实现市场要素优化配置。杭州作为省会城市，作为浙江省最发达的地区，做"十三五"规划时，立意应该更高一些。要在化解内生矛盾、共性难题方面，迈出实质性步伐，起到样板作用。